全国“八五”普法学习读本系列

网络安全法治
学习读本

全国“八五”普法学习读本编写组　编

法律出版社
LAW PRESS · CHINA
北京

图书在版编目(CIP)数据

网络安全法治学习读本 / 全国"八五"普法学习读本编写组编. -- 北京：法律出版社, 2024
ISBN 978-7-5197-6644-3

Ⅰ. ①网… Ⅱ. ①全… Ⅲ. ①计算机网络－科学技术管理法规－中国－教材 Ⅳ. ①D922.17

中国版本图书馆CIP数据核字(2022)第063090号

网络安全法治学习读本
WANGLUO ANQUAN FAZHI XUEXI DUBEN

全国"八五"普法学习读本编写组 编

策划编辑 沈小英
责任编辑 沈小英 张思婕
装帧设计 汪奇峰

出版发行 法律出版社
编辑统筹 法治与经济出版分社
责任校对 李慧艳
责任印制 吕亚莉
经　　销 新华书店

开本 710毫米×1000毫米 1/16
印张 18.5 **字数** 337千
版本 2024年1月第1版
印次 2024年1月第1次印刷
印刷 固安华明印业有限公司

地址:北京市丰台区莲花池西里7号(100073)
网址:www.lawpress.com.cn
投稿邮箱:info@lawpress.com.cn
举报盗版邮箱:jbwq@lawpress.com.cn

销售电话:010-83938349
客服电话:010-83938350
咨询电话:010-63939796

书号:ISBN 978-7-5197-6644-3
定价:89.00元
凡购买本社图书,如有印装错误,我社负责退换。电话:010-83938349

撰稿人

郭　华　中央财经大学法学院教授、
博士生导师，法学博士

王蕾蕾　中央财经大学法学院博士研究生

钱　霄　中央财经大学法学院博士研究生

胡嫣然　中央财经大学法学院法律硕士

编写说明

2020年11月16日至17日召开的中央全面依法治国工作会议明确习近平法治思想在全面依法治国工作中的指导地位,这是我国社会主义法治建设中具有现实意义和深远意义的大事。习近平法治思想是马克思主义法治理论中国化的最新成果,是习近平新时代中国特色社会主义思想的重要组成部分,是全面依法治国的根本遵循和行动指南。

在习近平新时代中国特色社会主义思想指导下,深入学习贯彻习近平法治思想,我们编写《网络安全法治学习读本》,以落实《中央宣传部、司法部关于开展法治宣传教育的第八个五年规划(2021—2025年)》,切实抓好普法学习宣传,增强广大领导干部的网络安全意识和网络安全观念。

第一,新时代实施《网络安全法》的重要性。习近平总书记在2014年2月27日的中央网络安全和信息化领导小组第一次会议上强调:"网络安全和信息化是事关国家安全和国家发展、事关广大人民群众工作生活的重大战略问题,要从国际国内大势出发,总体布局,统筹各方,创新发展,努力把我国建设成为网络强国。"2016年11月7日,第十二届全国人大常委会第二十四次会议审议通过了《中华人民共和国网络安全法》(以下简称《网络安全法》)。这部法律是我国调整网络安全的专门性法律,在网络安全法治体系中具有核心地位。它不仅催生出一个维护国家主权、国家安全和发展利益的"命运共同体",也是我国应对网络安全挑战这一全球性问题的中国方案,备受海内外的关注。《网络安全法》作为我国综合性网络信息安全的基本法,不仅为我国跨入网络强国铺下了法治化的快车道,也为我国大数据等现代信息化应用谋划了新天地,对于促使我国建设网络强国、维护和保障国家网络安全的战略任务转化为可执行、可操作的制度性办法具有特别重要的意义。

第二,新时代领导干部学习《网络安全法》的重要性。为深入贯彻习近平法治思想、习近平总书记关于网络强国的重要思想,扎实推进《中央宣传部、司法部关于开展法治宣传教育的第八个五年规划(2021—2025年)》和中央网络安全和信息化委员会办公室《网信系统法治宣传教育第八个五年规划(2021—2025年)》重点宣传国家安全法、网络安全法、数据安全法、个人信息保护法等涉互联网治理法律的部署安排，作为国家机关、社会组织以及公民，需要立足于网络空间主权的政治高度认识学习《网络安全法》以及普及网络安全法律知识的重要性，将网络安全法治作为现实生活中一项特别重要的事情来做。通过学习不断提高实施网络安全法治的自觉性，提升维护国家网络安全法治秩序以及保障网络惠及民生的法治环境的主动性，切实提升网络信息采集、处理、传播、利用、安全能力，营造安全、公平、健康、文明、晴朗的网络空间，学会运用法治思维、采用法治手段和措施使得网络空间清朗起来。

第三，本书的编写特色和特点。(1)在体例上，采用了“阐释 + 示例 + 警示”的结构方式讲解网络安全法治知识。这种方式与现有的网络安全法释义读本、教材等相比较具有关键问题突出的特点和核心要点清晰的优势，便于领导干部进行有针对性的学习。(2)在内容上，遵循习近平总书记关于网络安全工作的一系列重要指示以及党的十八大以来有关网络安全决定、报告等文件中关于网络安全法治的重要论述，对我国《网络安全法》及其配套的行政法规、规章和规范性文件进行解读，并结合与其密切相联的国家安全法、数据安全法、个人信息保护法等法律法规诠释网络安全法条文、网络安全法治原理、网络安全法治制度、网络安全法治措施以及违反网络安全法的相应责任，便于领导干部系统学习网络安全法治知识。(3)在表述上，以通俗易懂、明白畅晓的语言，借助“示例”和“警示”生动形象地阐述网络安全法治知识，便于领导干部理解和掌握网络安全法治知识，推动网络安全法治知识的普及。(4)在实用上，根据领导干部学习网络安全法治知识的需要，在解读领导干部应知应会的网络安全法治知识的基础上，还提炼出领导干部应当学习掌握的法治知识要点以及需要特别关注的重点网络安全法治问题，便于领导干部运用网络安全法治观念、法治思维和法治手段推动互联网发展治理，推动网络空间持续向好，天朗气清、生态良好，促进数字经济和社会信息化健康稳定发展。

普法宣传是一个长期、持续的过程，任重道远。2020 年 12 月，中共中央印发了《法治社会建设实施纲要(2020—2025 年)》，明确提出到 2025 年，“八五”普法规划实施完成，法治观念深入人心，社会领域制度规范更加健全，社会主义核心价值观要求融入法治建设和社会治理成效显著，公民、法人和其他组织合法权益得到切实保障。希望本书能为作为“关键少数”的领导干部站在“没有网络安全就没有国家安全”的政治高度，自觉学习网络安全法治知识，主动运用网络安全法治知识加快推进新时代网络强国、数字中国建设，并在法治轨道上为全面建设中国式现代化网络安全强国作出应有的贡献。

全国“八五”普法学习读本编写组

2023 年 12 月

前　言

习近平总书记在2014年2月27日召开的中央网络安全和信息化领导小组第一次会议上强调:“网络安全和信息化是事关国家安全和国家发展、事关广大人民群众工作生活的重大战略问题,要从国际国内大势出发,总体布局,统筹各方,创新发展,努力把我国建设成为网络强国。”2016年11月7日,第十二届全国人大常委会第二十四次会议审议通过了《中华人民共和国网络安全法》。这部法律作为我国应对网络安全挑战这一全球性问题的中国方案,是我国综合性网络信息安全的基本法,也是我国调整网络安全的专门性法律,在网络安全法治体系中具有核心地位,催生出一个维护国家主权、国家安全和发展利益的“命运共同体”。这部法律为我国跨入网络强国铺下了法治化的“快车道”,也为我国大数据等现代信息化应用谋划了新天地,更为人民利用网络谋福祉作出了总布局,对于促使我国建设网络强国、维护和保障国家网络安全的战略任务转化为一种可执行、可操作的制度性安排具有特别重要的意义,备受海内外的普遍关注。作为国家机关、社会组织以及国家干部、公民,尤其是领导干部,特别需要站在网络空间主权的政治高度充分认识、学习《网络安全法》以及普及网络安全法律知识,并将网络安全法治作为现实生活中一项特别重要的事情来做,将贯彻落实《网络安全法》的内容作为实际工作中必不可少的事项来实施,切实提升网络信息采集、处理、传播、利用、安全的能力,维护国家网络安全以及保障网络惠及民生。为深入贯彻习近平法治思想、习近平总书记关于网络强国的重要思想,贯彻落实《中央宣传部、司法部关于开展法治宣传教育的第八个五年规划(2021—2025年)》的相关部署安排,结合网络法治工作实际,2021年国家互联网信息办公室制定《网信系统法治宣传教育第八个五年规划(2021—2025年)》,要求重点宣传国家安全法、反恐怖主义法、网络安全法、英雄烈士保护法、电子商务法、未成年人保护法、数据安全法、个人信息保护法等涉及互联网治理的法律。只有学好、熟知和掌握网络安全法治知识,才能做好网络的舆论工作,才能创新改进网络的宣传方式,不断运用网络传播规律,弘扬主旋律,激发正能量,培育和践行社会主义核心价值观,使网络空间清朗起来。下面仅就为什么学习网络安全法治知识、应当学习哪些内容以及如何学习、学好等问题提出以下建议。

一、为什么要学习网络安全法治知识

我国网络空间安全的法治化不仅对国内网络空间治理有重要的作用,同时也是国际社会应对网络安全威胁的重要组成部分,更是我国迈向网络强国道路上的重要布局。每个国家的网络信息领域的主权权益都不应受侵犯,维护国家网络空间主权是每个公民义不容辞的义务。这就需要在总体国家安全观引领下,采用法治的手段严控某些境外组织的网络攻击窃密和渗透破坏活动,通过法治的方法维护我国网络空间安全。近年来,某些境外组织或者黑客对我国互联网不断进行攻击,攻击的频次和烈度有日益增加的趋势,攻击的对象不仅有党政机关、国防军工、科研院所等核心单位,还涉及我国网络的关键信息基础设施、能源、金融等不同领域,特别是连接互联网的各类设备乃至整个网络空间。从各种服务器、联网计算机到电子邮箱、移动介质再到各种网络设备、移动智能终端、工业控制系统和物联设备,攻击范围形成了从单机到网络、从硬件到软件、从外网到内网的广泛覆盖。例如:

某境外APT组织仿冒我国某军工领域重点单位邮件登录界面,专门搭建钓鱼攻击平台阵地,冒用“系统管理员”身份向该单位多名人员发送钓鱼攻击邮件。该单位职工王某点击了钓鱼攻击邮件,输入了个人邮箱账号和登录密码,导致其电子邮箱被秘密控制。之后,该APT组织定期远程登录王某电子邮箱收取王某邮箱内文件资料,并利用该邮箱向王某的同事、下级单位人员发送数百封木马钓鱼邮件;由于十余人下载点击了木马程序,相关人员工作计算机被控制,造成了严重的损失。

上述事例的教训是深刻的,代价也是沉重的。目前,网络走入我国的千家万户,我国网民数量居世界第一位,已成为网络大国。由于网络空间已成为人类活动继陆地、海洋、天空、外层空间之外的第五空间,属于国家利益的新疆域和世界各主要国家战略博弈的新领域。网络安全对国家安全已成为基础性、全局性国家安全问题,这就需要通过立法织牢网络安全网,为网络强国战略提供法律制度保障和法治环境,为抵御网络侵扰提供法律武器。利用网络安全法律回击不法网络攻击,必须要掌握网络安全法治知识;掌握网络安全法治知识需要人们对此认真学习,并将其作为人们生活和工作的必备知识。只有这样,才能树立网络安全意识,才能积极防御网络不法行为或者黑客活动的侵袭。因此,只有学习网络安全法治知识,才能树立正确的网络安全意识,才能从多层次、多维度、多视角积极主动防范和抵御网络安全的风险与挑战。“网络安全为人民,网络安全靠人民。”维护网络安全是整个社会的共同责任,履行这一共同职责和社会义务的前提是了解和知晓网络安全法治知识。掌握网络安全法治知识不仅有助于政府、企业、社会组织、网民自觉地共同参与网络安全的维护，也是共筑网络安全防线以及维护国家信息主权安全必备的法治知识。

诚然，网络发展丰富了人们的社会生活，也带来了网络相关产业的发展，但一旦被不法利用或者恶意破坏、更改、泄露，将会给人们生活造成一些不必要的麻烦、难以摆脱的担心以及纠结不清的苦恼。中国互联网协会《中国网民权益保护调查报告(2021)》显示：近一年来，因个人信息泄露、垃圾信息、诈骗信息等原因，网民总体损失约805亿元。82.3%的网民感受到了个人信息泄露对日常生活造成的影响。如果不了解网络安全法治知识，就有可能无意识违反网络安全法定义务，不仅会给他人、社会和国家带来负面影响，稍有不慎，还会因违反网络安全法律陷入囹圄。例如：

2020年7月，杭州的谷某在一次取快递过程中被郎某偷拍视频。郎某与朋友何某共同捏造“快递小哥”与“女业主”的暧昧聊天内容，并截图配以偷拍视频发至网络平台。在流传的出轨故事中，虚构谷某是独自在家带孩子的“小富婆”，两次主动勾引快递小哥偷情。事件瞬间发酵。由于流传网上的照片非常清晰，谷某被人肉搜索，以至于从谷某小区业主到其领导、同事、朋友均在议论，甚至还有国外网友发来信息骂她。谷某被公司劝退，应聘其他公司不被录取，国外的朋友来问谷某“你们发生了什么?”谷某远在北方的父母不敢出门……谷某基于对其人格权侵犯的诽谤罪向法院提起刑事诉讼。问题并非如此简单。由于网络诽谤不同于现实生活中的诽谤，郎某、何某的行为不仅损害了谷某的人格权，使其遭受极大的身心伤害，而且因网络传播发酵迅速、杀伤力大、暴力性强以及在特定社会领域和区域传播迅速，严重扰乱网络社会公共秩序，给广大公众造成不安全感，严重危害社会秩序。在检察机关、公安机关介入下，此案最终由自诉转公诉，郎某、何某的行为构成诽谤罪，被判处有期徒刑1年、缓刑2年的刑罚。

在上述案例中，郎某、何某的教训是惨重的，对网络安全法律的无知或者无视最终换来了刑事制裁。基于上述案件的教训，对于每个公民来说，学习网络安全法治知识不是可有可无的事，而是一项意义重大的学习义务。学习网络安全法治知识对于公民正确认识“网络不是法外空间”以及澄清“没有接触性的身体伤害就是无害”的错误观点显得特别重要。同时，学习网络安全法治知识可以掌握有力的法律武器和获得更多的法律智慧，为不同跨国主体尤其是我国的跨境企业依法开展业务活动提供明确具体、具有可操作的法律指向，其意义可以说是斐然的。据2017年全国人大常委会执法检查组关于检查《网络安全法》《全国人民代表大会常务委员会关于加强网络信息保护的决定》实施情况的报告，目前“不少地方政府和部门领导干部不能从国家安全的高度认识网络安全，没有把网络安全工作列入本级政府和部门工作的重要议程，或者只是口头上重视，‘说起来重要，干起来次要，忙起来不要’。社会公众网络安全意识总体不强，‘万人调查报告’显示，有55.4%的受访者认为，他们身边的许多人缺乏网络安全意识，对网络安全‘知其然不知其所以然’”。上述调研反映的情况和实践中的案例，说明学习网络安全法治知识不仅具有必要性，而且具有紧迫性。学习网络安全法治知识是国家机关、社会组织以及每个公民尤其是干部义不容辞的责任和义务。学好网络安全法治知识是做好网络安全工作的重要基础，也是维护国家网络主权应当完成的一项重要任务。

二、学习哪些网络安全法治知识

我国《网络安全法》主要包括“总则”、“网络安全支持与促进”、“网络运行安全”、“网络信息安全”、“监测预警与应急处置”、“法律责任”以及“附则”，共7章79条。其内容涵盖了政治安全、人民安全、军事安全、经济安全、文化安全、社会安全等领域，是一部集网络内部安全与外部安全、国土安全与国民安全、传统安全与非传统安全、自身安全与共同安全于一体的综合性、全局性、基础性法律。学习网络安全法治知识，首先，要学习这部法律的基本内容。这些内容属于应学、应知、应会的内容，也是学好网络安全法治知识的前提。其次，需要学习与之相关的法律知识内容，如《数据安全法》《个人信息保护法》等。最后，学习相关网络安全的实践案例，从实践中形象生动的、活生生的素材中获得相关法律知识。基于《网络安全法》的特点以及网络与人们生活、工作与学习的关系，建议从以下五个方面学习这部法律：

一是深入学习宣传习近平法治思想。把学习宣传贯彻习近平法治思想作为网络普法的首要任务，深入学习宣传习近平法治思想的重大意义、丰富内涵、精神实质和实践要求。适应互联网传播分众化趋势，运用新技术新应用，精心做好习近平法治思想网上宣传报道，把党的创新理论转化为通俗易懂的大众话语，推动习近平法治思想网上宣传走深走心走实。要提高政治站位、践行使命担当，高度重视和大力推进网络普法工作。将网络普法工作纳入网络意识形态工作责任制和网络安全工作责任制，纳入本地区网络安全和信息化建设、网络法治建设中并予以落实。

二是了解《网络安全法》立法背景、原因及其目的。这是学习这部法律必须了解的内容。学习网络安全法需要对其立法的背景、需要通过立法解决的问题以及达到的目标有所了解。只有了解了这部分内容，才能够提高网络安全的法律意识,增强网络安全的自觉性;这也是学好网络安全法治知识的基础。党的十八大以来,以习近平同志为核心的党中央从总体国家安全观出发,对加强国家网络安全工作作出了重要部署,对加强网络安全法治建设提出了明确要求。《网络安全法》的制定和实施正是适应我国网络安全工作遇到的新形势、新任务、新趋势,是落实中央决策部署,保障网络安全和发展利益的重大举措,也是落实总体国家安全观的重要举措。学习这部法律应当了解上述背景,站在政治的高度学习和普及网络安全法治知识,将其放置在总体国家安全观的高度来贯彻落实,确保这部法律在行动上能够充分发挥维护国家主权、网络安全和发展的目的。

三是将《网络安全法》的基本内容作为学习的重点。这部分内容主要包括网络信息安全法的总体目标和基本原则、网络社会中不同主体所享有的权利义务及其地位、网络身份认证制度、实行后台实名制、网络信息保密制度、保护网络主体的隐私权、行政机关对网络信息安全的监管程序和制度、对网络信息安全犯罪的惩治和打击、诉讼救济程序。这些内容为所有网络活动参与者提供了非常重要的行为准则。不仅国家机关、企事业单位在网络空间要按照法律的规定开展活动,公民个人同样要按照其规定,不得参与网络暴力、网络谣言、网络色情、网络欺诈等活动,任何为个人利益触碰网络安全法律底线的行为均会受到法律的制裁。因此,这部分是学习网络安全法治知识最为重要的内容。

四是将《网络安全法》与其他网络相关的法律法规结合起来学习,这些相配套的法律法规也是学习网络安全法治知识需要了解的重要内容。《网络安全法》颁布前,全国人大常委会颁布了《中华人民共和国国家安全法》(以下简称《国家安全法》)、《中华人民共和国反恐怖主义法》(以下简称《反恐怖主义法》)、《中华人民共和国刑法》(以下简称《刑法》)、《中华人民共和国保密法》、《中华人民共和国治安管理处罚法》(以下简称《治安管理处罚法》)、《全国人民代表大会常务委员会关于加强网络信息保护的决定》、《全国人民代表大会常务委员会关于维护互联网安全的决定》、《中华人民共和国计算机信息系统安全保护条例》等。与此同时,国家互联网信息办公室制定了《互联网新闻信息服务管理规定》《互联网新闻信息服务许可管理实施细则》《互联网信息内容管理行政执法程序规定》等配套法律规范。《网络安全法》颁布后,全国人大常委会又颁布了《中华人民共和国数据安全法》(以下简称《数据安全法》)、《中华人民共和国个人信息保护法》(以下简称《个人信息保护法》);《关键信息基础设施安全保护条例》《互联网信息服务管理办法》《网络信息内容生态治理规定》《区块链信息服务管理规定》《儿童个人信息网络保护规定》《网络信息内容生态治理规定》《网络安全审查办法》《汽车数据安全管理若干规定(试行)》等法规规章,以及《互联网用户公众账号信息服务管理规定》《互联网群组信息服务管理规定》《移动互联网应用程序信息服务管理规定》《互联网直播服务管理规定》《互联网新闻信息服务许可管理实施细则》《网络音视频信息服务管理规定》《App 违法违规收集使用个人信息行为认定方法》等规范性文件发布。基于法律法规的规定《最高人民法院、最高人民检察院关于办理侵犯公民个人信息刑事案件适用法律若干问题的解释》以及《最高人民法院、最高人民检察院关于办理非法利用信息网络、帮助信息网络犯罪活动等刑事案件适用法律若干问题的解释》等相关司法解释也相继发布。以上法律法规与《网络安全法》共同构筑了我国网络与信息安全领域的法律框架和法治知识体系。学习《网络安全法》需要对这些规定有所了解,这些规定也应当作为学习网络安全法治知识的内容之一。

五是注重了解和学习涉及网络安全法治的实践案例,特别是一些基于典型案例的网络安全法治知识普及性读物、电视节目、视频媒体宣传专题片等内容。目前,网络犯罪案件以年均近 40% 的速度攀升,2020 年达到了 54%。2021 年全年帮助信息网络犯罪活动罪起诉人数已居于所有刑事犯罪案件的第 3 位(前两位分别为危险驾驶罪、盗窃罪),并成为整个电信网络诈骗犯罪链条上的第一大罪名。基于此,本书采用“问题 + 案例 + 解读”的普及网络安全法治知识的方式,向大家提供颇具阅读性的内容、实践中的案例以及相关的警示性提示,这些也是学习网络安全法治知识的重要内容。特别是一些敏感的生活“小”信息酿成严重的社会“大”事件的事例,为学习和宣传网络安全法治知识提供了丰富的现实素材。本书围绕有偿删帖、网络“黑公关”、网络水军、流量造假、侵害个人信息权益、资本操控舆论、网络平台垄断、数据跨境流动失序、涉不雅低俗内容频发等人民群众关心关注的问题,加强普法宣传和以案释法力度,明确网络活动的底线和高压线,教育引导广大网民、网络媒体和互联网企业等各类主体牢固树立网络法治意识。

三、如何学习网络安全法治知识

《网络安全法》作为落实党中央决策部署、总体国家安全观和保障网络安全和发展利益的重要法律,适应了我国网络安全工作新形势、新任务、新目标,回应了广大人民群众对网络治理的呼声和网络清朗的期待,同时是维护网络安全的客观需要,使我们的网络更加安全、更加开放、更加便利、更加充满活力,更加能够维护国家利益以及广大人民群众切身利益。学习网络安全法治知识不仅需要注重学习的内容,也要关注学习的方式,善于学习,准确领会。基于网络安全法治知识涉及的内容体系，学习网络安全法治知识可采用以下学习方法：

一是要立足于国家信息和网络空间主权的政治高度学习网络安全法治知识。国家信息和网络空间主权是一国开展网络空间治理、维护网络安全的基石。学习网络安全法治知识应当从落实总体国家安全观的政治高度来领会《网络安全法》的精髓，树立国家机关、公民和社会组织维护国家安全的职责、权利和义务的意识，不断从道德自觉走向法律规范，通过强化网络法治制度建设来提高国家网络安全保障能力，用网络安全法律武器来维护国家网络空间主权、安全和发展的利益。要注意运用法治手段来保护我国网络信息系统和信息资源免受侵入、干扰、攻击和破坏，防范、阻止和惩治危害国家安全和利益的有害不良信息在我国网络传播，维护网络空间秩序，特别是在网络上担负起不造谣、不信谣、不传谣以及不违规发帖、跟帖、回复、留言等的社会责任，并树立自觉抵制网络谣言的道德自觉性与网络公德意识。

二是要从全方位、系统化的视角学习网络安全法治知识。网络安全的本质是网络上的信息安全。从个人、企业等用户的角度来看，他们希望涉及个人隐私或商业利益的信息在网络上传输时受到隐私性和机密性、完整性和真实性保护，避免其他人利用窃听、冒充、篡改、抵赖等手段侵犯其合法利益和隐私或者进行访问和破坏。从网络运行和管理者角度来看，他们希望网络信息的访问、读写等操作受到保护和控制，避免出现“陷门”、病毒、非法存取、拒绝服务、网络资源非法占用和非法控制等威胁，制止和防御网络黑客的攻击。对于安全保密部门来说，他们希望对非法的、有害的或涉及国家机密的信息进行过滤和防堵，避免机要信息泄露，以免对社会产生危害，对国家造成损失。从社会教育和意识形态角度来看，网络上不健康的内容会对社会稳定和人类发展造成阻碍，必须对其进行控制。这就需要在学习网络安全法治知识时把握其精髓实质，全面系统地理解，把法治思维作为自己的网络思维习惯，不可断章取义或者片面化，尤其是不得仅仅顾及自己或者仅仅作出有利于己的解释在网上泄私愤，也不得成为网络别有用心人的无意识的“帮凶”。

三是从发展与安全平衡及其辩证关系的角度学习《网络安全法》。《网络安全法》强调了保障关键信息基础设施的运行安全，始终坚持网络安全和信息化发展并重原则，既要在强调网络安全等级保护制度的基础上对关键信息基础设施实施重点保护，也要通过制度建设鼓励网络新技术应用和创新，特别鼓励应用新技术来改善我们的网络安全。学习网络安全法治知识应当从辩证的观点来理解，对于网络安全的规制不是为了安全而安全或者为了一味的安全而不发展，也不能因发展而不顾安全。应当保障网络信息数据合法、有序、自由地流动,促进网络技术创新,最终实现以安全促发展、以发展促安全的目的。

作为落实党中央决策部署、总体国家安全观和保障网络安全和发展利益的重大举措,网络安全法治知识是人们日常生活、工作和学习的必备知识,也是维护网络安全健康发展和公民个人信息权益的法律武器,需要认真学习、深刻理解和全面掌握。《2022 年全国网民网络安全感满意度调查统计报告》显示,2022 年网络安满度指数为 73.399,较 2021 年同期上升 0.047。而公众网民网络安全感正面评价率同比减少 1.18 个百分点,网络安全治理面临挑战。

也可以说,了解网络安全法治知识和学习网络安全法治知识内容是每个公民义不容辞的义务;对国家机关、社会组织以及公民个人来说,学习、贯彻、落实和宣传网络安全法治知识更是责无旁贷的法定职责。

目录

Contents

第一章　总　　则

第三章　网络运行安全

第五章 监测预警与应急处置

第六章 违反网络安全法治的责任

附 录

第一章
总　　则

一、国家为何制定《网络安全法》?

《网络安全法》是我国网络安全领域的基础性法律。第九届全国人民代表大会常务委员会第十九次会议于2000年12月28日通过了《全国人民代表大会常务委员会关于维护互联网安全的决定》。那么,我国为何要制定《网络安全法》以及其他相关的法律法规呢?这是因为,网络安全已成为关系国家安全和发展、关系人民群众切身利益的重大问题,制定网络安全方面的法律法规是为了适应国家网络安全工作的新形势新任务的需要,是落实党中央的要求,回应人民群众的期待,保障网络安全,维护网络空间主权和国家安全、社会公共利益,保护公民、法人和其他组织的合法权益,促进经济社会信息化健康发展的需要。

【阐释】网络安全和网络空间主权

随着社会经济的发展和网络的普及,我国已经成为网络大国。网络在给人们生产、生活和学习带来越来越多便利的同时,也带来了诸多麻烦和困扰,如网络侵权、网络暴力、违法信息传播等不良行为;网络安全威胁也随之加大,网民合法权益难以得到有效保障。同时,在国际交往过程中,我国信息数据出现跨境流通,然而在境外从事经营的中国企业将相关的数据传回我国存在难度,影响了我国国家主权。基于人民群众的呼唤,社会实践的诉求和国家治理的需要,在认真总结实践经验、深入调研以及参考国际规则的基础上制定了《网络安全法》。《网络安全法》旨在保障我国网络安全,通过网络空间治理来引导我国网络事业沿着健康安全的轨道发展,并为建设网络强国提供了坚实有效的法律制度保障。

网络空间主权作为国家主权在网络空间的延伸,得到越来越多国家的认同和支持。网络空间主权是一国参与国际网络治理和国际合作的重要原则,需要国内法予以明确。《网络安全法》的制定重在保障网络安全,维护网络空间主权和国家安全、社会公共利益,保护公民、法人和其他组织的合法权益,提升我国保障自身网络安全的能力和与其他国家就网络安全问题展开有效的竞争和战略博弈的能力，并通过网络安全法治化为网络安全提供良好环境，使网络空间清朗化，促进经济社会信息化高质量的健康发展。

【示例】美国的“净网计划”未尊重中国网络主权①

2020 年 8 月 5 日，美国发布了“净网计划”。该计划提出了禁止中国运营商接入、禁止中国 App 上架到美国应用商店、禁止美国手机预装中国 App、禁止使用中国云服务、防止美国海底光缆被中国破坏的所谓“五项政策”。美国的“清洁运营商”和“清洁电缆”计划将会迫使大量的网络流量进入第三方国家。这样，不仅延长了数据必须穿越的距离，增加了网络流量被监视和操纵的潜在可能，也加大了互联网中断的风险，并且普遍增加了个人上网的成本，严重影响互联网的敏捷性、弹性和灵活性，这是“美国优先”霸权政策在网络上的表现。

为了反制美国的“净网计划”，中国电信运营商协会、中国智能手机(预装应用商店和 App)产业协会、中国移动应用软件 App 服务商协会、中国云计算产业协会、中国海底电缆建设维修产业协会等成立了行业组织，以法治手段部署反制美国“净网计划”，积极准备进入司法程序和批驳美国“净网计划”网络霸权的违法性、违规性、歧视性、危害性。

【警示】必须构牢网络安全“防火墙”

“网络空间是人们共同的精神家园”。《网络安全法》的制定实施，是为了建立良好的网络秩序，保护公民和各个组织的合法权益，重在保护网络安全和维护网络空间主权，同时是整治网络侵权、网络暴力、违法信息传播以及网络诈骗等行为的法律依据。企业、社会组织、公民应当自觉学习和落实《网络安全法》，积极维护网络安全，保持良好的网络秩序，为构建清朗网络空间贡献力量；不能违反网络安全义务，一味利用直播平台或者跟帖服务的方式发布低俗、色情等不良信息，尤其是不得以“吸粉”的方式污染网络空间环境；更不能为一己私利，通过网络泄露国家秘密危害国家主权。

---

① 参见赵宏瑞等：《专家：论以司法诉讼反制美国“净网计划”的可能性》，载中国经济周刊网 2020 年 9 月 4 日，https://baijiahao.baidu.com/s?id=1676887467899482267&wfr=spider&for=pc。

网络安全法治不仅是筑起维护网络空间主权和国家安全的法律“高墙”，也是严惩危害网络安全特别是窃取、篡改信息的“内鬼”的法律手段，更是维护社会公共利益和保护公民、法人和其他组织合法权益的法律保障。我国制定《网络安全法》是国际通行做法，不是限制国外企业、技术、产品在我国市场的流通，也不是制造贸易壁垒、限制国外企业和技术产品进入我国市场，更不是阻碍数据信息依法有序自由流动，而是在法律的保障下更有秩序地开展国际贸易和数据信息流动。有观点认为，主权具有天然排他性，强调网络空间主权与互联互通的互联网精神相冲突，将导致全球互联网碎片化；也有观点认为，网络空间主权与网络自由相对立，维护网络空间主权、设立防火墙会阻碍数据信息的自由流动。事实上，上述观点没有正确把握尊重各国网络空间主权与发扬互联网精神、维护网络自由的关系，不利于构建网络空间命运共同体。维护全球互联网秩序、构建网络空间命运共同体，必须承认和尊重各国的网络空间主权。因此，我们应当坚持总体国家安全观，树立正确的网络安全意识，多层次、多维度地防范抵御网络安全的风险与挑战，构牢网络安全“防火墙”。应切实增强保密意识、国家意识，维护我国网络空间主权。上述美国发布的“净网计划”不仅延长了数据需要穿越的距离，增加了互联网流量被监视、处理的可能性和互联网中断的风险，且未能尊重中国网络主权，是与互联网的概念和本质背道而驰的，必须加以反制。

二、《网络安全法》的适用范围有哪些？

我国《网络安全法》不仅有时间效力，也有空间效力。作为国内法，除调整境内建设、运营、维护和使用网络以及网络安全的监督管理外，《网络安全法》对源于境外的网络安全风险和威胁也具有特殊的域外效力。

【阐释】《网络安全法》适用于境外的网络安全风险

我国是在国际上积极倡导网络主权的国家。国务院新闻办公室于2010年6月8日公布的《中国互联网状况》白皮书指出，互联网是国家重要基础设施，境内的互联网属于中国主权管辖的范围，国外对我国互联网主权应当予以尊重。2015年12月16日，习近平主席在第二届世界互联网大会开幕式主旨演讲中提出了“四项原则”和“五点主张”，明确指出推进全球互联网治理体系变革要坚持尊重网络主权原则。中国愿意同世界各国携手努力，深化国际合作，尊重网络主权，维护网络安全，共同构建和平、安全、透明的网络空间。

《网络安全法》作为国内法，其效力原则上限于我国境内，对境内网络的建设、运营、维护和使用以及网络的监督管理均适用。这是我国网络空间主权对内最高管辖权最主要的表现形式，我国任何机关、组织和个人均具有维护网络安全的义务。国家网信部门和有关部门如果发现源于境外的我国法律、行政法规禁止发布或者传输的信息，应当通知有关机构采取技术措施和其他必要措施阻断传播。国家也应采取措施监测、防御以及处置源于我国境内外的网络安全风险和威胁。网络空间主权原则既能体现各国政府依法管理网络空间的责任与权力，也有助于推动各国构建政府、企业和社会团体之间良性互动的网络平台，为信息技术的发展以及国际交流与合作营造一个健康的网络生态环境。近年来，各国无一例外地行使着网络空间主权，不断出台有关网络基础资源管理、网络安全、个人信息保护、网络犯罪、网络知识产权保护、电子商务等方面的法律和政策，组建新的网络监管机构，加强网络执法，强化对网络空间的治理，保障网络空间安全有序运行。

我国《网络安全法》对来自境外的网络威胁作出规定,具有特定的域外效力。具体而言,国家监测、防御、处置源于境内外的网络安全风险和威胁,保护关键信息基础设施免受攻击、侵入、干扰和破坏,积极采取措施依法惩治网络违法犯罪活动,维护网络空间的安全和秩序。国家网信部门和有关部门依法履行网络信息安全监督管理职责,发现法律、行政法规禁止发布或者传输的信息的,应当要求网络运营者停止传输、采取消除等处置措施、保存有关记录;对源于中华人民共和国境外的上述信息,应当通知有关机构采取技术措施和其他必要措施阻断传播。

【示例】西北工业大学遭境外网络攻击

2022 年 4 月 12 日 15 时许,西安市公安局碑林分局太白路派出所接到西北工业大学信息化建设与管理处报警称:该校电子邮件系统发现一批以科研评审、答辩邀请和出国通知等为主题的钓鱼邮件,内含木马程序,引诱部分师生点击链接,非法获取师生电子邮箱登录权限,致使相关邮件数据出现被窃取风险;同时,部分教职工的个人上网电脑中也发现遭受网络攻击的痕迹。上述发送钓鱼邮件和发起网络攻击的行为对西北工业大学校内信息系统和广大师生的重要数据造成重大安全威胁。6 月 23 日,陕西省西安市公安局碑林分局发布警情通报称,已根据《刑法》第 285 条之规定,对此案进行立案侦查,并对提取到的木马和钓鱼邮件样本进一步开展技术分析。初步判定,此事件为境外黑客组织和不法分子发起的网络攻击行为。

【警示】境内外网络安全措施不可偏废

互联网的产生及快速发展给当代世界各国带来了众多机会、便捷与福利,也给国家主权、国家安全及国家治理带来了新的威胁和挑战。各国加强对本国网络空间的监管是必然的,这也是对保障全球互联网有序稳定运行和全球网络空间治理的一种责任。联合国从 2004 年起成立了由 15 国参与的“从国际安全的角度来看信息和电信领域发展的政府专家组”,并持续研究信息安全领域的现存和潜在威胁以及为应对这些威胁可能采取的合作措施。2013 年6 月,联合国公布该工作组第三次报告,其中第 20 条指出:“国家主权和源自主权的国际规范和原则适用于国家进行的信通技术活动,以及国家在其领土内对信通技术基础设施的管辖权。”当前,网络空间国际行为规则体系尚未形成,网络资源分配极不均衡，各国网络行为能力存在巨大差异。一些国家滥用技术和资源优势，对其他国家实施大规模的网络监控和网络攻击，并通过网络传播干预他国舆论环境，对国际秩序、国家安全和社会稳定造成重大威胁。基于此，我国强调对网络空间的管辖权具有现实的必要性和紧迫性。网络的虚拟性、开放性、跨区域性等特性决定了网络安全的普遍性。我国对网络安全的重视，特别是对其立法体现我国作为网络大国的责任。上述案件中，境外黑客组织和不法分子利用网络漏洞对我国境内重要单位和单位成员邮箱进行攻击，意图窃取敏感数据信息，对我国的国家安全、社会稳定和公民的财产安全造成了威胁，令人警醒，防范网络攻击的境内外网络有效安全保障措施不可或缺。

三、我国网络运营者的覆盖范围有多大？

网络安全不仅涉及网络运营，也涉及网络产品和服务，还关乎关键信息基础设施运营、网络信息提供等。与之相关的组织均与网络、网络安全相关联，其中最为关键的是网络的所有者、管理者和网络服务提供者，即网络运营者。维护网络安全是全社会的共同责任，需要政府、企业、社会组织、广大网民共同参与，共筑网络安全防线。

【阐释】网络运营者包括网络所有者、管理者及其服务提供者

在制定《网络安全法》前，我国许多法律使用了"网络服务提供者"的概念，而《网络安全法》首次使用了"网络运营者"这一概念。"网络运营者"指网络的所有者、管理者和网络服务提供者。由于网络运营者与网络、网络安全存在密切的关系，界定其范围需要以网络、网络安全作为前提。我国《网络安全法》将网络界定为"由计算机或者其他信息终端及相关设备组成的按照一定的规则和程序对信息进行收集、存储、传输、交换、处理的系统"，网络安全"是指通过采取必要措施，防范对网络的攻击、侵入、干扰、破坏和非法使用以及意外事故，使网络处于稳定可靠运行的状态，以及保障网络数据的完整性、保密性、可用性的能力"。《网络安全法》规定的网络不仅包含互联网，还包括局域网与工业控制系统。虽然多数局域网与工业控制系统并不向社会提供商业或公共服务，但其所有者、管理者同样需履行法律规定的安全义务，防范网络安全风险，维护网络秩序。网络运营者的范畴，取决于《网络安全法》对网络的定义，只要是由运营软硬件设备组成的、按照一定的规则和程序对信息进行收集、存储、传输、交换、处理的信息系统的主体，均属于网络运营者。通过上述的分析可知，网络安全责任主体较为宽泛，因此对网络运营者也应作出广义上的界定。

网络运营者作为网络所有者、网络服务提供者和网络正常运行的支撑者，不仅要依法开展经营和服务活动，也要保障网络的安全和有序运行，还要履行按照规定制止管控网络违法行为、及时清除有害信息以及协助执法的义务，践

行企业的社会责任,积极参与网络治理活动,营造清朗的网络空间。

【示例】具有开展业务所需的行政许可的主体应被认定为网络运营者[①]

在李某与杭州网易云音乐科技有限公司、杭州乐读科技有限公司著作权权属、侵权纠纷案中,法院认为:原告李某的音乐作品有一定的影响力,亦深受音乐爱好者的喜爱。其于2007年、2008年创作音乐作品《爱情不说谎》《爱痛心》,原告先后向中国音乐著作权协会申请著作权版权登记,并分别于2011年5月17日和2019年2月14日取得注册号为610000096941号数字音乐版权注册证书和610001337855号音乐版权注册证书。被告乐读公司于2015年5月12日获得网络文化经营许可证,有效期自2018年4月12日至2021年4月11日;被告网易雷火公司于2013年5月16日获得网络文化经营许可证,有效期自2016年3月22日至2019年3月22日;被告网易云音乐公司未获得网络文化经营许可证。原告发现网易云音乐App及网易云音乐电脑软件客户端,在未取得原告任何授权的情况下,将原告创作的《爱情不说谎》《爱痛心》两首音乐作品上传至网易云音乐中,供广大用户进行付费下载播放。2019年3月5日,原告李某向秦皇岛市第一公证处申请证据保全,该公证处公证员张某、工作人员王某对网易云音乐软件版本《爱痛心(伴奏版)》和《爱情不说谎阿杰版》进行了证据保全。原告为维权支付律师费5000元和公证费2030元。

【警示】网络运营者的范围需要准确确认

在上述案件中,法院鉴于乐读公司及网易雷火公司均具有网络文化经营许可证,而网易雷火公司网络文化经营许可证有效期至2022年3月22日,原告未提供被告网易雷火公司网络文化经营许可证到期后延长期限或更换该证的证据,故应认定网易雷火公司不再享有运营涉案网络平台的经营许可权。涉案侵权行为公证时,乐读公司的网络文化经营许可证在有效期内,且被告方代理人亦认可乐读公司为网易云音乐平台的法定许可经营主体,负责网易云音乐平台运营并提供网络服务内容,故应认定被告乐读公司为侵权责任主体,承担对原告李某的赔偿。被告网易云音乐公司无网络文化经营许可证,没有运营涉案网络平台的经营许可权。

---

① 参见河北省秦皇岛市中级人民法院民事判决书,(2019)冀03知民初28号。

实践中对网络运营者的判断较为复杂。受到侵权行为时，被侵权人可同时选择多个关联公司起诉；建议企业在进行商业布局与规划时，尽量将 ICP（Internet Content Provider）备案，商标权利人、行政许可主体、用户协议和隐私政策主体保持一致。此外，如涉及为合作方提供技术服务，而自身并非实际运营者，则应避免在应用商店、网站底部等载明自己为服务提供者，以免引起不必要麻烦。

四、《网络安全法》中的个人信息指的是什么？

近年来，我国个人信息保护力度持续加大，法律法规不断完善。然而，现实生活中的一些企业、机构甚至个人基于商业利益等考虑，随意收集、违法获取、过度使用、非法买卖个人信息，严重侵扰了人民群众生活安宁，危害人民群众生命健康、财产安全以及网络安全。对个人信息专门进行立法，有利于个人隐私信息的保护，有利于网络空间良好生态的维护，有利于促进数字经济健康有序发展。

【阐释】可供识别的自然人个人身份信息

我国《网络安全法》采用了“概括 + 列举”的方式明确了公民个人信息的内涵与外延，将其界定为“以电子或者其他方式记录的能够单独或者与其他信息结合识别自然人个人身份的各种信息，包括但不限于自然人的姓名、出生日期、身份证件号码、个人生物识别信息、住址、电话号码等”，将识别标准细化为单独识别与结合识别两种方式。《中华人民共和国民法典》（以下简称《民法典》）对个人信息保护及他人获取、使用等作出明确规定，并重点从个人信息的保护、处理、免责，权利人享有的权利及信息处理者的安全保障义务，国家机关、法定机构及其工作人员的保密义务等方面规定了个人信息保护的内容。2021 年全国人大常委会专门制定《个人信息保护法》对其进行规定。我国对“个人信息”基本上是以“识别说”为基础，在立法上采取“概括 + 列举”的表述方式。

2021 年出台的《个人信息保护法》规定：“个人信息是以电子或者其他方式记录的与已识别或者可识别的自然人有关的各种信息，不包括匿名化处理后的信息。个人信息的处理包括个人信息的收集、存储、使用、加工、传输、提供、公开、删除等。”其中，“匿名化，是指个人信息经过处理无法识别特定自然人且不能复原的过程”；“去标识化，是指个人信息经过处理，使其在不借助额外信息的情况下无法识别特定自然人的过程”。这一界定兼具了“识别说”和“关联说”。结合个人信息处理主体多样、处理活动复杂、个人信息类型易变的现实发展情况，这种通过内涵和外延较为宽泛的定义方式表达个人信息，很大程度上反映了个人信息保护的专业性、动态性，可以最大限度保证个人信息保护在适用上的广泛性和稳定性。《个人信息保护法》还区分了敏感个人信息和一般个人信息。敏感个人信息包括生物识别、宗教信仰、特定身份、医疗健康、金融账户、行踪轨迹等信息，以及不满 14 周岁的未成年人的个人信息。该法还参考了《信息安全技术个人信息安全规范》(GB/T 35273—2020)相关规定，将不满 14 周岁的未成年人的个人信息纳入敏感个人信息范畴，加强了对未成年人个人信息保护的力度。此外，“个人信息”的定义明确将匿名化处理后的信息排除在外；这表明在大力保护个人信息权益的同时，立法者也希望个人信息处理者能够采用匿名化等技术，以保障正常的信息处理活动，使有关信息在生产、生活和工作、经营上发挥重要作用。

综上所述，个人信息共分为三个构成要件。

一是实质要件。个人信息需要具有可识别性，可以直接或间接识别确定个人身份：直接识别能够单独辨认自然人个人身份；间接识别则是需要与其他信息相结合，共同辨认自然人个人身份。就自然人的姓名、出生日期、身份证号码、个人生物识别信息、住址、电话号码等信息而言，其与个人紧密关联且可以反映出个人的部分特征，故而具有了识别性。江苏南京市中级人民法院对“北京百度网讯科技公司(以下简称百度)与朱某隐私权纠纷案”作出终审判决，撤销南京市鼓楼区人民法院一审判决，认定“百度的个性化推荐行为不构成侵犯朱某的隐私权”，判决驳回原告朱某的全部诉讼请求。针对同一事实，该案从一审判决“隐私权侵权”到二审认定“不侵权”出现了截然相反的判决。具体案情如下：

原告朱某在家中和单位上网浏览相关网站过程中，发现利用百度搜索引擎搜索相关关键词后，会在百度广告联盟的特定网站上出现与关键词相关的广告。例如，朱某在通过百度网站搜索“减肥”“人工流产”“隆胸”关键字后，再进入“4816”网站和“500 看影视”网站时，就会分别出现有关减肥、人工流产和隆胸的广告。朱某认为，百度公司未经其知情和选择，利用网络技术记录和跟踪朱某所搜索的关键词，将其兴趣爱好、个人需求等显露在相关网站上，并利用记录的关键词，对其浏览的网页进行广告投放，侵害了其隐私权，使其感到恐惧，精神高度紧张，影响了正常的工作和生活。2013 年 5 月 6 日，朱某向南京市鼓楼区人民法院起诉百度公司，请求判令立即停止侵害，赔偿精神损害抚慰金

10,000元,承担公证费1000元。一审法院认为,朱某的关键词展示了个人上网的偏好,在一定程度上标识了个人基本情况和个人私有生活情况,属于个人隐私的范围。二审法院认为,上述内容虽具有隐私性质,但不属于个人信息。其认为,网络用户通过使用搜索引擎形成的检索关键词记录,虽然反映了网络用户的网络活动轨迹及上网偏好,具有隐私属性,但这种网络活动轨迹及上网偏好一旦与网络用户身份相分离,便无法确定具体的信息归属主体,不再属于个人信息范畴。根据国家推荐性标准《信息安全技术 公共及商用服务信息系统个人信息保护指南》(GB/Z 28828—2012)的规定,非敏感的个人信息的收集、使用仅需要适用默示原则,百度收集的信息仅是网络碎片化信息,并不属于个人信息,因此更不需要适用明示同意原则。

二是形式要件。个人信息需有电子或者其他方式记录的载体,无载体则无法被称为个人信息。我们生活的网络信息时代,工作、学习、消费、交通、通信、健身以及娱乐等活动都能够以信息方式被记录下来;政府、单位以及企业可直接或间接、积极或消极地收集、处理、使用和传播着一些个人信息。个人信息,是以电子、纸质或其他方式记录的能够单独或者与其他信息结合识别特定自然人身份或者反映特定自然人活动情况的各种信息。

三是主体要件。个人信息的主体为自然人,不包含法人、其他组织。其中,容易与个人信息的概念产生混淆的主要有隐私和数据。《民法典》第1032条将"隐私"界定为"自然人的私人生活安宁和不愿为他人知晓的私密空间、私密活动、私密信息"。由此可知,信息是隐私的形态之一,个人信息的形态只有"信息",隐私与个人信息存在范围上的重合。此外,由于隐私侧重于私密性而附于个人利益之上,个人信息与国家利益、公共利益常常密切相关,两者在权利保障上存在差别。而数据则与个人信息所处的范畴不同,《数据安全法》第3条将"数据"界定为"任何以电子或者其他方式对信息的记录"。数据是信息表达的一种形式,而信息是数据所体现的内容。数据以二进制代码展现,无法直接被人所理解,但可以借助一定的硬件设备和软件程序来读取,使之转换成为可以被人所理解的文字、图像、声音或视频。数据是反映客观事物属性的记录,是信息的具体表现形式,经过加工处理后就成为信息,而信息需要经过数字化转变成数据才能存储和传输。个人信息也不同于信息网络。所谓"信息网络",主要包括以计算机、电视机、固定电话机、移动电话机等电子设备为终端的计算机互联网、广播电视网、固定通信网、移动通信网等信息网络,以及向公众开放的局域网络。

【示例】窃取20余万条新生婴儿信息获刑①

2014年年初至2016年7月，韩某利用其工作便利，进入他人账户，窃取上海市疾病预防控制中心每月更新的全市新生婴儿信息并出售给被告人张某某，张某某再将该等信息转卖给被告人范某某。截至案发，韩某、张某某、范某某非法获取新生婴儿信息共计20余万条。2015年年初至2016年7月，范某某向李某出售上海新生婴儿信息共计25余万条，李某将上述信息提供给被告人王某某、黄某，并从中获利；2015年6月至7月，吴某某从王某某经营管理的大犀鸟公司内窃取7万余条上海新生婴儿信息；2015年5月至2016年7月，龚某某通过微信、QQ等联系方式，向吴某某出售新生婴儿信息8000余条，另分别向孙某某、夏某某（另行处理）二人出售新生儿信息共计7000余条。上海市浦东新区人民法院经审理认为，韩某、张某某、范某某、李某、黄某、王某某、吴某某、龚某某违反国家规定，以窃取、出售、收买等方式侵犯公民个人信息，情节严重，其行为均已构成侵犯公民个人信息罪。

【警示】个人信息绝不是私事

2018年4月20日，习近平总书记在全国网络安全和信息化工作会议上的讲话中指出："网信事业发展必须贯彻以人民为中心的发展思想，把增进人民福祉作为信息化发展的出发点和落脚点，让人民群众在信息化发展中有更多获得感、幸福感、安全感。"然而，网络上不断出现违规收集个人信息、超范围收集个人信息、收集与其提供的服务无关的个人信息，强制、频繁、过度索取权限和强制用户使用定向推送功能等现象，甚至出现了以"人肉搜索"为目的的大数据挖掘行为，以及数据造假，窃取、买卖公民信息等乱象，并衍生出"黑灰产"新行业。近年来，侵犯公民个人信息的犯罪行为高发，甚至还与电信网络诈骗、敲诈勒索、绑架等犯罪联系在一起，对社会造成了严重的危害。建立以可识别性为中心的个人信息权益保护方式，对于保障人民群众的切身利益，贯彻落实以人民为中心的发展思想具有重要意义。

大数据时代，诸多信息因其承载内容的可识别性而具有了流通价值，公民

---

① 参见《最高检：侵犯公民个人信息犯罪典型案例》，载中国网信网，http://www.cac.gov.cn/2017-05/16/c_1120983088.htm?from=groupmessage。

的个人信息与其财产权利密切相关。上述案件中的韩某等侵犯公民个人信息案是《刑法修正案(九)》实施后上海浦东新区法院受理的一起典型案件,涉及被告人较多(其中第一被告人、第二被告人均是国家工作人员),获取的新生婴儿信息数量较大,且造成了极为恶劣的社会影响。该案被最高人民检察院评为2017年度侵犯公民个人信息案件的典型案例。其中,案件的审理重点之一即是新生婴儿信息是否属于公民个人信息。被告人韩某等人窃取的信息为新生婴儿信息,包括新出生婴儿的姓名、出生年月日、父母的姓名、联系电话以及现住地址等内容,这些信息属于公民个人专有,且可以识别出公民个人,符合我国《网络安全法》中关于公民个人信息的描述,属于公民个人信息的范畴。基于个人信息的财产价值和专属性,只有公民个人才能决定是否处置以及在何时、用何种方式、以何种程度处置其个人信息。该等信息被他人窃取、买卖,用作其他用途,侵害了公民个人信息控制权,应当受到法律的制裁。

随着网络和信息技术的迅猛发展,利用网络随意收集、非法获取、擅自使用或者滥用公民个人信息的情况比较突出,严重侵害了公民的合法权益,已经受到了各方面的关注。为此,法律规定了违反相关规定的法律责任。违反《个人信息保护法》规定处理个人信息,或者处理个人信息未履行该法规定的个人信息保护义务的,由履行个人信息保护职责的部门责令改正,给予警告,没收违法所得,对违法处理个人信息的应用程序,责令暂停或者终止提供服务;拒不改正的,并处100万元以下罚款;对直接负责的主管人员和其他直接责任人员处1万元以上10万元以下罚款。情节严重的,由省级以上履行个人信息保护职责的部门责令改正,没收违法所得,并处5000万元以下或者上一年度营业额5%以下罚款,并可以责令暂停相关业务或者停业整顿、通报有关主管部门吊销相关业务许可或者吊销营业执照;对直接负责的主管人员和其他直接责任人员处10万元以上100万元以下罚款,并可以决定禁止其在一定期限内担任相关企业的董事、监事、高级管理人员和个人信息保护负责人。构成违反治安管理行为的,依法给予治安管理处罚。违反国家有关规定,向他人出售或者提供公民个人信息,情节严重的,处3年以下有期徒刑或者拘役,并处或者单处罚金;情节特别严重的,处3年以上7年以下有期徒刑,并处罚金。违反国家有关规定,将在履行职责或者提供服务过程中获得的公民个人信息,出售或者提供给他人的,依照前款的规定从重处罚。窃取或者以其他方法非法获取公民个人信息的,依照规定处罚。单位犯罪的,对单位判处罚金,并对其直接负责的主管人员和其他直接责任人员,依照规定处罚。

五、《网络安全法》适用的对象是谁？

《网络安全法》作为调整网络安全的国内法，不仅有适用的地域范围，也有明确的调整对象。《网络安全法》主要调整建设、运营、维护和使用网络以及进行网络安全监督管理活动的主体，这为其规范从事网络活动和监管活动提供依据和指引。

【阐释】《网络安全法》的适用对象

随着网络安全的发展，需要将承担并履行网络安全管理义务的网络主体由抽象变具体，需要为其提供明确的规范。根据《网络安全法》的规定，网络适用的对象包括建设者、运营者、维护者、使用网络者、监督管理者五个主体。基于我国《网络安全法》的国家主权和域外效力，境外的机构、组织、个人，建设、运营、维护和使用网络以及进行网络安全监督管理活动的主体，也应遵守《网络安全法》的有关规定。

网络建设者、运营者、维护者、使用网络者、监督管理者原则上仅限于国家或依照法律法规具有建设、监督管理资质或职责的组织与机构等。这些主体建设、运营、维护和使用网络以及进行网络安全监督管理活动不仅受到《网络安全法》的调整，同时受到与《网络安全法》相关的其他规范性文件的调整。

【示例】胡某拒不履行信息网络安全管理义务案①

被告人胡某为非法牟利，租用国内、国外服务器，自行制作并出租“土行孙”“四十二”翻墙软件，为境内2000余名网络用户非法提供境外互联网接入服务。上海市公安局浦东分局先后两次约谈被告人胡某，并要求其停止联网行为，并作出责令停止联网、警告、并处罚款人民币15,000元，没收违法所得人民

① 参见上海市浦东新区人民法院刑事判决书，(2018)沪0115刑初2974号。

币 40, 445.06 元的行政处罚。被告人胡某拒不改正,继续出租“土行孙”翻墙软件,违法所得共计人民币 236, 167 元。经鉴定,“土行孙”翻墙软件采用了“TCP 链接隧道”(gotunnel)程序,可以实现代理功能,使用本地计算机通过境外代理服务器访问境外网站。法院认为,被告人胡某非法提供国际联网代理服务,拒不履行法律、行政法规规定的信息网络安全管理义务,经监管部门责令采取改正措施后拒不改正,情节严重,其行为已构成拒不履行信息网络安全管理义务罪,判决被告人胡某犯拒不履行信息网络安全管理义务罪,判处拘役 6 个月,缓刑 6 个月,罚金人民币 3 万元,扣押在案的作案工具,已经退出的违法所得均依法予以没收。胡某回到社区后,应当遵守法律、法规,服从公安、社区矫正等部门的监督管理,接受教育,完成公益劳动,做一名有益社会的公民。

【警示】网络主体维护我国网络安全没有例外

《网络安全法》在我国监督管理网络安全上为我国境内的网络建设、运营、维护和使用网络进行管理提供法律依据。与《网络安全法》相关的法律法规等规范性文件还包括《国家安全法》《数据安全法》《个人信息保护法》《关键基础设施安全保护条例》《网络安全审查办法》等,《网络安全法》的适用还需要其他法律法规相互配合。网络运营者,网络产品、服务的提供者,关键信息基础设施的运营者等主体应当遵守国家法律法规的有关规定,切实履行网络安全主体责任,在运营中建立健全网络安全防护工作机制。公民应自觉规范上网行为,面对网络犯罪行为积极举报,与其他网络空间主体一同构建良好的网络空间。上述被告人胡某使用本地计算机通过境外代理服务器访问境外网站屡教不改,必然受到严厉制裁,其教训是深刻的。国外也存在类似的制裁,例如,新加坡的高中生颜某某以“极端种族主义者”自居,在博客上发表数篇攻击其他族群的言论,甚至叫嚣要暗杀部分政治人物。2005 年 11 月,颜某某被新加坡法院依据《煽动法》判处缓刑监视 2 年,且必须从事 180 小时社区服务。新加坡不仅将《煽动法》适用于互联网,还将《国内安全法》《煽动法》《维护宗教融合法》等与《广播法》《互联网操作规则》等互联网法规有机结合起来,作为打击危害国家和社会安全行为的法律依据。因此,无论是在国内还是在国外,网络安全的法律要求均应遵守。

六、网络安全和信息化工作方针是什么？

习近平总书记在2014年2月27日召开的中央网络安全和信息化领导小组第一次会议上指出："网络安全和信息化是一体之两翼、驱动之双轮，必须统一谋划、统一部署、统一推进、统一实施。"国家应当坚持网络安全与信息化发展并重，遵循积极利用、科学发展、依法管理、确保安全的方针，推进网络基础设施建设和互联互通，鼓励网络技术创新和应用，支持培养网络安全人才，建立健全网络安全保障体系，提高网络安全保护能力。

【阐释】"积极利用、科学发展、依法管理、确保安全"的方针

《网络安全法》确立了网络安全和信息化工作的方针，即"积极利用、科学发展、依法管理、确保安全"的"十六字"方针。"积极利用"，是指在网络安全方面，我们要持开放和发展的态度，积极利用网络，不因网络安全问题而限制网络发展，不可因噎废食。"科学发展"，是指引导网络发展正确方向，大力整饬各种网络乱象，坚持科学和客观理性态度，始终把握网络社会的发展规律，消除网络中的消极因素，推动网络科技信息革命和实践应用。"依法管理"，是指网络管理的基本手段，坚持依法治国理念，依照规定实施管理，不可无法律依据或任意执法。"确保安全"，是指确保网络运行和网络数据等各方面的安全；这是网络应用的基础条件，也是《网络安全法》制定的主要目的之一。

坚持"十六字"方针应主动适应网络发展的要求，积极应对网络发展带来的挑战，充分利用信息技术，促进信息交流和知识共享。要尊重网络发展规律，科学决策，合理布局，加强顶层设计和规划，促进网络技术和产业规范、健康和可持续发展。要加强网络领域法治建设，推进科学立法、严格执法、公正司法、全民守法，保障网络安全和信息化发展始终在法治的轨道上运行。针对网络安全领域的突出问题，提高防范网络安全风险、提高抵御网络安全威胁的能力和水平，切实保障网络安全，维护网络空间主权和国家安全、社会公共利益。我国的信息安全网络体系要坚持"十六字"方针，加大依法管理网络的力度，不断健

全网络安全的保障体系。要坚决贯彻“积极利用、科学发展、依法管理、确保安全”的方针，贯彻党和政府关于发展互联网的一系列政策措施；坚持解放思想，实事求是，与时俱进，开拓创新。要认真研究互联网发展的规律和特点，会同各有关部门，并在社会各界的支持、帮助下，努力推动我国互联网持续繁荣发展，使之成为促进经济发展的新途径、传播先进文化的新平台、丰富人民精神生活的新空间。

【示例】北京某高校践行网络安全的“十六字”方针

北京某高校成立网络安全和信息化委员会，作为学校网络安全和信息化工作的最高决策机构；同时成立网络安全和信息化工作小组，作为学校网络安全和信息化工作的协调机构，负责统筹推进学校网络安全和信息化各项工作；并调整成立正处级实体的网络安全和信息化委员会办公室，作为网络安全和信息化委员会及工作小组的日常办公机构，归口管理学校网络安全、信息化建设、网络舆情应急协调、网络信息素养教育与互联网发展应用规划研究，负责学校相关业务的政策制定、规划实施、协调推进、监督检查和效益评估。网络安全和信息化委员会办公室的职能覆盖了网络技术安全、网络内容安全（含舆情），有利于网络安全和信息化的协调发展，有效发挥了维护校园稳定和促进学校发展的综合职能。具体做法是：在基本制度和配套措施方面，出台了《某某大学网络安全管理办法（试行）》；在责任体系和评优表彰方面，完善了学校落实网络安全责任制的具体措施，落实二级单位网络安全责任制，签署《某某大学二级单位网络安全承诺书》等；在漏洞扫描和通报整改方面，牵头制定了《某某大学网站和信息系统网络安全风险预警和处置规程》；在攻防演练和应急处置方面，通过模拟黑客的攻击方法对该校管辖的网站系统和网络进行非破坏性的攻击性测试，通过钓鱼邮件对师生网络安全防范意识进行测试；在网络安全应急管理方面，依据网络安全规章制度，依托网络安全工作队伍，明确工作机制，统筹进行网络安全事件的综合协调处置和信息报送；在系统建设和安全前置方面，坚持规范各单位在信息系统立项、建设、上线、运维等环节的安全管理；在队伍建设和专业培训方面，配备人员，建立网络安全工作平台系统工作队伍管理模块，实现二级单位网络安全工作队伍在线登记和实时更新；在宣传教育和舆论引导方面，创办微信公众号“未名赛博空间”，策划形成十余个栏目，进行网信政策宣贯、网信工作部署、网信知识科普。

【警示】坚持网络安全方针不动摇

2018年4月,习近平总书记在全国网络安全和信息化工作会议上的讲话中指出:"没有网络安全就没有国家安全,就没有经济社会稳定运行,广大人民群众利益也难以得到保障。"新时代最为深刻的现代信息技术革命必将带来政治、经济、文化等各方面的深刻影响。我国互联网发展形成了"充分开放,依法管理,对话合作"的三个特点。网络安全应当遵循积极利用、科学发展、依法管理、确保安全的方针不动摇,切实把互联网建设好、利用好、管理好。因此,我们不仅要顺势而为,顺应网络发展趋势,主动适应网络信息化、拥抱信息化,积极开发和利用网络科技;还应在实践中要统筹推进网络安全工作,坚持网络安全为人民、网络安全靠人民,坚持网络安全教育、技术、产业融合发展,坚持促进发展和依法管理相统一,坚持安全可控和开放创新并重,切实保障国家网络安全和公民个人信息安全。只有在网络安全可靠的基础上,才能推进网络基础设施建设和互联互通,才能更加顺畅地进行网络技术创新和应用。我国不仅应大力培养网络安全人才,建立健全网络安全技术体系、组织体系、制度体系等各种保障体系;而且还需要提高网络安全快速应对能力和监测预警能力,坚持网络安全"十六字"不动摇。

七、《网络安全法》的基本原则是什么？

《网络安全法》的基本原则，是国家网络安全和信息化工作的指导思想，也是指导和规范网络安全法的立法、执法、规范网络安全法律关系主体的行为以及相关争议处理的基础性规范，是国家网络安全和信息化工作的最基本要求，是体现网络安全法根本价值的法律原则。

【阐释】安全与发展的“双轮驱动、两翼齐飞”

《网络安全法》作为我国第一部全面规范网络空间安全管理方面的基础性法律，从安全与发展的视角出发，确立了“网络空间主权原则”、“网络安全与信息化发展并重原则”和“共同治理原则”。

“网络空间主权原则”是网络安全立法的根本原则。网络安全和信息化是一体之两翼、驱动之双轮，必须统一谋划、统一部署、统一推进、统一实施，所以要坚持“网络安全与信息化发展并重原则”。网络空间安全不仅需要政府推进，更需要政府、企业、社会组织、技术社群和公民等网络利益相关者共同参与。政府部门、网络建设者、网络运营者、网络服务提供者、网络行业相关组织、高等院校、职业学校、社会公众均应根据各自的角色参与网络安全治理工作。同时，网络安全与发展也需要国际合作，需要共同维护网络安全，“共同治理原则”是不可或缺的原则。坚持网络安全与信息化发展并重，遵循积极利用、科学发展、依法管理、确保安全的方针，在人才培养上更有作为，制度安排上更加科学，治理上更加高效，网络安全就更有保证，从而最大限度造福人民，为实现民族复兴铺就更坚实有力的网络基础。

【示例】网络安全公司与保险公司强强联合的典范①

随着全球网络安全保险行业规模持续拓展，以全流程安全服务打造网络安全保险创新模式是保险公司与网络安全公司深度合作、深化网络安全保险的典范。我国某网络安全公司与中国人民财产保险股份有限公司共同推出的网络信息安全保险新模式，通过积极发挥双方在数据积累、资源整合、技术研发等多方面的优势，从业务侧和研发侧两方面打造"全流程安全服务"，帮助企业利用风险转嫁的方式规避和减小网络风险带来的损失，助推企业走好网络风险管理的"最后一公里"。在实际的网络安全保险服务过程中，该模式提供投保前的安全服务、投保期间的安全服务和出险期间的安全服务，全方位为被保险客户提供风险管理服务。

【警示】丢弃"搞网络安全会影响网络发展"的错误观念

网络安全治理现代化是推进国家治理体系和治理能力现代化的一项重要内容，也是提高国家互联网发展水平的必由之路。随着信息技术的进步和网络的全面普及，网络已经发展成为全球公共基础设施，并渗透到社会经济生活的各个方面，人们的社会生活和各国的经济繁荣须臾离不开网络。网络安全问题不仅关涉网络本身的安全，还关涉国家安全和社会进步。然而，现实中依然有人持有"只顾发展不顾安全""搞安全会影响发展"的错误观念，有些产业的智能控制设备在"触网"后缺乏安全防卫，甚至处于"裸奔"状态。如果不加快构建信息基础设施安全保障体系，不时刻全方位感知网络安全态势，不织牢网络安全"防护网"，网络安全就无从谈起。只有拥有更多更好的网络安全"刹车键"和"保障阀"，才能让人们安全共享网络技术释放出的便捷与活力。因此，应大力实施网络强国战略、国家大数据战略、"互联网＋"行动计划，发展积极向上的网络文化，拓展网络经济空间，促进互联网和经济社会融合发展。网络安全是网络发展的基础和保障：如果只强调安全或者追求完全安全，会影响网络发展；只有网络安全了，网络才能得以持续发展。

---

① 参见《2021 年网络安全保险新业态新模式典型案例》，载工信安全网 2022 年 3 月 9 日，http://www.cicscert.org.cn/web_root/webpage/articlecontent_110016_1501474210017447937.html。

八、为何要确立国家网络安全战略？

国家网络安全战略属于全局性、综合性、整体性、长远性的指导、统筹网络安全工作的纲领。国家网络安全战略应以总体国家安全观为指导，推进网络空间和平、安全、开放、合作、有序发展，维护国家主权、安全、发展利益，要求加强与各国的沟通、扩大共识、深化合作，积极推进全球互联网治理体系变革，共同维护网络空间和平安全，从而实现建设网络强国的战略目标。

【阐释】网络安全是国家战略

随着互联网媒体属性越来越强，特别是传播快、影响大、覆盖广、社会动员能力强的微博、微信等社交网络的快速发展和即时通信工具用户的快速增长，如何加强网络法治建设和舆论引导，确保网络信息传播秩序和国家安全、社会稳定，已经成为摆在我们面前的现实突出问题。网络安全是网络时代一项极其严肃、紧迫和慎重的国家顶层战略，需要体现可持续安全的发展理念。为贯彻落实习近平总书记网络强国战略思想，经原中央网络安全和信息化领导小组（现中央网络安全和信息化委员会）批准，国家互联网信息办公室于 2016 年 12 月 27 日发布《国家网络空间安全战略》。该文件阐明了中国关于网络空间发展和安全的重大立场和主张，明确了战略方针和主要任务，切实维护国家在网络空间的主权、安全、发展利益，是指导国家网络安全工作的纲领性文件。

《网络安全法》规定，国家制定并不断完善网络安全战略，明确保障网络安全的基本要求和主要目标，提出重点领域的网络安全政策、工作任务和措施。我国对网络安全特别重视，国家最高领导人出任中央网络安全和信息化领导小组组长，国务院设立高规格的专门主管网络信息的办事机构，公安部门设立管理网络的职能部门，还在互联网的国际接口采取严密的防范措施。我国不仅要将网络安全作为战略目标，还将建设网络强国作为战略目标。这一目标包括基础设施建设基本普及、自主创新能力显著增强、信息经济全面发展、网络安全保障有力等。实施网络强国战略需要依靠技术创新、文化培育、国际合作等方式，特别是要牢牢把握信息技术变革趋势，实施网络强国战略，加快建设数字中国，推动信息技术与经济社会发展深度融合，加快推动信息经济发展壮大。

【示例】我国网络空间安全的国家战略

世界各国均重视网络安全战略，有70多个国家制定了网络安全方面的国家战略。我国的网民数量和网络规模位居世界第一；维护好我国网络安全，不仅是自身需要，对于维护全球网络安全乃至世界和平都具有重大意义。我国致力于维护国家网络空间主权、安全、发展利益，推动互联网造福人类，推动网络空间和平利用和共同治理。2016年12月27日，经原中央网络安全和信息化领导小组批准，国家互联网信息办公室发布《国家网络空间安全战略》。该战略作为指导国家网络安全工作的纲领性文件，阐明了中国关于网络空间发展和安全的重大立场和主张，明确了战略方针和主要任务，切实维护国家在网络空间的主权、安全、发展利益。其中战略任务包括坚定捍卫网络空间主权、坚决维护国家安全、保护关键信息基础设施、加强网络文化建设、打击网络恐怖和违法犯罪、完善网络治理体系、夯实网络安全基础、提升网络空间防护能力和强化网络空间国际合作。《国家网络空间安全战略》不仅具备新一代网络安全国家战略的特点，也符合未来网络安全发展的趋势。

【警示】落实网络安全战略刻不容缓

目前，网络空间的国际竞争方兴未艾，国际上争夺和控制网络空间战略资源、抢占规则制定权和战略制高点、谋求战略主动权的竞争日趋激烈。个别国家强化网络威慑战略，加剧网络空间军备竞赛，世界和平受到新的挑战。政治稳定是国家发展、人民幸福的基本前提。有些组织肆意窃取用户信息、交易数据、位置信息以及企业商业秘密，严重损害国家、企业和个人利益；特别是恐怖主义、分裂主义、极端主义等势力利用网络煽动、策划、组织和实施暴力恐怖活动，直接威胁人民生命财产安全、社会秩序，影响社会和谐稳定。在经济方面，网络和信息系统已成为关键基础设施乃至整个经济社会的神经中枢，一旦遭受攻击破坏、发生重大安全事件，将导致能源、交通、通信、金融等基础设施瘫痪，造成灾难性后果，严重危害国家经济安全和公共利益。在文化方面，网络上各种思想文化相互激荡、交锋，优秀传统文化和主流价值观面临冲击。网络谣言、颓废文化和淫秽、暴力、迷信等违背社会主义核心价值观的有害信息侵蚀人们的身心健康,败坏社会风气,误导价值取向,危害文化安全。网上道德失范、诚信缺失现象频发,网络文明程度亟待提高。我国网络安全领域应以积极的姿态迎接来自国外的挑战。我国《网络安全法》确立网络安全战略不仅必要而且及时,应当认真落实,才能在国际挑战中立于不败之地。我国应当以总体国家安全观为指导,贯彻落实创新、协调、绿色、开放、共享的新发展理念,增强风险意识和危机意识,统筹国内国际两个大局,统筹发展安全两件大事,积极防御、有效应对,推进网络空间和平、安全、开放、合作、有序,维护国家主权、安全、发展利益,实现建设网络强国的战略目标。

九、面对境内外网络安全风险和威胁应采取何种应对措施?

世界各国控制网络空间战略资源、抢占规则制定权和战略制高点、谋求竞争主动权日趋激烈。我国也应当主动采取措施,积极监测、防御、处置源于境内外的网络安全风险和威胁,采用有效的应对措施保护关键信息基础设施免受攻击、侵入、干扰和破坏,依法惩治境内外网络违法犯罪活动,维护网络空间安全和秩序。

【阐释】监测、防御、处置境内外网络安全风险和威胁

我国当下面临的网络安全风险和威胁主要包括严重威胁着网络运行安全的网络入侵、网络攻击等非法活动;非法获取、泄露甚至倒卖公民个人信息,侮辱诽谤他人,侵犯知识产权等违法活动;借助网络宣扬、传播、扩散的恐怖主义、极端主义,煽动颠覆国家政权、推翻社会主义制度以及淫秽色情等违法信息的活动。基于此,《网络安全法》不仅将"网络空间"作为重要的概念,而且确立了国家维护网络安全的主要任务。针对源于中国境外的、危害中国境内网络基础设施和网络的行为,国家有权进行监测、防御、处置,并对网络违法犯罪活动予以惩治,维护我国网络空间安全和秩序。国家互联网应急中心发布的《2019 年中国互联网网络安全报告》显示,2019 年我国共捕获计算机恶意程序样本数量超过 6200 万个,日均传播次数达 824 万余次,涉及计算机恶意程序家族 66 万余个。位于境外的约 5.6 万个计算机恶意程序控制服务器控制了我国境内约 552 万台主机。国家互联网应急中心《2020 年上半年我国互联网网络安全监测数据分析报告》显示,累计监测发现用于发起 DDoS(Distributed Denial of Service)攻击的活跃 C&C(Command and Control Server)控制服务器 2379 台,其中位于境外的占比 95.5%;活跃的受控主机约 122 万台,其中来自境内的占比 90.3%;反射攻击服务器约 801 万台,其中来自境内的占比 67.4%。因此,国家维护网络安全必须采取措施积极有效地进行监测,确保有效防御并及时处置

各类网络安全风险和威胁，确保网络安全稳定运行，防止因网络活动对国家安全、社会公共利益和公民合法权益造成损害。同时，对网络违法犯罪活动依法予以严厉惩治，切实维护网络空间秩序，保卫国家安全，维护公共利益，保护公民人身、财产等权利。

【示例】通信公司网站被境外黑客入侵未及时处置受罚案

2019年1月8日，北京市通信管理局对中移铁通有限公司北京分公司作出行政处罚。北京市通信管理局开出的京信管罚字〔2019〕第01号行政处罚决定书显示，因中移铁通有限公司北京分公司未全面履行法律义务，其网站网页被境外黑客入侵篡改未及时处置，违反了《网络安全法》的规定，对该公司处10,000元罚款，对直接负责的主管人员处5000元罚款。

【警示】处置网络安全风险、威胁不可迟疑

随着全球范围移动互联网、云计算、大数据、物联网等新一代信息技术风起云涌，网络空间发展提升到一个前所未有的新阶段。网络普及化、商业化、实境化程度远非以前可比，人们日常生产生活网络化，个人财产和隐私与网络系统紧密相连，而且国家的重要基础设施运营越来越依赖于网络信息系统，国家安全、社会安全和经济安全也与网络信息系统越来越相关。因此，我国有关部门逐渐意识到维护网络空间安全的重要性，健全完善国家网络安全保障体系和有效控制网络安全风险的重要性，并积极采取措施对关键信息基础设施实行重点保护。否则，那些具有基础性、关键性信息基础设施一旦遭到破坏，将会给国家安全、公共安全、社会生活带来严重损害，这绝不是危言耸听。中移铁通有限公司北京分公司因网站网页被境外黑客入侵篡改未及时采取应对措施，所以遭到相应的行政处罚。网络运营者应当制定网络安全事件应急预案，及时处置系统漏洞、计算机病毒、网络攻击、网络入侵等安全风险；在发生危害网络安全的事件时，立即启动应急预案，采取相应的补救措施，并按照规定向有关主管部门报告。网络运营者不履行网络安全保护义务的，由有关主管部门责令改正，给予警告；拒不改正或者导致危害网络安全等后果的，处1万元以上10万元以下罚款，对直接负责的主管人员处5000元以上5万元以下罚款。

十、国家倡导的网络行为是什么？

网络不是法外之地。网络安全和文明、健康、绿色的网络环境，不仅需要全社会来共同维护，也需要国家采取措施促进全社会共同参与。同时，需要网络安全法治提供网络行为指引，倡导诚实守信、健康文明的网络行为，以此来推动传播社会主义核心价值观，形成良好的网络文明环境。

【阐释】净化网络环境和提倡网络文明健康

我国《网络安全法》基于网络活动、行为及多主体的复杂性，确立了网络利益相关者共同参与网络安全的保障义务。信息时代的到来，让网络安全问题渗透到了国家、企业、社会组织和每一个公民的活动中，维护网络安全已经成为全社会的共同责任。《网络安全法》规定，国家倡导诚实守信、健康文明的网络行为，推动传播社会主义核心价值观，采取措施提高全社会的网络安全意识和水平，形成全社会共同参与促进网络安全的良好环境。倡导全社会共同参与到网络安全的建设中来，需要广泛动员全社会力量，发挥政府、企业、其他社会组织以及公民等主体的作用，共同参与网络安全的建设事业。各级政府及其有关部门应当完善网络政策、健全网络法制，开展行之有效的网络安全宣传、教育和培训活动，普及网络安全知识，引导广大网民加强自我管理和约束，推动网络空间法治化、文明化。互联网企业应当承担起法律义务和社会责任，进行合法合规的网络运营活动，自觉抵制不文明、不健康的网络行为，保障网络运行和数据安全。广大网民从事网络活动应当遵守法律法规，文明上网，通过网络传播健康向上的文化，积极监督举报并与网络违法犯罪活动作斗争，共同维护清朗的网络秩序。中国互联网协会于2006年发布的《文明上网自律公约》倡导互联网从业者和广大网民从自身做起，在以积极态度促进互联网健康发展的同时，承担起应负的社会责任，始终把国家和公众利益放在首位，坚持文明办网、文明上网。

【示例】跟帖乱发评论受处罚[①]

2018年7月27日，金溪县公安局协助南京市江宁分局调查南京女童溺水一案时，金溪县公安局园区派出所发现7月26日18时左右，在金溪县秀谷镇白马大道河西驴肉馆内，在金溪县玩耍的九江市永修县马口镇立华村村民周某在与朋友吃晚饭时，在手机上看到一则关于南京女童溺水的报道后，以为自己身在外地，难以追查，竟随手跟帖评论说："我不敢说，我内疚、沉默了一个星期！还是不说了！"过了半个小时，在18时46分周某竟又第二次跟贴评论说："南京的大盖帽不会跨省抓捕吧？怕。"周某在发帖后，竟觉得非常好玩，又加以转发。周某的两条评论与转发致使南京警方派员于8月1日到金溪县公安局进行调查核实。周某无中生有擅发评论的行为严重扰乱了正常执法秩序和公共秩序，金溪县公安局园区派出所对周某处以行政拘留5日并处罚款500元。现实中，网上时常发生网络反腐举报误伤无辜，甚至侵犯领导干部及其亲属隐私等合法权益的事件。2022年11月中央网信办印发《关于切实加强网络暴力治理的通知》，强调加大网暴治理力度，加强评论环节和重点话题群组管理，严防网暴信息传播扩散。

【警示】向网络不文明行为说"不"

网络文明关系到整个社会文化的和谐发展。网络是文化信息传播的重要载体，涉及人们生活的各个层面，其传播的信息影响着人们的世界观、人生观以及价值观。我国倡导诚实守信、健康文明的网络行为，倡导文明办网、文明上网。目前，网络不文明的行为主要包括传播谣言、散布虚假信息，制作、传播网络病毒，传播垃圾邮件，聊天室谩骂，网络欺诈，网络色情聊天，窥探、传播他人隐私，盗用他人网络账号，强植广告，下载、炒作色情、暴力、怪异等低俗内容等。各电信运营商应集中整治不良信息，净化网络环境，清除不良或者垃圾网络信息，使广大网民得以畅享清洁的网络空间，加强网络不良信息的清理工作。人们不仅需要远离网络不文明、不健康的行为，还应积极予以抵制并主动传播有益于社会、国家的网络信息；禁止在不了解事实真相的情况下，根据网络上有导

---

① 参见进海等：《手机上跟帖乱发评论　扰乱秩序被拘留罚款》，载大江网，https://jxfz.jxnews.com.cn/system/2018/08/02/017047253.shtml。

向性捕风捉影的话语转发谩骂、恶意中伤他人的信息；倡议、鼓励和培育勇于塑造健康文明网络生态的主力军，共同守护绿色文明的网络生态。同时，需要正确认识网络表达权或者言论自由权，网络发声或者传播信息也应像现实中生活那样恪守法律、公序良俗的边界，并且勇敢地向不文明网络行为说“不”，避免主观先行，过激表达，不得成为谣言的“扩音器”。2013 年 9 月 9 日发布的《最高人民法院、最高人民检察院关于办理利用信息网络实施诽谤等刑事案件的司法解释》规定，捏造损害他人名誉的事实，在信息网络上散布，或者组织、指使人员在信息网络上散布的；将信息网络上涉及他人的原始信息内容篡改为损害他人名誉的事实，在信息网络上散布，或者组织、指使人员在信息网络上散布的；同一诽谤信息实际被点击、浏览次数达到 5000 次以上，或者被转发次数达到 500 次以上的，可以作为犯罪的情节严重情形。如果编造虚假信息，或者明知是编造的虚假信息，在信息网络上散布，或者组织、指使人员在信息网络上散布，起哄闹事，造成公共秩序严重混乱的，以寻衅滋事罪定罪处罚。“按键伤人”将得到应有的惩治。

十一、国家为何要参与网络国际合作？

网络安全不再仅是一个国家国内的事物，而是已成为全球的问题，这就需要加强国际领域网络安全合作。各国积极开展网络空间治理、网络技术研发和标准制定、打击网络违法犯罪等方面的国际交流与合作，以便构建和平、安全、开放、合作的网络空间和多边、民主、透明的网络治理体系。

【阐释】中国多方面开展网络安全的国际合作

随着全球信息化的深入发展和持续推进，网络安全对一个国家以及整个世界的和平与发展越来越重要，网络空间安全的国际交流与合作越发显得重要。在网络空间治理方面，国家需要通过参与相关国际组织的活动并与其他国家开展双边、多边对话与合作，加强同其他国家的沟通交流，共同研究并参与制定全球网络治理规则。只有这样，才能够使全球网络治理体系更加公正合理，更能均衡地反映多数国家的意愿和利益。在网络技术研发方面，国家推动有关机构、企业等与境外机构、企业在资金、技术、人才、项目等方面开展合作、交流，共同研究开发网络核心技术，促进网络技术创新，才能提升我国网络技术水平。在网络技术标准制定方面，国家不仅鼓励并大力支持有关机构、企业积极参与国际标准化活动，通过承担更多国际组织职务，增强国家在网络安全方面的话语权；通过加强与境外有关机构合作，加大国际标准跟踪、评估和转化力度，推动国家标准走向国际化并成为国际标准。在打击网络违法犯罪方面，通过与相关国家和国际组织加强网络违法犯罪信息交流与情报交换，相互借鉴打击网络违法犯罪的技术与经验，建立并实施有效的执法协作机制，真正发挥共同打击网络违法犯罪行为的作用。为此，2017 年 3 月 1 日，我国外交部和国家互联网信息办公室发布的《网络空间国际合作战略》阐述了我国参与网络空间国际合作坚持的原则、开展网络空间国际合作的战略目标以及参与网络空间国际合作的行动计划。只有落实网络空间国际合作行动计划，参与网络空间国际合作项目，才能逐步形成合作共赢的国际网络安全共同体，实现我国的网络安全战略目标。

各国网络空间互联互通，利益交融，休戚与共。《网络空间国际合作战略》提出，应在和平、主权、共治、普惠基本原则基础上推动网络空间国际合作，倡导各国切实遵守《联合国宪章》宗旨与原则，确保网络空间的和平与安全；坚持主权平等，不搞网络霸权，不干涉他国内政；各国共同制定网络空间国际规则，建立多边、民主、透明的全球互联网治理体系；推动网络空间优势互补、共同发展，弥合"数字鸿沟"，确保人人共享互联网发展成果。中国通过加强与相关国家之间的合作，正在努力帮助建立一个更加平衡的网络空间。这一努力有助于建立一个多极化、平等、均衡的国际网络体系。中国对世界网络安全领域做的最大贡献，就是将一个网络霸权体系变成网络多极化、平等、势力均衡的体系。可以说，中国为破解全球网络空间治理难题贡献了中国智慧和方案，并取得了积极成效。

【示例】我国为破解全球网络空间治理难题贡献中国方案①

我国外交部和国家互联网信息办公室经原中央网络安全和信息化领导小组批准，于 2017 年 3 月 1 日共同发布了《网络空间国际合作战略》。该"战略"作为指导中国参与网络空间国际交流与合作的战略性文件，以和平发展、合作共赢为主题，以构建网络空间命运共同体为目标，就推动网络空间国际交流合作全面系统地提出了中国主张，为破解全球网络空间治理难题贡献了中国方案。该文件确立的中国参与网络空间国际合作的战略目标，应当坚定地维护中国网络主权、安全和发展利益，保障互联网信息安全有序流动，提升国际互联互通水平，维护网络空间和平安全稳定，推动网络空间国际的法治化，促进多边、民主、透明的国际网络治理体现的完善和发展。目前，我国已与 70 多个国家和地区通过双边等渠道的执法合作活动，对网络诈骗、色情、赌博、贩枪等犯罪进行了打击。

【警示】网络安全的全球共同合作是共赢的前提

网络空间日益成为各个国家重要的战略资源，也成为各国交往和利益博弈

① 参见《我国网络空间国际交流合作领域发展成就与变革》，载中国网信网，http://www.cac.gov.cn/2022-12/30/c_1674034771693357.htm。

的重要空间。随着网络技术不断创新、网络应用国际互通,网络安全威胁包括网络违法犯罪的安全威胁日趋国际化,网络威胁日益成为全球性难题。网络安全问题很难仅仅依靠一个国家解决,需要利益相关方携手共同配合和协作。网络安全的国际合作不仅是为了平衡网络空间中各国的利益,更为重要的是需要通过合作共同创造和保障安全的网络环境。我国以积极的姿态开展网络空间治理、网络技术研发和标准制定、打击网络违法犯罪等方面的网络安全国际交流与合作,推动构建和平、安全、开放、合作的网络空间,建立多边、民主、透明的网络治理体系。同时,需要国际社会携起手来,加强对话交流,共同维护网络空间和平、稳定与繁荣,共同构建网络空间命运共同体。我国就网络问题发布了网络空间的国际战略,给人类带来巨大机遇,也带来一些新的课题和挑战。这就需要坚持主权平等,不搞网络霸权,不干涉他国内政,否则,换来的不是共赢而是多方俱伤。特别是在躲避侦查和打击方面,网络犯罪分子利用了网络的无地域性、虚拟性,经常把服务器、域名解析托管在境外,这需要各个国家开展合作。针对中美而言,美国是世界上网络实力最强的国家,中国又是世界上网络用户最多的国家,双方只有合作,才能双赢。这就需要从技术产业标准、打击犯罪多方面加强合作,将网络安全问题努力打造成中美合作的增长点,而不是爆发冲突的摩擦点和分歧点。一个国家的网络安全与否会影响到别国的网络安全,只有在各国网络共同安全的情况下,每个国家才能确保自身的网络安全,共同合作是唯一、有效的解决途径。

十二、我国的哪些部门承担网络安全保护和监督管理职责？

为了适应国家网络安全工作的新形势、新任务，落实党中央的要求，根据职权的分工，国家网信部门负责统筹协调网络安全和相关监督管理工作，国务院工业和信息化、公安等部门以及县级以上人民政府有关部门按照各自职责负责网络安全保护和监督管理相关工作。

【阐释】国家网信部门、国务院电信主管部门、公安部门和其他有关机关分工负责

国家网信部门负责统筹协调网络安全和相关监督管理工作。履行网络安全保护和监督管理职责的部门分为中央和地方两个层面。中央层面分为国家网信部门和国务院电信主管部门、公安部门和其他有关机关：国家网信部门包括中央网络安全和信息化委员会办公室和国家互联网信息办公室；国务院电信主管部门、公安部门和其他有关机关依照《网络安全法》和有关法律、行政法规的规定，在各自职责范围内负责网络安全保护和监督管理工作。县级以上地方人民政府有关部门的网络安全保护和监督管理职责，按照国家有关规定确定。基于上述的职权分工，形成“1 + X”的网络安全保护和监管体制。这种体制符合我国互联网与现实社会全面融合的特点以及我国监管实际情况。

2014 年 2 月 27 日，我国成立中央网络安全和信息化领导小组。小组的成立标志着中国网络安全和信息化国家战略迈出重要一步，也标志着拥有近 10 亿网民的网络大国加速向网络强国挺进。根据中共中央印发的《深化党和国家机构改革方案》，2018 年 3 月又将中央网络安全和信息化领导小组改为中央网络安全和信息化委员会。其职能着眼国家安全和长远发展，统筹协调涉及经济、政治、文化、社会及军事等各个领域的网络安全和信息化重大问题，研究制定网络安全和信息化发展战略、宏观规划和重大政策，推动国家网络安全和信

息化法治建设，不断增强安全保障能力，由国家互联网信息办公室承担具体职责。2011 年 5 月，国务院设立国家互联网信息办公室。主要职责包括落实互联网信息传播方针政策和推动互联网信息传播法制建设，指导、协调、督促有关部门加强互联网信息内容管理，负责网络新闻业务及其他相关业务的审批和日常监管，指导有关部门做好网络游戏、网络视听、网络出版等网络文化领域业务布局规划，协调有关部门做好网络文化阵地建设的规划和实施工作，负责重点新闻网站的规划建设，组织、协调网上宣传工作，依法查处违法违规网站，指导有关部门督促电信运营企业、接入服务企业、域名注册管理和服务机构等做好域名注册、互联网地址（IP 地址）分配、网站登记备案、接入等互联网基础管理工作，在职责范围内指导各地互联网有关部门开展工作。为促进互联网信息服务健康有序发展，保护公民、法人和其他组织的合法权益，维护国家安全和公共利益，2014 年国务院授权重新组建的国家互联网信息办公室负责全国互联网信息内容管理工作，并负责监督管理执法。

基于信息网络类别的多样性与网络活动的复杂性，其影响范围和广度决定了涉及部门众多。从管理权限上看，国家安全部、文化和旅游部、国务院国有资产监督管理委员会、国家市场监督管理总局、国家广播电视总局、国家新闻出版署等部门都有相关领域互联网管理权限，可以将其作为“其他有关机关”。就目前国务院确定的职责而言，工业和信息化部作为电信行业主管部门，主要承担互联网行业管理、信息通信领域网络与信息安全保障体系建设以及网络安全防护、应急管理和处置等职责；公安部主要承担计算机信息系统安全保护、计算机病毒等防治管理、网络违法犯罪案件的查处等职责。我国网络安全实行分级管理，明确中央层面的监管部门之后，与之相对应县级以上人民政府的网信、电信、公安部门等有关部门按照国家有关规定，确定并执行网络安全保护和监督管理职责。我国《网络安全法》没有对监管部门逐一枚举，仅作了概括性规定，是为其他有关机关依照《网络安全法》和其他法律法规授权的范围内履行职责留有空间。根据《国务院关于授权国家互联网信息办公室负责互联网信息内容管理工作的通知》授权国家互联网信息办公室负责全国互联网信息内容管理工作，并负责监督管理执法。《互联网信息服务管理办法》规定，国务院信息产业主管部门和省、自治区、直辖市电信管理机构，依法对互联网信息服务实施监督管理，新闻、出版、教育、卫生、药品监督管理、市场监督管理和公安、国家安全等有关主管部门，在各自职责范围内依法对互联网信息内容实施监督管理。

【示例】国家网信办等部门联合约谈网络直播短视频平台责令整改①

国家网信办于2018年6月1日会同原国家新闻出版广电总局、文化和旅游部、属地网信办针对“美拍”网络直播短视频平台传播涉未成年人低俗不良信息联合约谈其相关负责人，依据《网络安全法》《互联网信息服务管理办法》《互联网直播服务管理规定》等法律法规，责令“美拍”进行全面整改，彻底自查自清存量违法违规和低俗不良视频内容，严格注册审核和内容巡查。原国家新闻出版广电总局、文化和旅游部提出相应管理要求。“美拍”相关负责人接受了处罚，进行全面彻底整改，切实履行企业主体责任，承诺暂停有关算法推荐功能，下线“校园”频道，停止更新“热门”频道30天、“直播”频道15天。整改期间，将进一步完善内容审核发布、安全策略管理等各项机制，建立健全未成年人保护体系，用正确的价值观指导算法，积极传播正能量。

【警示】网络监督管理和网络执法需要于法有据

《网络安全法》调整网络安全的各种活动，适用于各类信息网络。其监管领域多、覆盖面广，涉及多个部门职能，对部分监管主体和职能作出了明确的规定。这些主体在监管和执法过程除了遵循《网络安全法》外，还需要遵循相关的法律法规。需要特别强调的是网络安全活动监管工作必须由法律法规明确授权的国家有关部门负责，充分体现依法治网的具体要求。严格依法治网，还需要发挥与多方对话的协调功能，提高行政执法的效率和质量。上述国家网信办等部门联合约谈“美拍”网络直播短视频平台的依据，除《网络安全法》外还包括《互联网信息服务管理办法》《互联网直播服务管理规定》等规定。任何个人和组织有权对危害网络安全的行为向网信、电信、公安等部门举报。收到举报的部门应当及时依法作出处理；对于不属于本部门职责的，应当及时移送有权处理的部门。有关部门应当对举报人的信息予以保密，保护举报人的合法权益。网络安全管理部门应当积极履行行政移送的法定义务；不履行移送职责的，按照《中华人民共和国行政诉讼法》《中华人民共和国行政复议法》，有可能面临被起诉、被复议的法律风险。网信部门和有关部门的工作人员玩忽职守、滥用职权、徇私舞弊，尚不构成犯罪的，依法给予处分。

---

① 参见澎湃新闻：《国家网信办等三部门联合约谈“美拍”网络直播短视频平台》，载澎湃网2018年6月3日，https://www.thepaper.cn/newsDetail_forward_2171107。

十三、网络运营者的基本义务是什么？

网络运营者在网络空间从事经营活动，作为企业既是经济人，又是社会人，还是网络人。网络运营者作为经济人，利润是其存在的理由和发展的根本动力。网络运营者作为社会的重要组成部分，应当承担一部分运营成本并为网络有序运营提供技术支持。基于“企业的社会责任必须与企业的社会权利相称”的“责任铁律”，网络运营者应当履行社会义务，遵守法律、行政法规，尊重社会公德，遵守商业道德，诚实信用，履行网络安全保护义务，接受政府和社会的监督，承担社会责任。

【阐释】遵守法律法规，遵守商业道德，诚实信用，保障网络安全，接受政府和社会的监督，承担社会责任

网络运营者的基本义务主要包括六方面内容。一是遵守法律、行政法规，这是网络运营者开展活动的底线。法律、行政法规对社会全体成员具有普遍的约束作用，网络运营者也不例外，不得因活动空间向网络延伸而获得超越法律法规的特权。二是尊重社会公德，遵守商业道德。商业道德以经济人理性为基础，要求网络运营者在追求利益最大化的同时，不能损害市场秩序和他人的正当利益。三是诚实信用。诚实信用原则是市场经济活动的道德准则，其要求网络运营者在经营和服务活动中，讲究信用，恪守诺言，诚实不欺，以符合社会经济目的的方式行使自己的权利。四是履行网络安全保护义务。网络运营者作为网络的管理者、使用者和网络服务提供者，是网络安全的第一责任人，应当履行法律规定的维护网络安全的义务。五是接受政府和社会的监督。主要包括对政府有关部门依法实施的监督管理予以配合，对社会公众的投诉予以及时处理等。有效的监督有利于约束网络运营者的行为，保障其在正确的轨道上健康、可持续发展。六是承担社会责任。网络运营者具有社会性，“企业无法脱离社会单独存在，企业需要为社会各方主体为其承担的成本负担对价”，网络运营者享受了社会提供的良好市场秩序和营商环境，应当为社会的发展承担相应的

责任。

《网络安全法》以及相关法规、规章在对网络运营者的义务作出原则性规定外,还对其进行了具体化。主要内容包括:建立网络安全管理制度的义务、对网络运行安全(特别是关键信息基础设施的运行安全)的保护义务、维护网络数据安全的义务、对用户的身份信息和义务信息进行审核的义务、对所运营网络上的公共信息进行管理的义务、保障个人信息安全的义务、对用户发布的违法信息采取措施进行处置的义务、受理并处理投诉和举报的义务、配合执法部门监督检查的义务、记录和保存网络日志的义务、发现违法信息后向有关主管部门报告的义务等。

【示例】"3·15"晚会曝光:水军公司被罚200万元①

2022年央视"3·15"晚会对涉及口碑营销公司造假乱象进行曝光,天津企航网络技术有限公司(以下简称企航网络)被点名。口碑营销公司企航网络成立于2018年10月,注册资本100万元人民币。公司的主营业务是技术推广服务,兼营广告业务、会议服务、展览展示等。企航网络为某减肥产品制作了"万词霸屏",当用户搜索"某减肥腰带靠谱吗"等关键词时,该产品都能排在搜索结果前面。"万词霸屏"是企航网络通过上万个海量关键词的设定,让用户在搜索时,被推广公司始终能排在前面。为了使"万词霸屏"左右搜索结果,企航网络有时还会利用机器人去网上抓取内容,东拼西凑,自动生成上万篇含有所设定关键词的文章,数量惊人。据报道,"口碑营销公司操纵搜索结果,企业负面给钱就能屏蔽"。网民在问答、百科、论坛等寻求帮助时,所看到的问题和答案,很多都是由他们这样的口碑公司冒充真实用户做出来的。对企航网络而言,本应是共享知识和经验的互联网平台,却变成了企航网络通过误导网民来牟利的工具,用户自问自答已成为口碑公司招揽生意的重要手段。为了让这些做出来的自问自答排在搜索结果前面,口碑公司有时甚至不惜雇用水军。企航网络虚假宣传的行为违反了诚实信用原则,与公认的商业准则相悖。2022年4月28日,企航网络因虚假商业宣传及帮助其他经营者进行虚假商业宣传,被天津市河东区市场监督管理局行政处罚,罚款共计200万元。

---

① 参见《口碑营销公司企航网络被罚200万元,此前因操纵搜索结果被3·15晚会曝光》,载央广网2022年5月18日,https://baijiahao.baidu.com/s?id=1733155945392279291&wfr=spider&for=pc。

【警示】诚实信用以商业道德为底线

网络运营者作为网络虚拟空间的创造者，始终扮演着网络管理人的角色。《网络安全法》对其开展经营和服务活动应当履行的义务作出了原则性规定，主要从经济规制的视角对网络运营者进行了规定。网络运营者因从事经营服务活动，是经济法上的“经营者”，应承担遵守法律和道德规范，提供诚实、安全的服务，切实保护网络安全等基本义务。企航网络作为网络服务提供者，属于《网络安全法》中的网络运营者，其采用了虚假宣传的方式实施推广活动并牟取利益，违反了遵守商业道德和诚实信用的基本义务，严重误导了用户对所需商品或服务的选择，扰乱了正常的市场竞争秩序，理应受到法律的严惩。目前，市场中有些卖家崇尚“功利主义”，存在网店通过“刷单”获取销量及好评吸引顾客，按商品价格及数量向“刷单军团”支付佣金的现象。这种刷销量、刷好评、删差评等“炒信”“刷单”“收割流量”的行为对消费者具有欺骗性，属于违反商业道德的逐利行为，扰乱了市场经济秩序。

《中华人民共和国电子商务法》(以下简称《电子商务法》)不仅要求电子商务平台经营者建立健全信用评价制度，公示信用评价规则，而且要求电子商务经营者不得以虚构交易、编造用户评价等方式进行虚假或者引人误解的商业宣传，欺骗、误导消费者。《网络交易监督管理办法》界定了网络服务提供者的角色定位，明确了各参与方的责任义务，压实主体责任，督促其切实规范经营行为、强化内部治理。《网络交易监督管理办法》针对虚构交易、误导性展示评价、虚构流量数据等新型不正当竞争行为进行了明确规制，禁止各类网络消费侵权行为；对于恶意刷单、刷好评而误导消费者的恶劣行为以及商家私自删差评的行为予以处罚；帮助他人进行刷单、炒信、删除差评、虚构交易、虚假荣誉等行为的“网络水军”也将会受到严厉的处罚。市场监督管理部门可对其责令限期改正，可处5万元以上50万元以下的罚款；情节严重的，责令停业整顿，并处50万元以上200万元以下的罚款；对电子商务平台经营者(电商平台)可处2万元到200万元的罚款。

十四、网络运营者维护网络安全的总体要求是什么？

《网络安全法》对网络运营者维护网络安全提出了总体要求。网络运营者建设、运营网络或者通过网络提供服务，应当依照法律、行政法规的规定和国家标准的强制性要求，采取技术措施和其他必要措施，保障网络安全、稳定运行，有效应对网络安全事件，防范网络违法犯罪活动，维护网络数据的完整性、保密性和可用性。

【阐释】维护网络数据的完整性、保密性和可用性

《网络安全法》在网络运行、预防违法犯罪和数据安全三个方面对网络运营者提出了具体要求。

一是网络运营者应以法律、行政法规及国家标准的强制性要求为依据。法律是人们应当遵守的最低限度的行为准则，不因网络运营者在虚拟空间内活动而有例外；网络运营者必须在符合法律、行政法规的范围内活动，才能获得正当性。我国“十四五”国家信息化规划指出，要“全面加强网络安全保障体系和能力建设”，“完善相关法律法规和技术标准，规范各类数据资源采集、管理和使用，避免重要敏感信息泄露”。2022 年4 月 15 日，国家市场监督管理总局、国家标准化管理委员会发布，全国信息安全标准化技术委员会归口的 10 项国家标准(2022 年第 6 号)，主要从数据安全、密码算法、风险评估、安全服务、可信执行、可信计算、政务安全、工控安全、移动安全、智能家居安全等维度对相关安全要求进行规定。网络运营者对于该领域国家标准的强制性要求应当遵循。

二是采取措施保障网络平稳、健康运行，及时发现、有效应对网络安全事件，预防网络违法犯罪活动。网络运营者采取的措施包括技术措施及管理措施，通过措施的执行有效开展监测和预警，使得网络安全事件的防范与处置工作有条不紊地开展。网络运营者预防的对象既包括非法侵入他人网络、干扰他

人网络正常功能、窃取网络数据等危害网络安全的违法犯罪活动，也包括利用网络从事的危害国家安全、损害公共利益、侵害他人合法权益等违法犯罪活动。

三是维护网络数据的完整性、保密性及可用性。其中，完整性是指防止网络数据被不正当地修改或破坏，确保数据的不可否认性和真实性；保密性是指防止对网络数据未经授权的访问；可用性是指确保网络数据能够及时可靠地获取和使用。

与此同时，《电子商务法》第 30 条也对网络运营者作为经营者提出了“采取技术措施和其他必要措施保证其网络安全、稳定运行，防范网络违法犯罪活动，有效应对网络安全事件，保障电子商务交易安全”的要求。在法律的指引下，《网络音视频信息服务管理规定》提出，为网络音视频信息服务提供技术支持的主体应以相关法律法规规定和国家标准规范为行为准则，通过采取技术措施和其他必要措施的方式，保障网络运行的安全和稳定。

【示例】守护者计划助力预防网络违法犯罪①

由国务院打击治理电信网络新型违法犯罪工作部际联席会议办公室指导，最高人民检察院第一检察厅、新闻办公室，公安部新闻宣传局、刑事侦查局和腾讯公司联合主办的腾讯守护者计划防范新型电信网络诈骗公益行动“微反诈行动 WeChat We Act”发布会于 2019 年 8 月 6 日在北京圆满落幕。在发布会上，腾讯守护者计划推出了“守护者智能反诈中枢”。守护者智能反诈中枢旗下 2018 年上线的“宾果系统”，集预防和打击为一体，可根据警方的警情和腾讯 110 收到的用户举报数据，结合腾讯安全云库的样本积累和司法判例研究，对各类诈骗犯罪进行行为特征提取、模式识别和大数据分析。随后，可立即针对诈骗高危区域及境外仿冒公检法诈骗窝点建模分析，通过事前感知预警、事中策略拦截封堵、线下重点打击等手段，重点解决高危诈骗区域的高发态势，有效遏制电信诈骗的诈骗手法向网络平台转移的趋势。

2018 年下半年，守护者智能反诈中枢的宾果系统发现了位于菲律宾境内的多个利用网络刷单实施诈骗的窝点，犯罪团伙针对我国网民疯狂实施诈骗。在公安部刑侦局的统筹指挥下，由北京、天津、吉林、广东等地公安民警组成的

---

① 参见《腾讯推出守护者智能反诈中枢，用科技对电信网络诈骗进行全链条治理》，载中国日报网 2019 年 8 月 9 日，https://baijiahao.baidu.com/s?id=1641369565702162801&wfr=spider&for=pc。

工作组赴菲律宾开展跨境打击工作，打掉位于马尼拉的7个电信网络诈骗窝点，抓获47名犯罪嫌疑人，涉及国内多个省、自治区、直辖市的700余起电信网络诈骗案成功告破，涉案金额1800余万元。

【警示】网络安全需要多元化措施保障

网络安全涉及范围庞大，形势复杂。2021年我国互联网上网人数为10.32亿人，互联网普及率达到73.0%。互联网发展日新月异，新一代信息技术与经济社会各领域的深度融合引发了数据量爆发式增长。负有网络安全监督管理职责的行政部门在技术储备与监管资源方面较网络运营者而言显得不够充足。而网络运营者在网络用户与互联网之间扮演着重要的桥梁角色，且其具有技术、人才的天然优势，可采取多元化措施保障网络安全，防范网络成为不法分子的工具而使用户权益蒙受损失。因此，法律对网络运营者维护网络安全提出了总体要求。腾讯公司的守护者计划推出了“守护者智能反诈中枢”，通过采取技术措施实现了强监测、早预警，已经在违法犯罪的预防与查处方面取得了良好的成效。

十五、网络相关行业组织在网络安全中具有哪些职责？

网络相关行业组织不仅需要遵守法律法规，还应当按照章程，加强行业自律，制定网络安全行为规范，指导会员加强网络安全保护，提高网络安全保护水平，促进行业健康发展。

【阐释】行业组织应当指导会员加强网络安全保护

行业自律是行业主体为维护共同利益、促进共同发展而开展的订立行业规范、规范行业行为、协调利益关系、维护公平竞争的自我管理、自我约束行为。《网络安全法》对网络相关行业自律提出了要求。中国互联网协会于2001年在原信息产业部的指导下成立，并成为中国网络行业自律的主要机构。为了贯彻落实《网络安全法》中关于个人信息保护的规定，规范网络个人信息的收集、存储及使用，保护广大网民的合法权益，中国互联网协会专门成立了“中国互联网协会个人信息保护工作委员会”，作为协会的二级分支机构。网络相关行业组织还包括依照其组织章程具有维护本行业网络安全职责的其他行业组织。比如，2018年《中国期货业协会章程》第17条作出“开展行业网络安全与信息化自律管理，提高行业网络安全与信息化工作水平”的规定。为保护未成年人健康成长，防范网络沉迷，中国互联网协会于2020年6月1日主办了“防范未成年人沉迷网络公益公开课”并公开发布了《防范未成年人沉迷网络倡议书》。该倡议书以多元共治为指导思想，倡导全社会共同关注未成年人网络沉迷问题，多方协同、综合施策，为未成年人营造清朗的网络环境，共同守护未成年人的健康成长，并得到31个省、自治区、直辖市互联网协会，以及基础运营企业、网络服务提供者、网络游戏运营企业、网络视频平台、网络直播平台、新闻媒体等157家单位的积极响应和全力支持。

行业自律的主要内容包括制定网络安全行为规范和指导会员加强网络安

全保护。行为规范是行业主体开展自律的重要依据,也是行业主体活动的基本准则。网络安全行为规范的制定应当符合我国法律、行政法规以及国家标准的强制性要求,并结合本行业的通行做法和最优实践。网络相关行业组织依据网络安全行为规范,利用自身技术、管理、信息等优势,通过业务培训、技术支持等方式,指导本组织成员采取有利于网络安全的技术措施和管理措施,提高网络安全保护水平,实现促进行业健康发展的目标。

【示例】28 家企业签署《用户个人信息收集使用自律公约》①

随着信息技术的快速发展和互联网应用的普及,个人信息的非法收集、滥用、泄露等个人信息安全问题逐渐突出,并受到政府部门和社会各界的广泛关注。为保障网络数据和用户个人信息安全,切实保护用户合法权益,在工业和信息化部信息通信管理局的指导下,中国互联网协会联合业界专家共同制定《用户个人信息收集使用自律公约》,引导和督促互联网企业规范收集和使用用户个人信息行为,努力营造健康、诚信、安全的网络生态环境。《用户个人信息收集使用自律公约》得到了广大互联网企业的积极响应。中国互联网协会在 2019 年(第 18 届)中国互联网大会上举行《用户个人信息收集使用自律公约》的签约仪式。共 28 家企业签署了《用户个人信息收集使用自律公约》。

《用户个人信息收集使用自律公约》的主要内容包括互联网企业提供服务涵盖多项业务的功能,收集、使用用户个人身份、生物识别等个人敏感信息时,不得通过一揽子授权的方式获取用户同意,不以默认、捆绑、停止安装使用等手段强迫用户授权;用户拒绝提供个人敏感信息的,明确告知服务使用受限的范围;不得因用户拒绝提供而影响对其他业务功能的使用,除非用户拒绝提供的个人敏感信息为服务所必需。根据用户爱好、消费习惯等特征向其个性化展示商品或服务的搜索结果的,应当同时向用户提供不针对个人特征的选项;严格按照国家有关规定和与用户约定的时限存储用户个人信息,并为用户注销号码或者账号提供便捷的服务,且不设置不合理的注销门槛,等等。

---

① 参见《又有 28 家企业签约:不得一揽子强制默认授权使用个人信息 注销要便捷》,载中国青年报网 2019 年 7 月 11 日,https://baijiahao.baidu.com/s?id=1638747196042149767&wfr=spider&for=pc。

【警示】开展网络安全行业自律重在提高网络安全保护水平

网络相关行业组织开展自律的目的,是从行业共治的角度呼吁互联网企业共同关注网络安全,践行社会责任,提高网络安全保护水平,促进网络行业整体健康发展。广泛的行业主体基于行业组织共同利益的考虑自觉投身于网络安全保障之中。因此,网络安全行为规范虽然不像法律那样具有强制力保障实施,但往往更具实效性。以中国互联网协会为首的网络相关行业组织已在高度重视互联网产业发展环境,关注网络安全问题,倡导互联网企业提高网络安全意识,全力做好网络安全建设,真正把保护用户权益放在企业经营的核心地位。《用户个人信息收集使用自律公约》在行业自律问题上正在持续地发挥作用。在网络相关行业组织的指导与行业自律公约等网络安全行为规范的指引下,互联网企业将不断规范自身行为,加强安全能力建设,推动个人信息保护共治,促进网络空间安全发展。行业自律不能仅仅是一种仪式,更不是一种摆设;其公约既是一种自我约束,也是一种保护。

十六、个人和组织使用网络应当履行哪些义务？

任何个人和组织使用网络应当遵守宪法法律，遵守公共秩序，尊重社会公德；不得危害网络安全；不得利用网络从事危害国家安全、荣誉和利益，煽动颠覆国家政权、推翻社会主义制度，煽动分裂国家、破坏国家统一，宣扬恐怖主义、极端主义，宣扬民族仇恨、民族歧视，传播暴力、淫秽色情信息，编造、传播虚假信息扰乱经济秩序和社会秩序，以及侵害他人名誉、隐私、知识产权和其他合法权益等活动。

【阐释】任何人不得利用网络从事违规违法犯罪活动

为了保障公民、法人和其他组织依法使用网络的权利，国家采取了促进网络接入普及、提升网络服务水平、保障网络信息依法有序自由流动三项举措，使公众得以享受普惠、绿色、可持续、高质量的网络服务。个人和组织在享受国家给予的权利保障的同时，也必须遵守网络空间的行为准则和使用网络的基本义务，保持对宪法法律和社会公德的敬畏，不得利用网络从事违规违法甚至犯罪的活动。《网络安全法》列举了三类个人和组织禁止从事的违规违法犯罪活动。

第一类是危害国家安全和统一的活动。我国自古以来是单一制的国家结构形式，国家领土、政权、荣誉的统一符合公民的期待。《中华人民共和国宪法》(以下简称《宪法》)第 52 条规定了“中华人民共和国公民有维护国家统一和全国各民族团结的义务”，个人和组织不得违反宪法规定，从事危害国家安全、荣誉和利益，煽动颠覆国家政权、推翻社会主义制度，煽动分裂国家、破坏国家统一，宣扬恐怖主义、极端主义，宣扬民族仇恨、民族歧视的活动。

第二类是危害社会秩序的活动。网络环境也是公民生活的环境，传播暴力、淫秽色情信息，编造、传播虚假信息不仅会扰乱网络秩序，其恶劣影响也会扰乱现实的经济秩序和社会秩序，可能产生危害公共安全的恶果，进而降低社会发展的效率。个人和组织使用网络应坚决杜绝这类行为。

第三类是侵害他人合法权益的活动。个人和组织的权利应以他人的权利为边界。外国有谚语称，“你的权利止于我的鼻尖”“你可以唱歌，但不能在午夜破坏我的美梦”。意思是说，无论何种权利，其得以行使的前提条件是不影响他人正当权利的行使。如果个人的合法权利可以被其他人肆意侵犯而得不到救济，社会将无法有序运转，公民也没有幸福可言。人们遨游在虚拟空间，享受它带来便捷、快乐的同时，也需要牢记网络言论责任。只有这样，才能使他人与自己一样享受网络上的自由。

为有效落实个人和组织使用网络的基本义务，《网络安全法》还规定了平台运营者应当对于危害国家安全、损害国家荣誉和利益、破坏国家宗教政策、宣扬邪教和封建迷信、侮辱诽谤他人、侵害他人合法权益等违反法律行政法规的信息进行监督管理。任何人和组织违反使用网络的基本义务应当承担法律责任。由于发布、传输信息从事上述活动与《刑法》《治安管理处罚法》等法律、行政法规中明文规定的事项存在相似性，为了避免法条文字繁复，保证立法的简洁性，采用了比照类似事项已有的规定予以处理的方法。因此，发布或者传输前述信息的，依照有关法律、行政法规的规定处罚。比如，个人和组织发布或者传输信息用于危害国家安全活动，应当依照《刑法》中关于危害国家安全罪的规定予以刑事处罚。又如，个人和组织传播淫秽色情信息扰乱社会秩序的，应当依照《治安管理处罚法》第 68 条的相关规定予以行政处罚。

【示例】网民发表侮辱国庆阅兵恶意言论被拘①

2019 年 10 月 1 日上午，正当全国人民收看中华人民共和国成立 70 周年庆典活动之际，辽宁鞍山网警接到网民举报，网民“俊小哥”在微信群中发表侮辱国庆阅兵的恶意言论，引发广大网民的极大愤慨。在国庆阅兵当天，网名为“俊小哥”的高某某在微信“葫芦娃”的微信群与他人聊天中发表针对国庆 70 周年阅兵的恶意言论。经鞍山市公安局铁东分局涉稳信息专报，高某某于 2019 年 10 月 1 日 15 时被鞍山市公安局铁东公安分局抓获，经询问高某某对其违法事实供认不讳。高某某主观上追求精神刺激，利用网络寻衅滋事，发泄对社会不

① 参见《两网民侮辱阅兵式官兵　警方重拳出击》，载观察者网 2019 年 10 月 3 日，https://baijiahao.baidu.com/s?id=1646332928137308278&wfr=spider&for=pc。

满情绪，扰乱了网络空间公共秩序，鞍山市公安局铁东公安分局根据《治安管理处罚法》第26条第4项，《网络安全法》第12条第2款、第70条之规定，决定给予高某某拘留15日的行政处罚。

【警示】任何人和组织均应为维护网络秩序贡献力量

随着我国经济的高速发展以及科学技术的不断创新，电信服务已经成为一种普遍性服务。国家通过法律固定了公民、法人和其他组织依法使用网络的权利，并以电信普遍性服务为抓手深入开展了网络扶贫，缩小不同地区、不同群体之间的数字鸿沟，表明了网络服务已成为国家保护基本人权、促进社会公平、平衡地区发展的一项重要职责。任何个人和组织享有宪法和法律规定的权利，也必须履行宪法和法律规定的义务。言论自由是公民的宪法权利，关涉社会个体自我价值的实现。基于权利与义务的对应性、一致性和功能上的互补性，公民享有言论自由的同时必须履行维护网络安全、保障言论的发表环境的社会性义务，不得损害国家的、社会的、集体的利益和其他公民的合法的自由和权利，网络空间也不能例外。“自由是做法律所许可的一切事情的权利，如果一个公民能够做法律所禁止的事情，他就不再有自由了，因为他人也同样会有这个权利。”公民的言论自由必须在法的诫命下行使，不得违反法律、行政法规的要求。然而，网络空间具有开放性、虚拟性、隐蔽性及共享性的特点，每天惊人的信息量使相关部门对其很难进行有效的实时监管，这极大地助长了违法犯罪的可能性。一些人打着言论自由的幌子，在网络上肆意传播违反法律、行政法规规定的内容。网络不是可以想说就说的领域，也不是想怎么说就怎么说的场所，网络言论自由是有底线和限度的，这种限度与现实社会的法律、伦理息息相关。在实现言论自由的过程中必须考虑这种底线和限度，否则应当承当不利的法律后果。高某某发布的信息违背了《网络安全法》中规定的个人和组织使用网络应当遵守的基本义务，其行为破坏了社会生活的稳定，伤害了群众的爱国情怀，构成了《治安管理处罚法》第26条规定的寻衅滋事；鞍山市公安局铁东公安分局已经予以严肃处罚，并对其进行教育和威慑，以防其再犯。

十七、国家如何加强对未成年人的网络保护？

国家支持研究开发有利于未成年人健康成长的网络产品和服务，依法惩治利用网络从事危害未成年人身心健康的活动，为未成年人提供安全、健康的网络环境。

【阐释】支持研究开发有利于未成年人健康成长的网络产品和服务

我国基本上形成了以《网络安全法》、《中华人民共和国未成年人保护法》（以下简称《未成年人保护法》）和《中华人民共和国预防未成年人犯罪法》等组成的保护未成年人法律体系，2019 年国家网信办还制定了《儿童个人信息网络保护规定》，以保护未满 14 周岁的未成年人的个人信息安全。未成年人是国家的希望和未来，但其心智尚不成熟、社会经验欠缺，容易受到不法侵害成为受害人；特别是对于不良信息的影响，如果其盲目效仿还会成为“加害人”。为了避免未成年人成为“受害人”，保障其在网络空间的合法权益，同时防止其成为“加害人”，进而侵犯他人合法权益，2021 年施行的《未成年人保护法》增设了“网络保护”专章，对防止未成年人沉迷网络、保护未成年人网络个人信息、规范未成年人使用网络的行为等方面提出了更高的要求。《网络安全法》也作出了加强未成年人网络保护的规定。

一方面，基于《网络安全法》的规定，2021 年修订的我国《未成年人保护法》第 33 条规定了“国家采取措施，预防未成年人沉迷网络”“国家鼓励研究开发有利于未成年人健康成长的网络产品，推广用于阻止未成年人沉迷网络的新技术”。国家提倡研发有利于未成年人健康成长的产品和服务，尤其“鼓励和支持专门以未成年人为服务对象、适合未成年人身心健康特点的网络技术、产品、服务的研发、生产和使用”，加强在未成年人网络保护领域的科学研究和人才培养，开展国际交流与合作。当前，未成年人网络沉迷现象普遍，网络游戏对未成年人的健康成长造成不可低估的影响。例如,2020年12月,由中共中央宣传部出版局指导、中国音像与数字出版协会团体标准化技术委员会立项的《网络游戏适龄提示》团体标准试行版本指出:游戏应当以三个不同的年龄为标准(8岁、12岁、16岁),对应不同的使用场景。

另一方面,依法惩治利用网络从事危害未成年人身心健康的活动。“危害未成年人身心健康的活动”主要是指《未成年人保护法》中规定的“制作、复制、出版、发布、传播含有宣扬淫秽、色情、暴力、邪教、迷信、赌博、引诱自杀、恐怖主义、分裂主义、极端主义等危害未成年人身心健康内容的图书、报刊、电影、广播电视节目、舞台艺术作品、音像制品、电子出版物和网络信息等”。2019年11月,国家新闻出版署印发的《关于防止未成年人沉迷网络游戏的通知》规定,网络游戏企业向未成年人提供游戏服务的时长,法定节假日每日累计不得超过3小时,其他时间每日累计不得超过1.5小时。网络产品和服务提供者不得向未成年人提供诱导其沉迷的产品和服务。2022年,中央文明办等出台了《关于规范网络直播打赏　加强未成年人保护的意见》,提出禁止未成年人参与直播打赏。网络游戏、网络直播等网络服务提供者应当针对未成年人使用其服务设置相应的时间管理、权限管理、消费管理等功能。实名认证是网络游戏服务提供者落实前述功能的前提条件;只有建立了实名认证后,才能区分未成年人并对其网络游戏行为进行管理。违反规定利用网络从事危害未成年人身心健康的活动,应依照《治安管理处罚法》《刑法》等法律规定,追究违法犯罪行为人的法律责任。

还需要注意的是,未成年人沉迷网络还有着复杂的社会原因。家庭、学校生活无法满足孩子的社交、情感、陪伴等需求,致使未成年人现实生活孤独、乏味、枯燥,自然就会到游戏、短视频中寻求补偿和满足。这也给家庭教育和学校教育提出了要求。未成年人需要更多的亲情陪伴,需要科学健康的网络使用引导。学校教育也要努力激发孩子的兴趣,让孩子从学习中获得更大的成就感与价值感,这是全社会应当关注的事情。

【示例】国家网信办查处存在问题的网站①

2020年7月,国家网信办持续深入开展2020“清朗”未成年人暑期网络环

---

① 参见《国家网信办“清朗”未成年人网络环境暨网课平台专项整治依法查处第二批存在问题的网站》,载中国网信网,http://www.cac.gov.cn/2020-09/14/c_1601641539700487.htm?ivk_sa=1024320u。

境专项整治行动，针对网课学习栏目存在的突出问题，联合教育部专门启动了涉未成年人网课平台专项整治，依法严厉打击影响青少年身心健康的违法违规信息和行为。截至目前，全国网信系统累计暂停更新网站64家，会同电信主管部门取消违法网站许可或备案、关闭违法网站6907家；有关网站平台依据用户服务协议关闭各类违法违规账号群组86万余个。部分典型案例公布如下：

一是4款学习类App推送导向不良和低俗信息。批改网App转载严重导向不良的资讯信息，且其微信公众号推送“恋爱”“脱单”等不利于未成年人身心健康的内容；阿凡题搜题App“答疑”栏目中设置粉丝团打榜功能，且平台中大量用户头像、账号名称包含低俗内容；笔神作文App“家族广场”栏目中存在多个明星应援群组，且平台中存在大量不利于未成年人身心健康的内容；好分数学生版App“推荐”栏目中存在大量涉饭圈追星内容，且平台中存在大量“搞笑”“网红翻唱”等娱乐性内容。

二是2款青少年常用App中分别存在淫秽色情小说和低俗媚俗等违法违规信息。“Weavi”App存在大量淫秽色情小说，严重危害未成年人身心健康，性质十分恶劣；“橙光”App存在大量包含低俗色情信息以及渲染未成年人开房、“拜金主义”等不良导向内容的小说。

三是6家网站平台存在诱导未成年人无底线追星、“饭圈”互撕等不良信息和行为，新浪微博、豆瓣网、抖音App、兴趣部落App、超级星饭团App、爱豆App等平台中存在大量诱导未成年人参与应援打榜、大额消费、煽动挑拨青少年粉丝群体互撕谩骂的不良信息和行为。

针对上述网站平台存在的突出问题，国家网信办视违规情节和问题性质，依法分别采取约谈、责令限期整改、停止相关功能、全面下架、停止互联网接入服务等措施，坚决打击损害未成年人合法权益和身心健康的违法违规行为。

【警示】密织未成年人网络安全“防护网”

未成年人属于身心特别脆弱的群体，关注未成年人在网络环境中的人身、财产安全以及思想、心智健康是国家不容回避的责任。2021年中国国际数字娱乐产业大会（CDEC）的材料显示，国家层面的防沉迷实名认证平台已建成，接入企业5000多家、游戏超万款，初步达成了防沉迷工作的基础性目标。国家网信部门开展未成年人网络环境专项整治工作，对于违法违规行为进行依法依规查处，取消违法网站许可或备案，关闭了大量违法违规网站、账号群组，防止有害信息持续对未成年人的身心健康产生不利影响，着力为未成年人营造风清气正的网络空间。同时,营造清朗网络空间,保障未成年人合法权益,网络平台需与监管部门协同发力。网络平台应将“遵守宪法法律,遵守公共秩序,尊重社会公德”作为基本行为底线,认真落实主体责任,积极弘扬正能量,传播健康向上、导向正确的内容,阻断诱发未成年人违法犯罪或有损其身心健康的信息在其平台传播,同时,要全力抓好自查整改工作,在合法合规的道路上不断提升网络服务质量。禁止为未成年人提供现金充值、“礼物”购买、在线支付等各类打赏服务。

网络服务提供者发现用户发布、传播可能影响未成年人身心健康的信息且未作显著提示的,应当作出提示或者通知用户予以提示;未作出提示的,不得传输相关信息。网络服务提供者发现用户发布、传播含有危害未成年人身心健康内容的信息的,应当立即停止传输相关信息,采取删除、屏蔽、断开链接等处置措施,保存有关记录,并向网信、公安等部门报告。网络游戏服务提供者违反规定,未进行身份注册或未采取防沉迷措施的,由文化部门依据职责给予警告,责令限期改正;拒不改正的,处 5 万元以上 50 万元以下罚款,并可责令暂停或停止网络游戏服务;情节严重的,吊销网络文化经营许可证。违反规定,制作、发布、传播违法信息的,由网信等部门依据职责给予警告、责令删除、停止更新信息;情节严重的,并处 5 万元以上 50 万元以下罚款;构成违反治安管理行为的,由公安机关依法处理;构成犯罪的,依法追究刑事责任。

第二章
网络安全支持与促进

一、为什么国家要建立和完善网络安全标准体系？

保障网络安全需要以技术为基、标准先行。国家应当积极建立和完善网络安全标准体系。国务院标准化行政主管部门和国务院其他有关部门应当根据各自的职责，组织制定并适时修订有关网络安全管理以及网络产品、服务和运行安全的国家标准、行业标准。

【阐释】网络安全标准是网络安全保障体系的重要组成部分

网络安全标准是国家网络安全保障体系的重要组成部分。做好新时代网络安全标准化工作，是推进网络强国建设的重要支撑，也是提升网络空间国际话语权和影响力的重要途径。我国"十四五"规划提出，要健全国家网络安全法律法规和制度标准，加强重要领域数据资源、重要网络和信息系统安全保障。为此，《中华人民共和国标准化法》（以下简称《标准化法》）规定，对保障人身健康和生命财产安全、国家安全、生态环境安全以及满足经济社会管理基本需要的技术要求，应当制定强制性国家标准。

《网络安全法》进一步强调建立和完善网络安全标准体系的国家责任，明确了国务院标准化主管部门和国务院有关部门组织制定网络安全标准，完善网络安全管理以及网络产品、服务和运行安全的国家标准、行业标准的具体职权和任务。国家标准由国务院标准化行政主管部门制定。2020 年 3 月 6 日，国家市场监督管理总局（国家标准化管理委员会）公告了全国信息安全标准化技术委员会归口的 GB/T 35273—2020《信息安全技术　个人信息安全规范》、GB/T 17901.1—2020《信息技术　安全技术　密钥管理第 1 部分：框架》、GB/T 38540—2020《信息安全技术　安全电子签章密码技术规范》、GB/T 38541—2020《信息安全技术　电子文件密码应用指南》、GB/T 38542—2020《信息安全技术　基于生物特征识别的移动智能终端身份鉴别技术框架》、GB/T 38556—

2020《信息安全技术　动态口令密码应用技术规范》、GB/T 38558—2020《信息安全技术　办公设备安全测试方法》、GB/T 38561—2020《信息安全技术　网络安全管理支撑系统技术要求》8 项国家标准。2021 年国家市场监督管理总局、国家标准化管理委员会发布网络安全领域强制性国家标准：GB 40050—2021《网络关键设备安全通用要求》(2021 年第 1 号)。行业标准由国务院有关行政主管部门制定；对没有国家标准而又需要在全国某个行业范围或领域内统一的技术要求，可以制定行业标准。无论是制定国家标准还是行业标准，均应当发挥行业协会、科学研究机构和学术团体的作用。国家有关部门和地方在制定强制性标准和推荐性标准时，应当征求有关企业、行业组织的意见，并积极邀请、支持企业、研究机构、高等学校、网络相关行业组织参与有关网络安全标准的制定，保证制定的标准科学有效。

由于信息技术发展速度快，网络产品和服务日新月异，标准制定部门应当根据《网络安全法》和《标准化法》的有关要求，在标准实施后，根据科学技术的发展和经济建设的需要，对标准的适用性进行复审，以确定现行有效的标准是否继续使用或者修订、废止，并及时组织对现行网络安全标准开展修订、废止工作，以保障标准的科学性和适当性。

【示例】汽车数据采集不断出现新规①

汽车已经成为人们生活中必不可少的一部分。智能汽车技术的发展和普及，特别是自动驾驶、智能导航等业务的应用，给人们生活带来极大的便利，同时引发了人们对其数据安全的广泛担忧。智能汽车中的自动驾驶、智能导航等业务依赖于汽车传感器获取的大量数据。这就意味着在数据采集过程中，车商不可避免地会收集到个人信息。虽然已经有车商表示为保护消费者的隐私，承诺决不采用人脸识别(Face ID)技术，只抽取用户眉毛、眼皮等面部核心信息，但由于这些信息属于人们的敏感信息，当遇到网络攻击时，人们就会担心用户的“面貌”信息泄露；同时，这种方法在信息收集、存储、计算、查看、读取的过程中，仍不能完全排除对特定人具象化的可能性。对企业来说，不规范的数据存储、处理容易引发法律问题，而数据运用的不规范还有可能对国家安全产生不利影响。为此，2021 年 8 月 16 日，国家互联网信息办公室、国家发展和改革委

① 参见《汽车数据安全管理将有规可循》，载新浪网 2021 年 5 月 14 日，https://t.cj.sina.com.cn/articles/view/1684012053/645ffc15019012d2p。

员会、工业和信息化部、公安部、交通运输部等联合发布了《汽车数据安全管理若干规定(试行)》(以下简称《汽车数据若干规定》)。《汽车数据若干规定》明确了汽车数据的范围、类型、生命周期环境和处理原则,对个人信息和重要数据提出了更高的安全要求,为解决问题提供了指导性文件基础。《汽车数据若干规定》提出,运营者在处理个人信息和重要数据的过程中应坚持车内处理、匿名化处理、最小保存期限、精度范围适用、默认不收集等原则。2021 年 10 月 8 日,全国信息安全标准化技术委员会发布的《汽车采集数据处理安全指南》(TC 260—001)对汽车采集的数据进行传输、存储和出境等处理活动作出规范。基于智能化技术发展需求和网络安全要求之间的平衡,《汽车采集数据处理安全指南》对《汽车数据若干规定》的细化与延伸,旨在为汽车数据安全处理活动提供更具实践意义的参考,给汽车制造商面对日益严峻的数据安全问题提供了详细可执行的解决方案,尤其是向汽车制造商推荐境内汽车重要及敏感数据的采集、传输、存储和出境规则,更有助于汽车制造商提升数据安全保护水平。

【警示】组织制定国家标准、行业标准不可懈怠

2002 年成立的全国信息安全标准化技术委员会,截至 2021 年已组织制定网络安全国家标准 332 项。新时代网络安全标准化工作,是推进网络强国建设的重要支撑,是提升网络空间国际话语权和影响力的重要途径。网络安全标准作为一项网络安全技术制度应当严格遵守,不得违反。网络安全标准首先应当遵守强制性国家标准,但对未制定国家标准的可选择推荐性国家标准、行业标准。一般而言,网络安全应当按照强制性国家标准履行;没有强制性国家标准的,按照推荐性国家标准履行;没有推荐性国家标准的,按照行业标准履行;没有国家标准、行业标准的,按照通常标准或者符合合同目的的特定标准履行。也就是说,网络运营者应自觉遵守推荐性国家标准、行业标准。其次,随着网络安全问题受重视程度逐渐提高,有关数据、算法等方面的标准也将逐渐完善。如同上述汽车数据的安全管理规范,组织制定相关标准应当不断满足网络安全管理、网络产品和服务以及运行安全的需要。制定标准不可懈怠,修改不适应的标准也不可推延。

二、国家支持哪些网络安全技术和产业发展？

我国实施创新驱动发展战略，采取多种措施支持网络科技研发，促进科技成果转化应用。应不断加大网络安全产业资金投入，扶持重点网络安全技术产业和项目，激发科技创新活力，提升网络安全保护水平，促进网络产业发展。

【阐释】国家扶持网络安全技术产业和项目

为应对互联网、大数据、人工智能和实体经济深度融合伴生的新风险，积极应对5G、工业互联网、下一代互联网、物联网等新兴技术、应用带来的时代挑战，坚持新发展理念，树立正确的网络安全观，《网络安全法》规定，国务院和省级人民政府应当“统筹规划，加大投入，扶持重点网络安全技术产业和项目，支持网络安全技术的研究开发和应用，推广安全可信的网络产品”，确定了省级以上政府负有通过统筹规划、支持研发、保护知识产权和支持创新等举措促进网络安全技术的职责。要培育和发展国内产业，对网络攻击进行掌握、分析和共享，推进密码学研究；要着眼于中长期的技术趋势，发展AI技术，坚持AI为社会、社会为AI的方针；要发展量子技术，尤其是抗量子计算机密码学研究和量子通信/密码学，推动我国网络安全产业高质量发展，为维护国家网络空间安全、保障网络强国建设提供有力的产业支撑。

近年来，世界各国都陆续关注到网络安全技术、产业的发展。美国2002年《网络安全研发法》就赋予了国家科学基金和国家标准与技术研究院开展网络安全研究的职责。2021年日本发布的《网络安全战略》也要求进一步推进实用研究技术的开发。2019年我国工业和信息化部发布《关于促进网络安全产业发展的指导意见(征求意见稿)》提出，到2025年，我国要培育形成一批年营收超过20亿元的网络安全企业，形成若干具有国际竞争力的网络安全骨干企业，网络安全产业规模超过2000亿元的发展目标。该意见针对我国网络安全产业发展提出了四项原则。一是创新驱动原则。大力推动技术、产品创新，突破技术瓶颈，着力提升网络安全核心技术能力。创新网络安全服务模式，提升网络安全专业化服务水平，实现产业发展逐步由产品主导向服务主导转变。二是协同发展原则。充分调动各方力量，加强产学研合作，鼓励技术成果转化，推动强强联合、协同攻关，构建多方参与、优势互补、融合发展的产业生态体系。推动产融合作，引导社会资本参与网络安全产业发展。三是需求引领原则。推动各行业各领域持续加大网络安全投入，坚持问题导向，加强供需对接，促使产业更好满足金融、能源、通信、交通、电子政务等重点领域网络安全需求。四是开放合作原则。推动网络安全产业国际交流合作，促进技术、人才交流和信息共享，不断提升产业国际竞争力。在实施《国家网络空间安全战略》《网络空间国际合作战略》过程中，注意提升中国网络安全产业国际化程度，促进全球产业布局的形成，提升国家网络空间战略纵深推进。

【示例】2022 年上海网络安全产业创新推进会成功举办①

当前全球进入万物互联时代，网络安全的重要性日益凸显。为了加快发展网络安全产业，2022 年 1 月 25 日，“产业赋能　生态打造”2022 上海网络安全产业创新推进会在上海跨国采购会展中心举行。为了提升产业能级和发挥其区位、技术、人才等方面的优势，加快打造国家网络安全产业园区，力争引进、培育更多科技创新型企业落地，上海着力强化部门协同、市区联动和政企协作，进一步加强制度供给，为网络安全企业发展创造良好环境、提供有力支撑。《上海市建设网络安全产业创新高地行动计划（2021—2023 年）》聚焦数字经济、元宇宙、智能终端等十大重点方向，面向全国优秀企业征集创新产品和解决方案，择优纳入《2022 年度上海网络安全产业创新攻关成果目录》，并在城市数字化转型重大场景建设中率先应用、优先支持。上海还将面向金融科技、车联网等网络安全新需求，建设 3～5 家市级网络安全产业协同创新中心，促进产学研用协同攻关，加快更多创新成果转化应用并形成产业化能力。上海网络安全产业创新推进会的示范效应不可低估。

---

①　参见《“产业赋能　生态打造”2022 上海网络安全产业创新推进会召开》，载上观新闻网，https://sghexport.shobserver.com/html/baijiahao/2022/01/25/644224.html。

【警示】产业和技术是网络安全产业发展的关键

近年来,我国网络安全产业规模快速增长、产品体系相对完善、创新能力逐步增强、发展环境明显优化。但与网络安全保障的要求相比,还存在核心技术欠缺、产业规模较小、市场需求不足、产业协同不够等问题。为积极发展网络安全产业,提升网络安全技术支撑保障水平,需要立法支撑、加大资金投入等措施,支持网络安全技术、产业发展,提升网络安全保护水平,保护网络技术知识产权,支持企业、研究机构和高等学校等主体参与国家网络安全技术创新项目。《关于促进网络安全产业发展的指导意见(征求意见稿)》要求发展网络安全产业应加强组织领导和统筹谋划,强化部门合作,共同营造良好的发展环境。工信部作为主导部门,推动国家网络安全产业园区建设,建立网络安全产业运行监测体系,组织开展网络安全技术应用试点示范。网络安全的本质是技术对抗,保障网络安全离不开网络安全技术和产业的有力支撑。

三、国家推进网络安全社会化服务体系建设包括哪些内容？

构建网络安全社会化服务体系是推进信息化建设、完善信息安全保障体系、增强信息安全保障能力和促进社会经济发展的重要举措。国家推进网络安全社会化服务体系建设，对于信息化发展、切实保障信息安全以及调整经济结构、转变发展方式、保障和改善民生、维护国家安全具有重要意义。

【阐释】鼓励网络安全认证、检测和风险评估等安全服务

随着我国网络安全产业的发展，网络安全服务也相伴而生；网络安全服务业在提升网络产品质量、安全性以及网络安全保护水平等方面，发挥着越来越重要的作用。因此，相关专业服务企业、机构积极开展对网络产品、服务以及信息安全的认证、监测和风险评估。网络安全服务人员的认证，主要包括国家注册信息安全专业人员（Certified Information Security Professional，CISP）、国家注册渗透测试工程师（Certified Information Security Professiona-Penetration Testing Engineer，CISP-PTE）、国家注册信息系统审计师（China Certified Information System Auditor，CISP-A）、国际注册信息安全专家（Certification for Information System Security Professional，CISSP）、国际注册信息系统审计师（Certified Information Systems Auditor，CISA）、国际注册信息安全员（Certified Information Security Member，CISM）等。网络安全监测网指通过实时分析网上数据流来监测非法入侵活动，并根据监测结果实时报警、响应，以达到主动发现入侵活动、确保网络安全的目的。网络安全风险评估，是指根据相关信息安全技术和管理标准，对网络系统的保密性、完整性、可控性、可用性等安全属性进行科学评估的过程，涉及网络系统的脆弱性、网络安全威胁以及该脆弱性被威胁者利用所带来的实际影响，并根据安全事件可能造成的影响确定网络安全风险等级。

国家推进网络安全社会化服务体系建设应从网络安全服务的基本目标、服务对象、服务周期、服务内容、服务环境等方面建立相对完整的网络安全服务技术体系、标准体系和监管体系。一方面，要通过鼓励有关企业、机构开展网络安全认证、检测和风险评估等安全服务活动，明确规定提供安全服务有关企业、机构的安全服务责任。另一方面，国家鼓励有关企业、机构开展网络安全服务，应当有相应的具体支持政策和鼓励措施。促进网络安全服务水平不断提高，从而为网络安全的发展注入活力，促进网络安全服务的发展社会化。

网络安全的合格评定是我国《标准化法》确立的重要制度，也是国际通行的做法。国家应当建立网络安全服务认证、监测和风险评估等安全服务制度，统一名称、统一标志、统筹设计、统一管理，构建制度齐全、设计科学、权责清晰、管理规范、社会参与、管办分离的认证认可体系，推进网络安全社会化服务体系建设。在推动安全认证、检测和风险评估等安全服务时，还应当加大对网络安全服务提供商的监督。从事安全认证、检测和风险评估等业务的机构应严格按照有关文件出具报告，及时更新、续期相应资质，接受监督。同时需要建立健全对其过程的监督评价体系，确保认证、监测和风险评估的科学性，防止弄虚作假和认证、监测和风险评估走过场。

【示例】网络安全保险提供新的网络安全服务模式①

近年来，网络安全保险正在成为转移、防范网络安全风险的重要工具，在推进网络安全社会化服务体系建设中发挥着重要作用，并受到相关部门重视。2022 年 11 月 19 日，安恒信息与羚羊工业互联网股份有限公司在长三角工业互联网峰会上签署战略合作协议，共同推动工业安全大脑、网络安全保险等在工业互联网体系的建设和应用，保障长三角工业互联网体系高质量构建和发展。工业互联网数据安全保险为此次合作的重要组成部分。相关行业专家、长三角企业联盟代表出席会议。安恒信息与羚羊工业互联网股份有限公司将携手探索“数据安全 + 保险补偿”的新型网络安全服务模式，推动网络安全保险的普及和发展，为工业企业的数字化、网络化、智能化发展提供双层保障。

---

① 参见《推进网络安全社会化服务！网络安全保险护航工业数字化转型》，载光明网，https://m.gmw.cn/baijia/2022-11/21/36176616.html。

【警示】网络安全社会化服务体系不可缺少

近年来,网络安全服务产业在政府引导、企业参与和用户认可的良性循环中快速成长。在网络安全服务领域,我国网络安全服务需求层次逐步从国家向省级、地市级延伸,从大型企业向中小型企业延伸,从核心业务安全监控向全面业务安全保护扩展,从网络实施阶段的安全布置向网络运行过程的安全维护延伸;安全服务市场需求不断扩大,越来越多的用户开始关注安全服务的价值。随着安全服务范围越来越广,服务程度越来越深,相关专业服务机构也广泛开展网络产品、服务以及网络运行管理等方面的安全认证、检测和风险评估业务,不断推进网络安全社会化服务体系的建设与完善。

四、国家鼓励网络数据利用指的是什么?

信息技术与经济社会各领域的深度融合引发了网络数据体量的指数级增长,对网络数据进行采集、加工和分析成为推动技术进步和经济社会发展的必要环节。我国鼓励开发网络数据安全保护和利用技术,促进公共数据资源开放,推动技术创新和经济社会发展。国家支持创新网络安全管理方式,运用网络新技术,提升网络安全保护水平。

【阐释】公共数据开放共享需要网络安全管理创新

当前,世界各国信息产业快速发展,信息技术的应用促进了全球资源的优化配置和发展模式的创新,网络对政治、经济、社会和文化的影响更加深刻,围绕信息获取、利用和控制的国际竞争日趋激烈。保障网络信息安全,开发网络数据安全保护和利用技术成为各国重要议题。为此,国家鼓励开发网络数据安全保护和利用技术,促进公共数据资源开放,推动技术创新和经济社会发展。在此方面,国务院《促进大数据发展行动纲要》提出,大力推动政府信息系统和公共数据互联开放共享,加快政府信息平台整合,消除信息孤岛,推进数据资源向社会开放,增强政府公信力,引导社会发展,服务公众企业;以企业为主体,营造宽松公平的环境,加大大数据关键技术研发、产业发展和人才培养力度,着力推进数据汇集和发掘,深化大数据在各行业创新应用,促进大数据产业健康发展;完善法规制度和标准体系,科学规范利用大数据,切实保障数据安全。"十四五"规划将加强公共数据开放共享、推动政务信息化共建共用、提高数字化政务服务效能作为提高数字政府建设水平发力点,扩大基础公共信息数据安全有序开放,探索将公共数据服务纳入公共服务体系,构建统一的国家公共数据开放平台和开发利用端口,优先推动企业登记监管、卫生、交通、气象等高价值数据集向社会开放。建立健全国家公共数据资源体系,确保公共数据安全,推进数据跨部门、跨层级、跨地区汇聚融合和深度利用。例如,北京建立了国内首家基于"数据可用不可见,用途可控可计量"新型交易范式的国际大数据交易所,旨在解决“数据确权难、数据容易被滥用”等数据流通的问题。

随着网络进入政府、军事、经济、文化教育等公共管理领域以及公共数据资源的开放，网络信息系统的安全性问题日渐突出，网络也成为违法犯罪新的“增长点”。维护网络安全不仅应当坚持技术防控，还应当完善法律制度，更需要创新管理理念和管理方式，坚持管理现代化和技术现代化并重。网络风险主要以技术违法犯罪为表现形式，无论是非法入侵他人计算机信息系统、复制、添加、删改他人计算机信息系统的数据资源，还是盗窃他人的账号，抑或对他人计算机进行非法控制，乃至制作计算机病毒和木马等违法犯罪工具的行为，无一不需要高超的技术才能实现。以技术防控对抗技术成为维护网络安全直观的优先选择，但是，强化网络安全管理的现代化方式，特别是利用现代信息技术进行创新的管理方式更为重要。例如，我国在修改《招标投标法实施条例》时对第5条增加1款，即“国家鼓励利用信息网络进行电子招标投标”。实践中从招标公告、资格审查到开标、评标、中标公示等招标投标全过程已实现无纸化在线交易，文件备案等监管服务事项均实现了全程网上受理、网上审批、网上办结。国家支持创新网络安全管理方式，运用网络新技术，提升网络安全保护水平。

【示例】数据通联惠民生[①]

为更好服务市民，让人民群众办事方便，江苏省人民政府要求全省大力推进“一网通办”“一网统管”，全面推动数字治理系统变革，建立健全统筹协调规范管理新机制。在数据共享方面，要大力消除信息孤岛、数据壁垒，大力开展数据汇聚治理攻坚行动，大力推进公共数据开发利用，以共享为原则、不共享为例外，将数据资源目录、数据共享清单作为政务信息化项目审核的前置条件，将数据共享的完整性、时效性作为确定项目建设投资、运行维护和验收的必备条件。要完善全省人口、法人、电子证照、自然资源和空间地理、社会信用等基础数据库，按需整合教育、社保、交通、医疗、水电气等行业数据，建设一批跨地区、跨部门、跨层级的高质量主题库、专题库。要健全数据治理规则和共享标准，实现全流程全生命周期监管，力争在2025年江苏建成全省统一的“苏服办”总门户，基本建成服务便捷、治理精准、运行高效、开放透明、公平普惠、安全可控的数字政府，政务服务“一网通办”和城市运行“一网统管”整体水平显著提升，打造成为

① 参见《江苏力推政务服务“一网通办”》，载江苏省人民政府网，http://www.jiangsu.gov.cn/art/2018/6/28/art_60096_7721500.html。

现代数字政府新样板。

【警示】数据开放需要与管理方式创新并重并行

在发展网络数据安全保护和利用技术,促进公共数据资源开放的同时,应当加强对数据安全的保护,切实按照相关法律法规要求,保护信息资源使用过程中的个人隐私安全。要加强数据资源采集、共享、使用的安全保障工作,凡涉及国家秘密的,应当遵守有关保密法律法规的规定,加强统一数据共享交换平台安全防护,切实保障政务信息资源共享交换的数据安全。政府部门间开展数据流转活动也应当依照法律、法规的规定,建立健全全流程数据安全管理制度,组织开展数据安全教育培训,保障数据安全,遵守网络安全等级保护制度及其他相关制度。尤其是在搭建政府办事平台,为群众做实事、办好事的同时,应当切实履行数据安全保护职责。2021 年 11 月 14 日,国家互联网信息办公室公布的《网络数据安全管理条例(征求意见稿)》规定,互联网平台运营者不得利用数据以及平台规则等从事以下活动:(1)利用平台收集掌握的用户数据,无正当理由对交易条件相同的用户实施产品和服务差异化定价等损害用户合法利益的行为;(2)利用平台收集掌握的经营者数据,在产品推广中实行最低价销售等损害公平竞争的行为;(3)利用数据误导、欺诈、胁迫用户,损害用户对其数据被处理的决定权,违背用户意愿处理用户数据;(4)在平台规则、算法、技术、流量分配等方面设置不合理的限制和障碍,限制平台上的中小企业公平获取平台产生的行业、市场数据等,阻碍市场创新。否则,由有关主管部门责令改正,给予警告;拒不改正的,处上一年度销售额 1% 以上 5% 以下的罚款;情节严重的,由有关主管部门依照相关法律、行政法规的规定,责令其暂停相关业务、停业整顿、吊销相关业务许可证或者吊销营业执照;构成犯罪的,依照相关法律、行政法规的规定处罚。2023 年 1 月 3 日,国家互联网信息办公室等 16 个部门联合发布了《关于促进数据安全产业发展的指导意见》。针对网络安全和数据开放而言,需要摒弃技术万能论的狭隘观点,特别是纯依靠技术升级就能建立安全的网络的片面做法,数据开放更需要与管理方式创新并重并行。

五、网络安全宣传教育包含哪些内容？

各级人民政府及其有关部门应当肩负起网络安全宣传教育的工作，组织开展经常性网络安全宣传教育，并指导、督促有关单位做好网络安全宣传教育工作。大众传播媒介应当有针对性地面向社会进行网络安全宣传教育。

【阐释】维护网络安全是全社会共同的责任

2016 年 4 月 19 日，习近平总书记在网络安全和信息化工作座谈会上的讲话中指出："网络安全是共同的而不是孤立的。网络安全为人民，网络安全靠人民，维护网络安全是全社会共同的责任，需要政府、企业、社会组织、广大网民共同参与，共筑网络安全防线。"肩负起网络安全宣传教育的工作，将网络安全宣传教育作为国家网络安全保障体系建设的重要组成部分，有助于提升全社会的网络安全意识和水平。

我国各级人民政府及其有关部门应当肩负起网络安全宣传教育的工作，包括制定网络安全宣传规划或者计划，编制和发放网络安全宣传资料，组织专家开展知识讲座，采用群众喜闻乐见的形式宣传网络安全的典型案例，开展经常性的网络安全宣传教育工作。为深入贯彻习近平法治思想、习近平总书记关于网络强国的重要思想，贯彻落实《中央宣传部、司法部关于开展法治宣传教育的第八个五年规划（2021—2025 年）》的相关部署，结合网络法治工作实际，中央网络安全和信息化委员会办公室制定了《网信系统法治宣传教育第八个五年规划（2021—2025 年）》。该规划立足新发展阶段、贯彻新发展理念、构建新发展格局，围绕网络强国建设发展目标，系统谋划网络普法的重要任务、重点工作和重大工程，使互联网成为法治宣传教育创新发展的最大增量，为网络强国建设营造良好的法治环境。网信、电信、公安、教育等部门应当在本级政府的领导下，结合本部门工作职责、特点，积极开展相关领域的网络安全教育，突出宣传实效。同时，各级人民政府及其有关部门应当指导、督促有关单位做好网络安全宣传教育的工作，加大投入和监督的力度，调动全社会积极性，办好网络安全宣传活动。落实网络行政执法人员以案释法制度和典型案例发布制度，健全以案普法长效机制。充分利用典型网络事件及时向公众进行法律解读，以生动的案例、鲜活的语言传播互联网法律知识，使典型网络事件依法解决的过程成为全民网络普法的公开课。

大众传播媒介应当有针对性地面向社会进行网络安全宣传教育活动。报刊、电视、电台、政府网站、重点新闻网站、商业网站、社交媒体和各类新媒体平台应当制作播出专题节目，开展知识竞赛、主题晚会等，播出动画漫画、视频和互动栏目以及网络安全题材的电视专题片、电视剧、电影等，加强活动宣传报道，普及网络安全防护技能，提升全社会网络安全意识。要做好分众分层传播，精准引导，积极运用新技术新媒体推进网络普法，利用大数据，人工智能，算法技术，AR、VR 技术推进智慧普法，提升网络普法的到达率、阅读率、点赞率。要建设一批网络普法体验馆，开展沉浸式普法，增强网络普法的针对性、实效性。加强网络普法平台品牌建设，加大对现有网络新媒体普法平台的支持力度，通过政策扶持，提高影响力，扩大传播面，形成一批有影响力的知名品牌。

社会公众作为网络空间主要参与主体应当积极参加网络安全宣传教育活动，将专业化的互联网法律术语转化为人民群众喜闻乐见、通俗易懂的生活话语、网言网语。充分发挥新媒体传播优势，构建全国网络普法宣传矩阵。促进优秀网络普法作品多渠道传输、多平台展示、多终端推送。

【示例】2021 年国家网络安全周顺利开幕①

2016 年 3 月 17 日，原中央网络安全和信息化领导小组（现中央网络安全和信息化委员会）办公室、教育部、工业和信息化部、公安部、原国家新闻出版广电总局、共青团中央等发布了《国家网络安全宣传周活动方案》（中网办发文〔2016〕2 号），确定每年 9 月第三周统一举办网络安全宣传周。国家网络安全宣传周在原中央网络安全和信息化领导小组领导下，由中央网信办牵头，教育部、工业和信息化部、公安部、原新闻出版广电总局、共青团中央等相关部门共同举办。在国家网络安全宣传周期间，各省、直辖市、自治区党委网络安全和信息化领导小组办公室会同有关部门组织开展本地网络安全宣传周活动。国家

① 参见《2021 年国家网络安全宣传周开幕式在陕西西安举行》，载中国青年网 2021 年 10 月 11 日，https://baijiahao.baidu.com/s?id=1713322412026548930&wfr=spider&for=pc。

有关行业主管监管部门根据实际举办本行业网络安全宣传教育活动。

2021 年 10 月 11 日，国家网络安全宣传周在陕西省西安市开幕。开幕式对 15 个国家网络安全先进集体和 29 名国家网络安全先进个人进行表彰。网络安全宣传周以“开放、协调、创新、高效”为目标，以“融合展、会、赛，链接产、学、研”为导向，紧扣政策法规和行业热点，紧盯前沿技术和最新成果。在开幕式上，中央网信办会同人力资源和社会保障部首次对国家网络安全先进集体和先进个人进行表彰，该评选表彰是目前网信系统唯一、网络安全领域首个省部级评选表彰。除网络安全周的宣传活动以外，本次还举办了网络安全博览会、网络安全技术高峰论坛及九大分论坛、网络安全教育云课堂、网络安全赛事、网络安全进基层等重要活动，推进网络安全教育、技术、产业融合发展，构建网络安全良好生态。网络安全宣传周还设置了校园、电信、法治、金融、青少年、个人信息保护六大主题日活动，结合了秦腔、相声等地方演艺特色，通过音乐、舞蹈、绘画等多种形式，让更多人民群众参与到网络安全宣传中，了解和掌握日常工作生活中可能遇到的各类网络安全危害，从而增强防范意识，提高防范能力。

【警示】提高全民网络安全意识和风险防范能力

开展网络安全教育是提升公众网络安全意识的有效方式，旨在提高公众对危害网络安全行为的“辨别力”，共同织密扎牢网络安全网。在充分发挥网络普法协调工作机制作用、夯实网络媒体公益普法责任和壮大社会网络普法力量的同时，还应当加强对外法治传播。要以习近平法治思想和构建网络空间命运共同体的理念主张为指引，以讲好中国法治故事为着力点，加大中国互联网治理实践和治网主张的对外宣传力度，创新对外话语体系，运用新技术新手段，打造一批内容鲜活、形式新颖的外宣网络普法产品。让更多国外受众听得懂、听得进，全方位、多维度向世界展示中国特色治网之道，进一步宣传互联网治理的中国理念、中国方案，进一步提升传播力、增强引导力、涵养亲和力、提高影响力。建立对外法治传播素材库，采取委托制作、社会征集等多种形式，丰富对外宣传产品。网络安全宣传教育没有终点，宣传普及网络安全知识可以通过开设教育课程、播放宣传片等方式，强化政府、企业和公民的风险意识和安全意识，提高对个人信息安全的认知水平，培育自觉保护个人信息安全的防范意识，同时需要给人们一些警示。例如，不要点击邮箱、短信中的可疑链接，点击后可能造成终端被恶意控制，成为被勒索、控制的对象；可疑的二维码谨慎扫取，否则可能面临钓鱼欺诈；不下载非官方应用软件；不非法使用 VPN、代理、梯子等“翻墙”工具；不连接加密或者不加密薄弱的无线局域网络。国家网络安全宣传周是开展网络安全教育的一个良机，人民群众不仅能获取网络安全的知识，还能提高网络安全的意识，更能得到一些警示。

六、国家为何支持培养网络安全人才?

国家支持企业和高等学校、职业学校等教育培训机构开展网络安全相关教育与培训,采取多种方式培养网络安全人才,促进网络安全人才交流。维护网络安全,必须依靠高素质的人才队伍。

【阐释】培养和促进网络安全人才及交流

近年来,国内外都非常重视网络安全人才发展,并采取多种方式支持培养网络安全人才。建立一支规模宏大、结构优化、素质优良的网络安全人才队伍是维护国家网络安全和建设网络强国的需求。俄罗斯、以色列、澳大利亚、日本、韩国等国都在自身发展和网络空间博弈需求推动下,高度重视网络安全人才的发展并通过非常规的战略措施加以推进,我国也不例外。2014 年 2 月 27 日,中央网络安全与信息化领导小组(现中央网络安全和信息化委员会)成立。2018 年 4 月,习近平总书记在全国网络和信息化工作会议中提出:“要研究制定网信领域人才发展整体规划,推动人才发展体制机制改革,让人才的创造活力竞相迸发、聪明才智充分涌流。”2015 年教育部将“网络空间安全”设为一级学科,并制定了学位的基本要求和教学质量国家标准。全国一流网络安全学院建设示范项目高校达到 11 所,开设与网络安全直接相关的网络空间安全、信息安全、信息对抗技术、保密技术、网络安全与执法五个本科专业的全国布点达到 233 个,年招生近万人。网络安全相关学科的博硕点分别达到 222 个和 788 个。2016 年中国互联网发展基金会作为首个网络安全专项基金设立。2016 年《关于加强网络安全学科建设和人才培养的意见》提出要加快网络安全学科专业和院系建设;创新网络安全人才培养机制;加强网络安全教材建设;强化网络安全师资队伍建设;推动高等院校与行业企业合作育人、协同创新;加强网络安全从业人员在职培训;加强全民网络安全意识与技能培养;完善网络安全人才培养配套措施。

具体而言,一是国家应当支持企业和高等学校、职业学校等教育培训机构加强网络安全人才培养。各类社会化人才培训机构培养模式不断推陈出新,各种形式的网络安全攻防竞赛不胜枚举,在促进人才沟通交流、提升人才技能水平、加快培养和发现网络安全人才等方面发挥了重要作用。除培养专业技术型人才外,社会化培训机构也积极探索培养网络高级管理型人才,为网络产业发展输送综合型人才。二是有关部门应当采取相应措施,支持高等学校、职业学校加强网络安全师资队伍建设,采取多种方式培养网络安全人才,促进网络安全人才交流。我国的网络安全专项基金主要用于奖励网络安全优秀人才、高校网络安全优秀教师、网络安全优秀教材和科普读物,资助高校网络安全专业优秀学生,还将用于支持国家网络安全人才培养基地建设。同时,政府、企业和高等院校之间应当加大网络安全人才的交流和有序流动。

【示例】培养选拔网络安全人才应当采取多种举措

我国采取各种积极有效措施,不断加强网络安全人才队伍建设、学科教育和社会培训。2021 年,中国网络安全产业联盟在中央网信办网络安全协调局指导下举行了网络安全优秀创新成果大赛。比赛汇集了华为、绿盟科技、深信服等 10 家全国顶尖的网络安全企业单位,评委团阵容强大,由网络安全主管部门、行业用户、投融资机构、高等院校、科研机构的 10 位点评专家和 50 位观众评委共同组成。腾讯安全的“可信终端身份认证解决方案”凭借全方位、多层次、全周期的综合优势在 20 多家实力雄厚的解决方案供应商中脱颖而出,以观众评分、专家打分以及总分获得了 2021 年中国网络安全产业联盟安全解决方案一等奖。此次大赛推选我国网络安全产业优秀创新成果,激发了网络安全企业加强自主创新能力,搭建起网络安全企业、技术、人才和资本合作的平台,推动了网络安全产业高质量发展。

【警示】重视网络安全人才要落实在行动上

面对网络领域出现的新技术、遇到的新挑战,从根本上提高我国网络安全水平,健全网络空间安全保障体系,必须加强培养高素质的网络空间安全专业人才。现阶段,我国网络安全人才总量不足,企业人才结构尚不能满足数字经济快速发展的需要,网络安全领域人才短缺也会导致企业间低水平竞争。我国网络安全人才队伍建设需要注意的主要问题有以下三点:一是网络人才供需有待平衡。网络安全人才需求迅速增长,人才短缺情况日益严峻。目前我国网络安全人员缺口至少在百万级，供不应求，顶尖的安全人才较少。二是网络教育培训不足。网络安全技术的迅速发展、升级使得安全从业人员需要不断更新知识储备，学习掌握新的技能。跟进前沿网络安全态势、加强网络安全人才队伍建设，需要学历教育、职业培训、用人单位内训等多种方式共同发力。有些用人单位疏于培养自有人才，不愿投入足够的资源开展内训或进行专业培训，仅有少部分单位能够给网络安全工作人员持续提供充足的专业培训。三是网络人才管理和激励机制有限。因网络安全人才履行安全职能时不直接创造经济效益，各单位普遍缺乏符合网络安全特点的人才管理和鼓励机制。体制内网络安全相关人员在评审职称或进行其他评价时存在困难，特别是寻求向高级别、专家型人才进阶时常常无路可循。而企业即使设立了相应的人才管理和鼓励激励制度，其具体评价标准往往是各行其是、互不兼容。这样的状况，既不利于国家对网络安全人才队伍建设的整体规划和引导，也不利于从业人员依照职业路线寻求职业发展。因此，加快网络安全人才的培养，需要加强高等院校专业学历教育和职业院校职业教育的衔接，鼓励培养多层次网络安全人才为网络安全提供智力支持，筑牢网络安全基石。

第三章
网络运行安全

一、网络安全等级采取何种制度保护？

网络的普及和应用极大地促进和带动了信息技术和信息产业的发展，信息系统的安全问题在信息化发展中的作用也越来越重要。国家必须建立和实行网络安全等级保护制度，保障网络免受干扰、破坏或者未经授权的访问，防止网络数据泄露或者被窃取、篡改。

【阐释】网络安全等级保护制度的网络运营者的安全保护义务

我国实行网络安全等级保护制度，要求网络运营者按照网络安全等级保护制度的要求，确保网络免受干扰、破坏或者未经授权的访问，防止网络数据泄露或者被窃取、篡改，切实履行法定的安全保护义务。

2011 年国务院修订的《中华人民共和国计算机信息系统安全保护条例》规定，计算机信息系统实行安全等级保护。2004 年公安部等《关于信息安全等级保护工作的实施意见》基于信息和信息系统在国家安全、经济建设、社会生活中的重要程度，遭到破坏后对国家安全、社会秩序、公共利益以及公民、法人和其他组织的合法权益的危害程度，以及针对信息的保密性、完整性和可用性要求和信息系统必须要达到的基本的安全保护水平等因素，将信息和信息系统的安全保护等级共分五级：第一级为自主保护级，适用于一般的信息和信息系统；其受到破坏后，会对公民、法人和其他组织的权益有一定影响，但不危害国家安全、社会秩序、经济建设和公共利益。第二级为指导保护级，适用于一定程度上涉及国家安全、社会秩序、经济建设和公共利益的一般信息和信息系统；其受到破坏后，会对国家安全、社会秩序、经济建设和公共利益造成一定损害。第三级为监督保护级，适用于涉及国家安全、社会秩序、经济建设和公共利益的信息和信息系统；其受到破坏后，会对国家安全、社会秩序、经济建设和公共利益造成较大损害。第四级为强制保护级，适用于涉及国家安全、社会秩序、经济建设和公共利益的重要信息和信息系统；其受到破坏后，会对国家安全、社会秩序、经济建设和公共利益造成严重损害。第五级为专控保护级，适用于涉及国家安全、社会秩序、经济建设和公共利益的重要信息和信息系统的核心子系统,其受到破坏后,会对国家安全、社会秩序、经济建设和公共利益造成特别严重的损害。2007 年,公安部、国家保密局、国家密码管理局、国务院信息化工作办公室印发的《信息安全等级保护管理办法》第 6 条规定,国家信息安全等级保护坚持自主定级、自主保护的原则。信息系统的安全保护等级,根据信息系统在国家安全、经济建设、社会生活中的重要程度以及信息系统遭到破坏后对国家安全、社会秩序、公共利益以及公民、法人和其他组织的合法权益的危害程度等因素确定。按照信息系统受到破坏后造成的损害结果,信息系统的安全保护等级分为五级,每一类安全保护等级设定了不同的技术和管理要求。目前,我国已基本形成了以《信息安全等级保护管理办法》、《信息安全技术网络安全等级保护基本要求》(GB/T 22239—2019)、《信息安全技术网络安全等级保护安全设计技术要求》(GB/T 25070—2019)、《信息安全技术网络安全等级保护测评要求》(GB/T 28448—2019)等为核心的标准体系。2010 年《信息安全技术信息系统安全等级保护实施指南》(GB/T 25058—2010)明确了四大基本原则:(1)自主保护原则。信息系统运营、使用单位及其主管部门按照国家相关法规和标准,自主确定信息系统的安全保护等级,自行组织实施安全保护。(2)重点保护原则。根据信息系统的重要程度、业务特点,通过划分不同安全保护等级的信息系统,实现不同强度的安全保护,集中资源优先保护涉及核心业务或关键信息资产的信息系统。(3)同步建设原则。信息系统在新建、改建、扩建时应当同步规划和设计安全方案,投入一定比例的资金建设信息安全设施,保障信息安全与信息化建设相适应。(4)动态调整原则。要跟踪信息系统的变化情况,调整安全保护措施。由于信息系统的应用类型、范围等条件的变化及其他原因,安全保护等级需要变更的,应当根据等级保护的管理规范和技术标准的要求,确定信息系统的安全保护等级,根据信息系统安全保护等级的调整情况,实施安全保护。2021 年 9 月 1 日施行的《数据安全法》与《网络安全法》规定的等级保护制度相衔接,要求开展数据处理活动应当依照法律、法规的规定,建立健全全流程数据安全管理制度,组织开展数据安全教育培训,采取相应的技术措施和其他必要措施,保障数据安全。网络安全等级保护制度可以分为技术类安全要求和管理类安全要求两大类。技术类安全要求主要从物理安全、网络安全、主机安全、应用安全和数据安全等方面通过在信息系统中部署软硬件实现安全保护的功能。管理类安全要求主要从安全管理制度、安全管理机构、人员安全管理、系统建设管理和系统运行维护管理入手,从政策、制度、规范、流程等方面实现所要达到的等级保护效果。对于网络安全等级保护制度,

《网络安全法》对网络运营者提出了以下要求：

1. 制定内部安全管理制度和操作规程，确定网络安全负责人，落实网络安全保护责任。网络运营者不仅要制定内部安全管理制度和操作规程，确立其组织结构、配备相应的人员以及建立有效运行的程序规则，还应当监督配备的人员严格按照操作规程履行义务，建立相应的责任制度，确保每个环节或者阶段均有人负责，不漏死角和不留缝隙，确保责任到人。

2. 采取防范计算机病毒和网络攻击、网络侵入等危害网络安全行为的技术措施。制度固然重要，技术措施必须有效。网络运营者应当及时安装防病毒软件、网络身份认证系统、网络入侵检测系统、网络风险审计系统以及自动报警系统，防范病毒入侵，防范网络侵入、攻击，确保出现问题时能够及时知晓并能够及时控制和处理。

3. 采取监测、记录网络运行状态、网络安全事件的技术措施，并按照规定留存相关的网络日志不少于6个月。网络一旦被侵犯就会导致系统瘫痪、数据丢失，造成严重的后果。网络运营者不仅需要保障技术有效还需要保证日常维护有序开展；不能因为没有发生事故而掉以轻心，忽视日常管理和维护工作。

4. 采取数据分类、重要数据备份和加密等措施。网络运营者应当通过系统自动识别一般信息以及个人或者行业敏感信息，分辨出信息储存的位置、数据库表和字段等，并通过加密的方式保障数据安全。

5. 除《网络安全法》规定的义务外，网络运营者还应当履行其他有关法律、行政法规规定的网络安全保护义务。

《网络安全法》第21条强调了国家实行网络安全等级保护制度，并为网络运营者设置了网络安全保护义务。2021年《数据安全法》也对数据分类分级作出了专门规定，即“国家建立数据分类分级保护制度，根据数据在经济社会发展中的重要程度，以及一旦遭到篡改、破坏、泄露或者非法获取、非法利用，对国家安全、公共利益或者个人、组织合法权益造成的危害程度，对数据实行分类分级保护。国家数据安全工作协调机制统筹协调有关部门制定重要数据目录，加强对重要数据的保护。关系国家安全、国民经济命脉、重要民生、重大公共利益等数据属于国家核心数据，实行更加严格的管理制度”。数据分类分级管理制度属于国家数据安全管理制度和体系中的首要制度，网络运营者应当依据网络安全等级保护制度的要求，履行人员管理义务、技术防范义务、可追溯性保证义务、分类管控义务、防灾义务和加密义务。具体而言，一方面，制度要求网络运营者依照国家网络安全等级保护制度，建立健全其内部安全管理制度和操作规程，为确定网络安全保护责任提供根据；另一方面，技术要求网络运营者依数据类别进行备份和加密,设置严防危害网络安全行为的技术措施,同时,对网络安全事件进行监测与记录。对于违反此项义务,情节较轻的,主管部门将对其责令改正,给予警告。责令改正并不当然地成为罚款的前置性要求。在导致危害网络安全等后果的情形下,可以直接处1万元以上10万元以下罚款,对直接负责的主管人员处5000元以上5万元以下罚款。直接负责的主管人员是指不履行义务的决策人、事后对不履行义务予以默认和支持的领导人员以及疏于管理或者放任而对不履行法定义务负有不可推卸责任的领导或者管理人员。行政处罚部门是等级保护制度的实施机关。这些机关是履行监管职责的国家工信部门、市场监督管理部门、文旅部门以及网信部门、电信部门等。

【示例】国家工作人员违规帮助企业通过等级测试被判刑

被告人徐某、赵某在明知时任上海市测评中心副主任范某(另案处理)利用职务便利收受贿赂的情况下,受范某指使,帮助范某通过其实际控制的上海测评有限公司,向某网贷企业推销"一条龙"整改服务,承诺在一定期限内高分通过三级等级保护测评并获得网络安全部门审核回执,从而以签订整改服务合同等方式收取网贷企业支付的所谓高额整改服务费。其间,被告人徐某利用其作为上海市测评中心业务发展部业务销售人员,负责业务市场开拓、业务合同洽谈等职务便利,按照范某的要求,推荐涉案某网贷企业至上海测评有限公司进行"整改服务",并对接上述某网贷企业至上海市测评中心开展测评业务环节。被告人赵某按照范某的要求,以上海测评有限公司的名义与涉案某网贷企业洽谈。签订"整改服务"合同、催收款项,并将范某获取的内部安全管理制度文档模板违规转发给上述涉案某网贷企业,帮助该些企业能高分通过等级保护测评。案发后,经司法审计,范某伙同徐某、赵某在上述期间共帮助64家签约的网贷企业通过测评并取得回执,并以"整改服务费"形式变相收取贿赂共计人民币2200.45万元。其中,被告人徐某、赵某分别分得好处费人民币100万元、120万元。法院判决:徐某犯受贿罪,判处有期徒刑3年,缓刑3年,并处罚金人民币40万元。被告人赵某犯受贿罪,判处有期徒刑3年,缓刑3年,并处罚金人民币40万元。退缴的受贿款人民币220万元予以没收。

【警示】遵守安全等级保护制度是拉起网络安全防御第一线

我国网络安全等级保护工作自2006年以制度的形式在全国范围内实施。

《网络安全法》虽然确立了网络安全等级保护制度，但因技术还不完全成熟，在物理环境、安全保障、定级测评机制、信息系统安全建设等方面，尚不能做到对网络中的各类风险实时监测；再加上一些企业在内部网络信息系统进行动态保护上缺乏对网络安全的正确认知，认为网络只要在企业内部使用就不会出现网络安全问题；甚至还有企业尚未找到正确有效的网络安全管理和防护方法，也没有正确认识本企业的网络安全应当怎样建设，并认为只要在内部的网络中应用了防火墙、防病毒以及入侵检测等一系列的网络安全防护设备，就能够保证企业内部的网络安全不受侵害。特别是对于一些重点工程、大型企业、金融、电信、广电、能源、交通等关乎着国家经济命脉的应用信息网络的重要企业，这些企业的信息网络一旦遭到了侵入或者攻击，将会直接影响国计民生，从而带来非常严重的后果。加强网络安全等级保护制度建设，切实履行制度的具体要求和内容十分重要。网络运营者应当根据我国网络安全等级保护制度，依照信息系统在国家安全、经济建设、社会生活中的重要程度，信息系统遭到破坏后对国家安全、社会秩序、公共利益以及公民、法人和其他组织的合法权益的危害程度等因素，确定信息系统的安全保护等级。从事安全等级保护工作的人员应当实事求是，按照相应的标准进行测评；切勿放松网络安全意识，为了金钱上的利益违反网络信息系统安全等级保护制度，危害网络信息系统安全。

网络运营者应当树立法治观念，依法依规经营，落实网络安全保护责任，依照法律、行政法规及网络安全等级保护制度的规定，切实采取技术防范措施。从技术上防范计算机病毒和网络攻击、网络侵入等网络安全风险。例如，安装防病毒软件，防范计算机病毒；安装网络身份认证系统、网络入侵检测系统、网络风险审计系统等，防范网络攻击、侵入等；采取数据分类、重要数据备份和加密等措施，保证网络运营者具备防范和抵御风险的能力；推进用户的信息安全保护，防止因未实施上述措施造成数据丢失或泄露而给网络运营者的经营带来损失。同时，从内部安全管理制度和操作规程上，确定网络安全负责人，不仅可以为网络运营商内部工作人员树立行为准则，还可以在发生网络安全事件时，便于查明案件事实，将责任落实到人。对于未按《信息安全等级保护管理办法》规定落实安全管理制度、措施的，或者未按该办法规定开展系统安全状况检查的，由公安机关、国家保密工作部门和国家密码工作管理部门按照职责分工责令其限期改正；逾期不改正的，给予警告，并向其上级主管部门通报情况，建议对其直接负责的主管人员和其他直接责任人员予以处理，并及时反馈处理结果。

二、网络产品、服务提供者在网络安全上承担哪些义务？

网络安全侵入或者攻击的安全事件在全球范围内频发，给网络空间安全带来了不可逆的危害。网络产品、服务者作为网络世界的“主角”之一，其产品、服务不仅应当符合国家标准的强制性要求，还应对其产品、服务安全负有安全保证、安全维护、安全告知等法定义务。

【阐释】网络产品、服务提供者的安全保障、维护和告知义务

基于网络产品、服务提供者在网络空间中的特殊地位，《网络安全法》赋予其安全管理的保证义务。网络产品、服务是指作为网络组成部分以及维持网络功能的设备、软件和服务。这些义务主要为：

1. 网络产品、服务应当符合相关国家标准的强制性要求。网络产品、服务首先要确保组成网络并维持网络正常功能的产品和服务的安全，网络产品和服务应当符合国家标准的强制性要求。强化国家标准的制定是一项重要的任务。2020 年 11 月 19 日国家市场监督管理总局、国家标准化管理委员会发布了全国信息安全标准化技术委员会归口的《信息安全技术　网络产品和服务安全通用要求》（GB/T 39276—2020）等 11 项国家标准，表 3－1 为部分信息安全技术国家标准。

表 3－1　部分信息安全技术国家标准

序号	标准编号	标准名称	代替标准号	实施日期
1	GB/T 39276—2020	信息安全技术　网络产品和服务安全通用要求	—	2021－06－01
2	GB/T 39335—2020	信息安全技术　个人信息安全影响评估指南	—	2021－06－01

续表

序号	标准编号	标准名称	代替标准号	实施日期
3	GB/T 39412—2020	信息安全技术 代码安全审计规范	—	2021-06-01
4	GB/T 39477—2020	信息安全技术 政务信息共享 数据安全技术要求	—	2021-06-01
5	GB/T 20261—2020	信息安全技术 系统安全工程 能力成熟度模型	GB/T 20261—2006	2021-06-01
6	GB/T 25061—2020	信息安全技术 XML数字签名语法与处理规范	GB/T 25061—2010	2021-06-01
7	GB/T 25068.1—2020	信息技术 安全技术 网络安全 第1部分:综述和概念	GB/T 25068.1—2012	2021-06-01
8	GB/T 25068.2—2020	信息技术 安全技术 网络安全 第2部分:网络安全设计和实现指南	GB/T 25068.2—2012	2021-06-01
9	GB/T 28458—2020	信息安全技术 网络安全漏洞标识与描述规范	GB/T 28458—2012	2021-06-01
10	GB/T 30276—2020	信息安全技术 网络安全漏洞管理规范	GB/T 30276—2013	2021-06-01
11	GB/T 30279—2020	信息安全技术 网络安全漏洞分类分级指南	GB/T 30279—2013,GB/T 33561—2017	2021-06-01

网络产品、服务不仅应当符合相关国家标准的强制性要求,还不得设置恶意程序,禁止在网络产品和服务研发、生产、交付、运维等过程植入恶意程序。恶意程序主要包括陷门、逻辑炸弹、特洛伊木马、蠕虫、细菌、病毒等。例如,网络蠕虫程序是一种通过网络连接从一个系统传播到另一个系统的病毒程序,这种程序在系统中被激活,网络蠕虫可以表现得像计算机病毒、细菌或者特洛伊木马程序,进行任何次数的破坏或毁灭行动。尽管恶意程序不代表都是病毒,且有些是为了维护自身利益而破坏其他程序的运行的,有些是嵌入其他程序运

行的，但依然被法律禁止。一旦发现其网络产品、服务存在安全缺陷、漏洞等风险时，应当立即采取修复或者替代等补救措施，按照国际网络安全监测预警和信息通报制度及时告知用户并向有关主管部门报告，及时避免损害的发生，防止风险扩大。其中，及时告知包括“弹窗”“邮件”“微信”“电话”等方式，报告的主管部门包括网信、工信部门和公安机关。一般而言，对于涉嫌制作、传播恶意程序或利用恶意程序牟利的移动互联网服务提供商及其他合作伙伴等，移动通信运营企业应依据双方签订的合同，对其进行处理，并报当地通信管理局依法处罚；对于涉嫌犯罪的事件，应报请公安机关依法调查处理。

2. 网络产品、服务的提供者应当为其产品、服务持续提供安全维护；在规定或者当事人约定的期限内，不得终止提供安全维护。根据《移动互联网恶意程序监测与处置机制》的规定，“移动通信运营企业、互联网接入服务提供商、IDC服务提供商、互联网域名注册管理机构、互联网域名注册服务机构在提供互联网接入服务、托管服务、域名注册解析等服务时，应在与用户签订的服务协议、合同中约定用户承担的网络安全保障责任”。在日常运营中，网络产品和服务需要进行经常性的安全维护，以弥补安全缺陷，防范可能的安全风险，但不得因业务变更、产权变更等原因单方面中断或者终止安全维护。

3. 网络产品、服务具有收集用户信息功能的，其提供者应当向用户明示并取得同意；涉及用户个人信息的，还应当遵守《网络安全法》和有关法律、行政法规关于个人信息保护的规定。随着数据价值被人们认可，越来越多的网络产品、服务具有收集用户信息的功能，无边界地收集用户信息的网络产品、服务大量存在。网络产品、服务提供者在用户购买、使用产品或服务时，未告知或未如实告知用户将收集、使用其信息数据，多数用户为了使用网络产品、服务，不得不接受数据收集的“霸王条款”。为了保护网络用户的合法权益，《网络安全法》对此规定，网络产品、服务具有收集用户信息功能的，其提供者应当向用户明示并取得同意；涉及用户个人信息的，还应当遵守本法和有关法律、行政法规关于个人信息保护的规定。

【示例】整治违规 App 需要重拳出击

工业和信息化部持续加大对 App 侵害用户权益的整治力度，先后三次组织对重点问题开展“回头看”，重拳整治了 App 违规调用通讯录、位置信息以及弹窗信息骚扰用户等问题。2021 年 11 月，工业和信息化部针对用户反映强烈的 App 超范围、高频次索取权限，非服务场景所必需收集用户个人信息，欺骗误导用户下载等违规行为进行了检查，共发现38款App存在问题，其中不乏日常使用频率极高的软件，所涉问题包含欺骗误导强迫用户，应用分发平台上的App信息明示不到位，超范围收集个人信息，App强制、频繁、过度索取权限，违规收集个人信息。

【警示】监督者、管理者、服务提供者、信息提供者应共同维护个人信息保护

移动互联网应用程序的广泛应用在促进经济社会发展、服务民生等方面发挥了不可替代的作用，但通过应用程序获取用户信息成为侵犯个人信息的典型手段。App强制授权、过度索权、超范围收集个人信息的现象大量存在，违法违规使用个人信息的问题十分突出。有关主管部门应当加强对违法违规收集、使用个人信息行为的监管和处罚力度：对强制、过度收集个人信息，未经消费者同意、违反法律法规规定和双方约定收集、使用个人信息的，发生或可能发生信息泄露、丢失而未采取补救措施的，非法出售、非法向他人提供个人信息等行为依法处理。网络用户使用App时也应当保持警惕，尽量不使用过于小众的App，不通过App进行网络赌博、观看违规直播、违规物品交易等违法犯罪活动。未履行法定义务的，我国《刑法》《网络安全法》《中华人民共和国消费者权益保护法》规定了处罚措施，责令App运营者限期整改；情节严重的，依法暂停相关业务、停业整顿、吊销相关业务许可证或者吊销营业执照，并按照法律规定追究刑事责任。

三、网络关键设备和网络安全专用产品如何进行安全认证和安全检测？

网络关键设备和网络安全专用产品是国家网络安全建设的基础核心设备，其认证和检测工作是服务国家经济发展、保障国家网络安全总体质量、实现国家网络安全监管的重要环节。因此，网络关键设备和网络安全专用产品应当按照相关国家标准的强制性要求，由具备资格的机构安全认证合格或者安全检测符合要求后，方可销售或者提供。

【阐释】销售、提供网络关键设备和专用产品需经安全认证、检测

随着信息和通信技术的进步和全领域的数字化转型，公共机构、企业、个人使用的网络产品和信息服务日益增多，网络设备在政务、通信、卫生、能源、金融和运输等重要领域中发挥的核心作用也不断增强。数字化和连接性是万物互联时代网络设备的基本属性，但也让整个社会更容易遭受网络安全威胁。个别网络设备的漏洞可能会成为影响网络系统安全的薄弱环节而被利用，网络关键设备则成为网络风险的主要来源和网络攻击的重点对象。将网络关键设备纳入重点管理对象成为国内外的普遍做法。我国《网络安全法》规定，网络关键设备和网络安全专用产品应当按照相关国家标准的强制性要求，由具备资格的机构安全认证合格或者安全检测符合要求后，方可销售或者提供。其中，具备资格的机构指国家认证认可监督管理委员会、工业和信息化部、公安部、国家互联网信息办公室按照国家有关规定共同认定的机构。网络关键设备、网络安全专用产品选择安全检测方式的，经安全检测符合要求后，由检测机构将网络关键设备、网络安全专用产品检测结果依照相关规定分别报工业和信息化部、公安部。选择安全认证方式的，经安全认证合格后，由认证机构将认证结果依照相关规定报国家认证认可监督管理委员会。国家网信部门会同国务院有关部门制定、公布网络关键设备和网络安全专用产品目录，并推动安全认证和安全

检测结果互认,避免重复认证、检测。

为了进一步明确产品范围,国家互联网信息办公室会同工业和信息化部、公安部、国家认证认可监督管理委员会四部门于 2017 年 6 月发布的《网络关键设备和网络安全专用产品目录(第一批)》明确了网络关键设备和网络安全专用产品的类型。主要包括路由器、交换机、服务器(机架式)、PLC 设备 4 种网络关键设备,以及数据备份一体机、防火墙、入侵检测系统等 11 种网络安全专用产品。对需要进行安全认证、安全检测的产品,国家网信部门会同国务院有关主管部门推动安全认证和安全检测结果互认,避免重复认证、检测。2019 年工信部提出,由中央网信办会同相关部委推动网络关键设备和网络安全专用产品认证和安全检测结果互认,避免重复认证、检测。2021 年 2 月 20 日,国家市场监督管理总局、国家标准化管理委员会批准了《网络关键设备安全通用要求》(GB 40050—2021)。该标准是我国网络安全领域为数不多的强制性标准之一,是我国网络关键设备安全认证和安全检测的统一规范。

【示例】认证、检测机构名单出炉

为加强网络关键设备和网络安全专用产品安全管理,国家认证认可监督管理委员会、工业和信息化部、公安部、国家互联网信息办公室联合发布《承担网络关键设备和网络安全专用产品安全认证和安全检测任务机构名录(第一批)》。网络关键设备和网络安全专用产品认证或者检测委托人,应当选择具备资格的机构进行安全认证或者安全检测。目前可以进行网络关键设备和网络安全专用产品安全认证的机构仅有中国信息安全认证中心 1 家,认证合格后需报国家认证认可监督管理委员会;可以进行网络关键设备安全检测的机构有 11 家,检测符合要求后需报工业和信息化部;网络安全专用产品安全检测的机构有 4 家,检测符合要求后需报公安部。

【警示】积极送检是义务,出具报告是责任

网络关键设备和网络安全专用产品的持有方应当按照法律的规定积极进行认证、检测,认证、检测机构应当按照标准出具报告。2020 年国务院修订《认证认可条例》,其中第六章分别对认证机构、认证人员、认证认可监督管理部门及其工作人员、生产者、销售者等其他主体违反有关认证认可活动所应负的法律责任作出规定。对认证机构出具虚假的认证结论,或者出具的认证结论严重

失实的,撤销批准文件,并予公布;对直接负责的主管人员和负有直接责任的认证人员,撤销其执业资格;构成犯罪的,依法追究刑事责任;造成损害的,认证机构应当承担相应的赔偿责任。认证人员从事认证活动,不在认证机构执业或者同时在两个以上认证机构执业的,责令改正,给予停止执业6个月以上2年以下的处罚,仍不改正的,撤销其执业资格。针对认证产品的送检人,规定列入目录的产品未经认证,擅自出厂、销售、进口或者在其他经营活动中使用的,责令改正,处5万元以上20万元以下的罚款;有违法所得的,没收违法所得。针对违法认证认可活动的行为,规定伪造、冒用、买卖认证标志或者认证证书的,依照《中华人民共和国产品质量法》等法律的规定查处。

四、我国对网络用户身份实行何种管理制度？

网络运营者为用户办理网络接入、域名注册服务，办理固定电话、移动电话等入网手续，或者为用户提供信息发布、即时通信等服务，在与用户签订协议或者确认提供服务时，应当要求用户提供真实身份信息。用户不提供真实身份信息的，网络运营者不得为其提供相关服务。网络实名制是网络空间社会的社会身份认证体系，是确保网络行为具有可追踪性、可归责性的制度保障。

【阐释】网络实名制确保了网络行为的可追踪性

我国网络身份管理源于网络实名制。2003 年网吧上网开始实名登记；2004 年电子邮件实现实名注册；2005 年实行网站实名备案管理；后实名制逐步推广到 QQ 实名、BBS 实名、论坛实名、博客实名、微博实名等。为了保护网络信息安全，保障公民、法人和其他组织的合法权益，维护国家安全和社会公共利益，2012 年 12 月 28 日第十一届全国人民代表大会常务委员会第三十次会议通过的《全国人民代表大会常务委员会关于加强网络信息保护的决定》第 6 条规定："网络服务提供者为用户办理网站接入服务，办理固定电话、移动电话等入网手续，或者为用户提供信息发布服务，应当在与用户签订协议或者确认提供服务时，要求用户提供真实身份信息。"国家互联网信息办公室于 2015 年、2017 年、2022 年相继出台的《互联网用户账号名称管理规定》《互联网论坛社区服务管理规定》《互联网跟帖评论服务管理规定》要求全面落实网络实名制，明确注册用户需"后台实名""前台自愿"原则，并要求互联网信息服务使用者注册账号时，与互联网信息服务提供者签订协议，承诺遵守法律法规、社会主义制度、国家利益、公民合法权益、公共秩序、社会道德风尚和信息真实性七条底线。工业和信息化部发布的《电话用户真实身份信息登记规定》第 10 条也规定："用户拒绝出示有效证件，拒绝提供其证件上所记载的身份信息，冒用他人的证件，或者使用伪造、变造的证件的，电信业务经营者不得为其办理入网手续。”《中华人民共和国电子签名法》及其配套法律规范的陆续发布，确立了电子签名人身份认证的法律地位，促进了电子签名认证服务的快速发展。为此，《网络安全法》规定了网络运营者为用户办理网络接入、域名注册服务，办理固定电话、移动电话等入网手续，或者为用户提供信息发布、即时通信等服务，在与用户签订协议或者确认提供服务时，应当要求用户提供真实身份信息。实名制由原来的通信领域扩大到微信、QQ、论坛、贴吧以及网站新闻跟帖等具备信息发布和即时通信等服务的网络产品和应用。国家网信办针对公众账号、群组、直播、即时通信、论坛社区、跟帖评论等互联网信息服务出台的一系列规范性文件在强化实名管理的同时充分保护了用户个人隐私。也就是说，只要没有违法行为，在网络中依然可以“藏”起来。实名制是网络运营者必须履行的核心义务之一，用户不提供真实身份信息的，网络运营者不得为其提供相关服务；没有落实好实名制的网络运营者将面临高额处罚甚至被勒令停业。同时，国家实施网络可信身份战略，支持研究开发安全、方便的电子身份认证技术，推动不同电子身份认证之间的互认。电子身份认证技术主要有基于银行卡的身份认证、基于生物特征的身份认证、基于数字证书的身份认证等技术。例如，为了满足在线业务平台的电子身份认证需求，推动多种电子身份认证技术的融合互认，2012 年中国金融认证中心建设了网络身份认证平台。

网络具有虚拟性和匿名性，用户在网络空间内活动往往会忽视了现实世界中的法律秩序和道德准则，容易实施于法不合的行为，甚至抱着“法不责众”的心理躲在网络的“外衣”下成为不法分子的拥趸。执法部门履行维护网络安全的职责或公民维护自身合法权益时，又会因侵权人、违法犯罪行为人的身份信息没有登记或登记不真实，大大增加了虚拟空间的执法、维权成本，导致许多违法犯罪活动不能得到及时查处。基于便利查处网络违法与犯罪的办案需求和防范用户利用网络空间实施违法犯罪行为的价值追求，《网络安全法》为网络运营者设置了实名审查的义务，要求网络用户必须用真实身份注册账号信息，明确了不履行审查义务的网络运营者的法律责任，对网络违法管理与犯罪的侦查，防范用户利用网络空间实施违法犯罪行为具有重要意义。对于不履行该义务的主体，有关主管部门有权对其施加责令改正、警告、罚款以及暂停相关业务、停业整顿、关闭网站、吊销相关业务许可证或者吊销营业执照的处罚措施，解决了网络运营者身份管理制度中的责任承担问题。其中的“有关主管部门”对网络运营者实施处罚主要包括三种情形：一是网络接入、域名注册服务和固定电话、移动电话业务的管理，属于电信主管部门的职责，对在上述业务中有违反用户身份管理规定的，应由电信主管部门实施处罚；二是对在提供信息发布、即时通信等服务中有违反用户身份管理规定的，由网信等业务主管部门实施处罚；三是暂停相关业务、停业整顿、关闭网站、吊销相关业务许可证或者吊销营业执照的处罚措施，由相关业务主管部门和证照的颁发部门实施。

【示例】“养号”属于不法行径

工业和信息化部等部门为维护网络信息安全、防范和打击电信网络诈骗犯罪，多次发布通知要求各电信企业严格落实电话用户真实身份信息登记制度，采取措施坚决杜绝代理商批量开卡、养卡问题，严格限制一证多卡；对同一用户在同一基础电信企业或同一移动转售企业办理有效使用电话卡达到5张的，该企业不得为其开办新的电话卡。在实名制下，有些不法分子为了获得大量无法追溯背后真实用户的网络账号，已形成一条分工明确的“养号”黑色产业链。手机“黑卡”卡商通过非正常渠道获得大量手机卡用于注册账号，再通过批量注册设备通过网站平台验证获得大量账号。为了躲过相关平台对于“僵尸号”的判断和封禁，“养号”团队“应运而生”，其目的就是“养活”违规账号。有些网络系统可以让新账户自动添加好友、发布状态，而下游“服务商”还可以提供相关银行卡号甚至朋友圈内容，使“假账号”“活”起来。同时，用户也不得违反平台的协议租售账号。如《腾讯微信软件许可及服务协议》规定，微信用户拥有账号的使用权，但不可以将账号出租或转让给他人，也不可以租用或借用他人的微信账号。平台有权对违规用户进行处置。如果租售账号用于其他犯罪行为，则可能构成其他犯罪的帮助犯。

【警示】“实名”规制个人行为

网络实名制可以从源头上掐断“养号”黑色产业链。对平台来说，需要从技术层面提高平台识别“假号”的能力，符合实名制的技术要求，切实履行好自身的监督责任。2016年9月23日，最高人民法院、最高人民检察院、公安部、工业和信息化部等6个有关部门发布《关于防范和打击电信网络诈骗犯罪的通告》，要求电信企业立即开展一证多卡用户的清理。对用户来说，应当保持警惕，提高自己对于骗局的辨别能力，不给不法分子可乘之机。对监管部门来说，应当要求各种网络平台制定完善的账号注册制度，全面实行实名制、人脸识别等注册方式，对集中大量注册的不常规操作等行为严格审查。从技术方面设置一些敏感机制，建立敏感词的筛选、大量发布相同信息等操作的触发监管机制。公安机关应当加大网络监察力度，掌握网络犯罪的规律、主要特点和发展动向，尽可能通过网络监控等手段预防犯罪行为的发生，守护网民的合法权益，做好全流程监管工作，严厉打击"黑账户"，并且在网络犯罪发生后及时对犯罪行为予以打击。2015 年《反恐怖主义法》从反恐的角度对网络用户身份管理作出规定，要求电信和互联网业务经营者、服务提供者应当对用户身份进行查验，身份不明或者拒绝身份查验的不得提供服务。《网络安全法》又进一步完善了网络用户身份管理制度，为公民维护自身合法权益、查处网络违法犯罪活动提供了保障。作为公民，应当自觉遵守网络用户身份管理制度，办理相关业务时使用个人真实的身份证明文件，不使用虚假、伪造的证明文件，不进行违法犯罪活动，牢记网络不是法外空间，虚假身份也可查，自觉规范自身行为。网络运营者也要切实践行网络用户身份管理制度，对明知有不法意图的用户应当拒绝为其办理开设账户、接入宽带等业务。电信、互联网、金融、长途客运、机动车租赁等业务经营者、服务提供者未按规定对客户身份进行查验，或者对身份不明、拒绝身份查验的客户提供服务，经主管部门行政处罚后 1 年内又实施的，对其直接负责的主管人员和其他直接责任人员处 5 日以下拘留；情节较重的，处 5 日以上 10 日以下拘留；仍不改正的，由原发证部门吊销其有关证照。网络服务提供者不履行用户信息登记和保护、日志留存等信息网络安全管理义务，经公安机关或者其他监管部门责令改正而拒不改正的，处 5 日以下拘留或者 1000 元以下罚款；情节较重的，处 5 日以上 10 日以下拘留。单位实施上述行为的，处 5 万元以上 20 万元以下罚款；情节较重的，处 20 万元以上 50 万元以下罚款。

五、网络运营者防范和应对网络安全事件的措施有哪些？

网络运营者应当制定网络安全事件应急预案，及时处置系统漏洞、计算机病毒、网络攻击、网络侵入等安全风险。事后控制不如事中控制，事中控制不如事前控制，事前控制优于事中控制和事后控制。网络运营者应当制定符合要求的有效网络安全事件应急预案，在发生危害网络安全的事件时，应当立即启动应急预案，采取相应的补救措施，并按照规定向有关主管部门报告。

【阐释】应急预案是处置网络安全事件的紧急措施

网络安全事件，是指由于人为原因、软硬件缺陷或故障、自然灾害等，对网络、信息系统或者其中的数据造成危害，对社会造成负面影响的事件，分为有害程序事件、网络攻击事件、信息破坏事件、设施设备故障、灾害性事件和其他网络安全事件。目前，我国的网络安全事件应急处理主要以《中华人民共和国突发事件应对法》（以下简称《突发事件应对法》）、《网络安全法》为基本法律，以国家相关主管部门公布的管理办法、标准指南、蓝本为主要依据，通过工业制造、电信互联网、公安、水利等不同部门、行业在各地开展运用。2017 年，原中央网络安全和信息化领导小组办公室发布了《国家网络安全事件应急预案》，工业和信息化部发布了《公共互联网网络安全突发事件应急预案》和《公共互联网网络安全威胁监测与处置办法》，进一步细化了预防预警、应急响应、应急保障等内容。

《网络安全法》第 25 条、第 53 条和第 55 条共同构建了网络安全应急体系的基本内容，并明确了网络运营者制定网络安全事件应急预案的主体责任。应急预案内容通常包括：(1) 网络安全应急组织机构和相应职责。(2) 明确各相关方的分工角色及工作责任。(3) 应急处置过程中各关键状态的判断方法、风险等级及通报层级。(4) 采用的应急行动、响应及事件处置预案和措施。

(5)应急事件处置过程中各层级负责人员联系、沟通方式及协调、通报内容。(6)制定网络、系统、数据恢复流程,确保还原系统正常业务处理能力。网络运营者不仅要制定网络安全事件应急预案,还应根据应急预案进行演练,确保预案的可操作性和可执行性。

为了预防和减少网络与信息安全突发事件的发生,控制、减轻、消除突发事件引起的危害及造成的损失,规范突发事件预防和应对活动,保护网络与信息安全,防止重要信息泄密,保障网络业务与信息传输安全通畅的运行,提高应对重大事故的应急能力,把损失降到最低限度,尤其是基于网络安全事件突发性和破坏性的特点,在发生危害网络安全的事件时,要求网络运营者根据应急预案采取相应的补救措施,及时查明影响范围,并按照规定向有关主管部门报告网络安全事件及其应急处置的情况。网络运营者向主管部门报告的内容包括以下三点。一是事故发生后的首次报告:(1)事故发生的时间;(2)事故发生的具体情况;(3)报告人的姓名、单位和联系电话。二是事故处理过程的报告:(1)网络是否已恢复正常;(2)是否有网站日志记录;(3)对事故原因的分析;(4)是否保留或发现作案软件;(5)其他需要请示或报告的事项。三是事故处理结束后,报告单位需认真总结事故发生和处理的情况,并作出书面报告,其内容包括:(1)事故经过及处理;(2)事故原因及责任;(3)事故教训及今后防范措施;(4)事故遗留问题及其他。

随着大数据、物联网、云计算的快速发展,愈演愈烈的网络攻击已经成为国家安全的新挑战,国家关键信息基础设施时刻受到来自网络攻击的威胁。网络安全的态势之严峻,迫切需要我们在网络安全领域具备能打硬仗的能力,“护网行动”应运而生。护网行动是国家应对网络安全问题所做的重要布局之一,也是网络安全行业受关注点之一。随着我国对网络安全的重视,工信、安全、武警、交通、铁路、民航、能源、新闻广电、电信运营商等单位都参与到护网行动中,涉及单位范围不断扩大,网络安全对抗演练也越来越贴近实际情况,各机构对待网络安全需求也从被动构建,升级为业务保障刚需。护网一般按照行政级别分为国家级护网、省级护网、市级护网。除此之外,还有一些行业对于网络安全的要求比较高,因此也会在行业内部展开护网行动,如金融行业。不同级别的护网行业开始和持续时间都不一样。以国家级护网为例,护网行动一般于每年的 7 月、8 月开展,持续时间为 2 周至 3 周。护网行动由公安部牵头,组织攻防两方,进攻方将对防守方发动网络攻击,检测出防守方存在的安全漏洞,一般分为红蓝两队,做红蓝对抗,红队为攻击队,蓝队为防御队。由于近年来的网络攻击方式花样多变,各单位对护网行动更加重视,护网行动也更加专业,攻防各方的演练也更加贴近实战化和有效性。

【示例】水利部就网络安全隐患约谈相关单位

2019 年 4 月，水利部组织 8 家直属单位进行网络安全攻防演练。通过采取“不事先通知”的方式，模拟实战攻防。8 家参演单位均存在不同程度的安全问题，暴露出水利网络安全工作仍存在明显短板。2019 年 5 月 29 日，水利部与演练中出现问题较多的 6 家单位的网络安全分管领导进行集体约谈，要求各单位从这次演练中吸取教训，提高政治站位，落实主体责任，健全管理制度，积极排查整改，采取有效措施，消除安全隐患，提高防范能力，防止类似问题再次发生。就各单位演练中发现的突出问题，包括认识不到位、管理措施不到位、技术手段不到位、追责问责远远不够等，深刻剖析产生问题的主要原因，并提出针对性要求。一是提高政治站位，落实责任。要高度重视，不断健全完善各项责任制度，细化职责任务，从组织领导、工作部署、人员调配、经费保障上重点加强。要增强安全意识，建立长效机制，切实抓好网络安全工作。二是认真吸取教训，举一反三。要再次排查网内是否仍存在安全隐患，发现问题及时整改。三是以实战姿态筑牢防线。要落实专门力量，加强监测预警和值班值守，强化应急处置和信息通报，确保不再出现问题。要求各单位要继续落实责任，层层梳理，逐级追责。约谈不能到此为止，各单位内部要对本次发生问题的责任单位、责任人进行追究，并将相关情况报网信办。参加约谈单位的网络安全分管领导分别作了表态发言，诚恳接受批评，表示要深刻反思，吸取教训，严格按照水利部要求，全面开展漏洞隐患排查，坚决做到即知即改、立行立改，全力守牢网络安全防线。

【警示】防患于未然需要护网行动

在信息化建设和应用过程中，部分网络运营者存在“重应用，轻防护”的思想，对网络安全工作不重视，安全防护意识淡薄，未严格按照法律要求履行网络安全义务，存在较大安全隐患和漏洞，易被黑客利用进行攻击，导致部分信息系统或数据遭到破坏。为了对网络运营者的行为形成威慑，压实网络运营者的主体责任，《网络安全法》从风险防范与风险处置两个方面规定了网络运营者的义务。网络运营者违反义务造成网络攻击破坏等安全风险，不但要承担网络安全事件带来的损失，还要受到法律的惩处，由有关主管部门责令改正，给予警告；拒不改正或者导致危害网络安全等后果的，处 1 万元以上 10 万元以下罚款，对直接负责的主管人员处5000元以上5万元以下罚款。

《网络安全法》规定了执法中采取责令改正、警告和罚款三种方式。责令改正是行政执法中最为常见的执法方式，旨在要求网络运营者改正违法行为，积极、正确履行安全义务。警告是通过训诫的方式，使网络运营者深刻反省其违法行为，针对网络运营者未履行网络安全事件防范和应对义务的情形，由网警给予警告的行政处罚。罚款对象不仅包括网络运营者，还包括其直接责任人员。对上述行为的处罚，还需要关注《公共互联网网络安全威胁监测与处置办法》《公安机关互联网安全监督检查规定》《网络产品安全漏洞管理规定》等规定，这些规范性文件为网络运营者的行政责任承担提供了较为明确的依据。由于单位违法中存在单位和直接负责的主管人员两个违法主体，直接负责的主管人员行为对单位行为具有一定的依附性，而且直接负责的主管人员作为单位成员的法律身份只是单位内部工资再分配的受雇主体，并非单位违法的直接获益者，其财产较单位也相对有限，因此，对直接负责的主管人员的罚款低于单位。“网络的绝对安全不具有技术上的可能性，网络安全的破坏者与维护者之间注定是一个长期博弈的过程”，通过经济制裁的方式发挥法的强制作用与教育作用，吓阻网络运营者及其直接责任人员再次违法，形成对潜在违法者的一般威慑和对特定违法者的具体威慑，才能使其对网络安全保障始终保持勤勉与警醒。

六、网络信息发布应遵循何种规定？

我国网络安全服务快速发展，相关服务机构广泛开展网络产品和服务以及网络运行管理等方面的安全认证、检测和风险评估业务，在提升网络产品和服务的质量、安全性以及网络安全保护水平等方面发挥着越来越重要的作用。开展网络安全认证、检测、风险评估等活动，向社会发布系统漏洞、计算机病毒、网络攻击、网络侵入等网络安全信息应当遵守国家有关规定。

【阐释】开展网络安全服务活动应当遵守国家规定

我国《网络安全法》规定开展网络安全服务业务，开展网络安全认证、检测、风险评估等活动，向社会发布系统漏洞、计算机病毒、网络攻击、网络侵入等网络安全信息应当遵守国家有关规定。2021 年 7 月 12 日，工业和信息化部、国家互联网信息办公室和公安部联合发布《网络产品安全漏洞管理规定》，规范了漏洞发现、报告、修补和发布等行为，明确了网络产品提供者、网络运营者以及从事网络产品安全漏洞发现、收集、发布等活动的组织或者个人的责任与义务，推动网络产品安全漏洞管理工作的制度化、规范化、法治化，提高相关主体漏洞管理水平，引导建设规范有序、充满活力的漏洞收集和发布渠道，防范网络安全重大风险，保障国家网络安全。一是确立了安全漏洞收集平台备案制度，要求任何组织或者个人设立的网络产品安全漏洞收集平台，应向工业和信息化部备案。二是从事网络产品安全漏洞发现、收集、发布等活动的组织应当加强内部管理，采取措施防范网络产品安全漏洞信息泄露和违规发布。三是规定了网络产品提供者的法律责任，对于网络产品提供者未按该规定采取网络产品安全漏洞补救或者报告措施的，由工业和信息化部、公安部依据各自职责依法处理；网络运营者未按该规定采取网络产品安全漏洞修补或者防范措施的，由有关主管部门依法处理；违反该规定发布网络产品安全漏洞信息的，由工业和信息化部、公安部依据各自职责依法处理；利用网络产品安全漏洞从事危害网络安全活动，或者为他人利用网络产品安全漏洞从事危害网络安全的活动提供技术支持的,由公安机关依法处理。同时,《网络安全法》还规定,网络关键设备和网络安全专用产品应当按照相关国家标准的强制性要求,由具备资格的机构安全认证合格后方可销售或者提供。要规范漏洞披露行为,严把网络安全风险控制的中心环节。

开展网络安全认证、检测、风险评估等活动应当遵守国家有关规定。2020年经国务院修订发布的《认证认可条例》第10条规定,取得认证机构资质,应当符合下列条件:(1)取得法人资格;(2)有固定的场所和必要的设施;(3)有符合认证认可要求的管理制度;(4)注册资本不得少于300万元;(5)有10名以上相应领域的专职认证人员。从事产品认证活动的认证机构,还应当具备与从事相关产品认证活动相适应的检测、检查等技术能力。第11条规定,认证机构资质的申请和批准程序有:(1)认证机构资质的申请人,应当向国务院认证认可监督管理部门提出书面申请,并提交符合《认证认可条例》第10条规定条件的证明文件;(2)国务院认证认可监督管理部门自受理认证机构资质申请之日起45日内,应当作出是否批准的决定。涉及国务院有关部门职责的,应当征求国务院有关部门的意见。决定批准的,向申请人出具批准文件,决定不予批准的,应当书面通知申请人,并说明理由。国务院认证认可监督管理部门应当公布依法取得认证机构资质的企业名录。

拟开展网络安全认证、检测、风险评估业务的主体,应当到中国网络安全审查技术与认证中心申请相应的资质。中国网络安全审查技术与认证中心于2006年由中央机构编制委员会办公室批准成立,为国家市场监督管理总局直属正司局级事业单位。该中心依据《网络安全法》、《网络安全审查办法》及国家有关强制性产品认证法律法规,承担网络安全审查技术支撑和认证工作;在批准范围内开展与网络安全相关的产品、管理体系、服务、人员认证和培训等工作;同时设有国家信息安全产品质量监督检验中心(北京),其开展的风险评估服务资质认证,是信息安全保障的基础性工作和重要环节,贯穿于网络和信息系统建设运行的全过程。风险评估服务提供者通过对信息系统提供风险评估服务,系统地分析网络与信息系统所面临的威胁及其存在的脆弱性,评估安全事件一旦发生可能造成的危害程度,提出有针对性的抵御威胁的防护对策和安全整改措施,防范和消除信息安全风险,或将风险控制在可接受的水平,为网络和信息安全保障提供科学依据。信息安全风险评估服务资质级别是衡量风险评估服务提供者服务能力的尺度。风险评估服务提供者的服务能力主要从以下四个方面体现:基本资格、服务管理能力、服务技术能力和服务过程能力。服务人员的能力主要从掌握的知识、风险评估服务的经验等进行综合评定。对服务提供方的背景审查主要指客户投诉、违法违纪行为等；服务人员的背景审查主要指行业主管部门或使用单位对从事风险评估服务的人员进行必要的审查。资质级别分为一级、二级、三级共三个级别。

网络产品提供者向社会发布系统漏洞、计算机病毒、网络攻击、网络侵入等网络安全信息应当遵守国家有关规定。工业和信息化部、网信办、公安部联合发布的《网络产品安全漏洞管理规定》要求，网络产品提供者应当履行下列网络产品安全漏洞管理义务，确保其产品安全漏洞得到及时修补和合理发布，并指导支持产品用户采取防范措施：(1)发现或者获知所提供网络产品存在安全漏洞后，应当立即采取措施并组织对安全漏洞进行验证，评估安全漏洞的危害程度和影响范围；对属于其上游产品或者组件存在的安全漏洞，应当立即通知相关产品提供者。(2)应当在2日内向工业和信息化部网络安全威胁和漏洞信息共享平台报送相关漏洞信息。报送内容应当包括存在网络产品安全漏洞的产品名称、型号、版本以及漏洞的技术特点、危害和影响范围等。(3)应当及时组织对网络产品安全漏洞进行修补，对于需要产品用户(含下游厂商)采取软件、固件升级等措施的，应当及时将网络产品安全漏洞风险及修补方式告知可能受影响的产品用户，并提供必要的技术支持。工业和信息化部网络安全威胁和漏洞信息共享平台同步向国家网络与信息安全信息通报中心、国家计算机网络应急技术处理协调中心通报相关漏洞信息。

从事网络产品安全漏洞发现、收集的组织或者个人通过网络平台、媒体、会议、竞赛等方式向社会发布网络产品安全漏洞信息的，应当遵循必要、真实、客观以及有利于防范网络安全风险的原则，并遵守以下规定：(1)不得在网络产品提供者提供网络产品安全漏洞修补措施之前发布漏洞信息；认为有必要提前发布的，应当与相关网络产品提供者共同评估协商，并向工业和信息化部、公安部报告，由工业和信息化部、公安部组织评估后进行发布。(2)不得发布网络运营者在用的网络、信息系统及其设备存在安全漏洞的细节情况。(3)不得刻意夸大网络产品安全漏洞的危害和风险，不得利用网络产品安全漏洞信息实施恶意炒作或者进行诈骗、敲诈勒索等违法犯罪活动。(4)不得发布或者提供专门用于利用网络产品安全漏洞从事危害网络安全活动的程序和工具。(5)在发布网络产品安全漏洞时，应当同步发布修补或者防范措施。(6)在国家举办重大活动期间，未经公安部同意，不得擅自发布网络产品安全漏洞信息。(7)不得将未公开的网络产品安全漏洞信息向网络产品提供者之外的境外组织或者个人提供。(8)法律法规的其他相关规定。

【示例】漏洞报告平台宣布暂时关站

乌云网(WooYun)是一个位于厂商和安全研究者之间的安全问题反馈平台,在对安全问题进行反馈处理跟进的同时,为互联网安全研究者提供一个公益、学习、交流和研究的平台。乌云网被曝出信息泄露事件后宣布暂时关站。其公告称,“最近频繁披露的安全事件及带来的影响表明,一方面我们企业的整体安全建设还不够完善,但是同样反馈出我们乌云平台和社区无论是沟通渠道还是反馈及响应机制都存在一些严重的问题”。

【警示】完善漏洞披露渠道和机制

随着数字经济时代的来临,网络安全成为保障社会经济高质量发展的重要前提。同时,5G、AI 和工业互联网等信息技术的崛起和应用,也让系统漏洞、计算机病毒、网络攻击、网络侵入等网络安全信息不断涌现,网络安全压力越来越大。大量的网络失泄密案件和信息安全问题均与漏洞息息相关。网络安全漏洞披露是网络安全风险控制的中心环节,不规范或非法的网络安全漏洞披露严重危害网络空间整体安全,导致网络安全漏洞可能被恶意利用实施网络攻击,窃取信息或者控制、破坏目标系统,甚至影响国家安全、社会稳定和民众生活。如若不按照标准和规定,违规进行漏洞挖掘,可能对网络运营者的相关网络或信息系统造成破坏;违规进行漏洞发布,漏洞可能被非法利用实施网络攻击。以上两种情况都可能导致网络或信息系统被非法控制、业务瘫痪、网络中断、数据泄露或被篡改等危害。在用户享受着网络带来的便利之际,网络安全问题也已成为影响社会发展和国家经济建设的隐患。为了避免违规的漏洞披露行为给用户或者国家带来不可挽回的二次伤害,应当不断完善漏洞披露渠道和机制。网络运营者未按规定采取网络产品安全漏洞修补或者防范措施的,由有关主管部门予以警告,拒不改正或者导致危害网络安全等后果的,处 1 万元以上 10 万元以下罚款,对直接负责的责任人员处 5000 元以上 5 万元以下的罚款;违反规定收集、发布网络产品安全漏洞信息的,由工业和信息化部、公安部依据各自职责依法处理;利用网络产品安全漏洞从事危害网络安全活动,或者为他人利用网络产品安全漏洞从事危害网络安全的活动提供技术支持的,由公安机关依法处理;构成犯罪的,依法追究刑事责任。

七、危害网络安全的行为包括哪些？

随着互联网技术的广泛应用和飞速发展，网络违法犯罪日益猖獗。通过侵入他人信息系统，使用扫描攻击工具在网络系统中横冲直撞，破坏他人系统，非法获取远程电脑系统的访问权，篡改或破坏用户电脑系统的重要数据和密码，窃取个人信息、隐私和重要文件等行为，给人们的工作、生活、经济和精神造成了严重的影响，给国家安全带来重大隐患。

【阐释】《网络安全法》规定三类危害网络安全的行为

我国《网络安全法》规定了三类危害网络安全的行为。一是任何个人和组织不得从事非法侵入他人网络、干扰他人网络正常功能、窃取网络数据等危害网络安全的活动。二是不得提供专门用于从事侵入网络、干扰网络正常功能及防护措施、窃取网络数据等危害网络安全活动的程序、工具。三是明知他人从事危害网络安全的活动的，不得为其提供技术支持、广告推广、支付结算等帮助。

在第一类危害网络安全的行为中，侵入他人网络中的“侵入”一般是指外来的或有害的事物进入内部。《网络安全法》中的“侵入”可以理解为未经他人授权，通过技术手段进入他人网络。对于“侵入”还可以结合相关法律、行政法规的规定进行理解。根据《电信条例》第57条的规定：“任何组织或者个人不得有下列危害电信网络安全和信息安全的行为：（一）对电信网的功能或者存储、处理、传输的数据和应用程序进行删除或者修改；（二）利用电信网从事窃取或者破坏他人信息、损害他人合法权益的活动；（三）故意制作、复制、传播计算机病毒或者以其他方式攻击他人电信网络等电信设施；（四）危害电信网络安全和信息安全的其他行为。”根据《治安管理处罚法》第28条的规定：“违反国家规定，故意干扰无线电业务正常进行的，或者对正常运行的无线电台（站）产生有害干扰，经有关主管部门指出后，拒不采取有效措施消除的，处五日以上十日以下拘留；情节严重的，处十日以上十五日以下拘留。”“窃取网络数据”是指未经他人允许,采用技术手段,获取网络中存储、传输、处理数据的行为。对于“窃取网络数据”的理解可以结合相关法律、行政法规的规定。根据《刑法》第285条第1款的规定,“非法侵入计算机信息系统”是指违反国家规定侵入国家事务、国防建设、尖端科学技术领域的计算机信息系统的行为。“干扰他人网络正常功能”是指对网络功能进行删除、修改、增加、干扰,造成计算机信息系统不能正常运行的后果。对于“干扰他人网络正常功能”的理解可以结合相关法律、行政法规的规定进行。如根据《刑法》第285条第2款有关非法获取计算机信息系统数据、非法控制计算机信息系统罪的规定,违反国家规定,侵入第1款规定以外的计算机信息系统或者采用其他技术手段,获取该计算机信息系统中存储、处理或者传输的数据,或者对该计算机信息系统实施非法控制,情节严重的,处3年以下有期徒刑或者拘役,并处或者单处罚金;情节特别严重的,处3年以上7年以下有期徒刑,并处罚金。《最高人民法院、最高人民检察院关于办理危害计算机信息系统安全刑事案件应用法律若干问题的解释》规定,具有下列情形之一的,应当认定为“情节严重”:(1)获取支付结算、证券交易、期货交易等网络金融服务的身份认证信息10组以上的;(2)获取第1项以外的身份认证信息500组以上的;(3)非法控制计算机信息系统20台以上的;(4)违法所得5000元以上或者造成经济损失1万元以上的;(5)其他情节严重的情形。具有下列情形之一的,应当认定为“情节特别严重”:(1)数量或者数额达到上述第1项至第4项规定标准5倍以上的;(2)其他情节特别严重的情形。

在第二类危害网络安全的行为中,根据《最高人民法院、最高人民检察院关于办理危害计算机信息系统安全刑事案件应用法律若干问题的解释》的规定可知,其中“程序、工具”是指,具有避开或者突破计算机信息系统安全保护措施,未经授权或者超越授权,获取计算机信息系统数据的功能,对计算机信息系统实施控制的功能,以及其他专门设计用于侵入、非法控制计算机信息系统,非法获取计算机信息系统数据的程序、工具。同时,向他人提供专门用于从事侵入网络、干扰网络正常功能及防护措施、窃取网络数据等危害网络安全活动的程序、工具,说明行为人具有主观恶意,客观上起到了帮助他人从事危害网络活动的结果,此处的规定也与刑法的规定相衔接。

在第三类危害网络安全的行为中,为其提供技术支持、广告推广、支付结算中的“技术支持”是指为从事危害网络安全的行为提供互联网接入、服务器托管、网络存储、通讯传输等技术方面的帮助。我国《刑法》第287条之二规定帮助信息网络犯罪活动罪,明知他人利用信息网络实施犯罪,为其犯罪提供互联网接入、服务器托管、网络存储、通讯传输等技术支持,或者提供广告推广、支付结算等帮助，情节严重的，处 3 年以下有期徒刑或者拘役，并处或者单处罚金。

"广告推广"是指为从事危害网络安全的行为做广告宣传或推广，帮助其扩大影响或者获得收入来源。《最高人民法院、最高人民检察院关于办理非法利用信息网络、帮助信息网络犯罪活动等刑事案件适用法律若干问题的解释》规定，明知他人利用信息网络实施犯罪，为其犯罪提供帮助，具有下列情形之一的，应当认定为《刑法》第 287 条之二第 1 款规定的"情节严重"：(1) 为 3 个以上对象提供帮助的；(2) 支付结算金额 20 万元以上的；(3) 以投放广告等方式提供资金 5 万元以上的；(4) 违法所得 1 万元以上的；(5) 2 年内曾因非法利用信息网络、帮助信息网络犯罪活动、危害计算机信息系统安全受过行政处罚，又帮助信息网络犯罪活动的；(6) 被帮助对象实施的犯罪造成严重后果的；(7) 其他情节严重的情形。实施上述规定的行为，确因客观条件限制无法查证被帮助对象是否达到犯罪的程度，但相关数额总计达到上述第 2 项至第 4 项规定标准 5 倍以上，或者造成特别严重后果的，应当以帮助信息网络犯罪活动罪追究行为人的刑事责任。

"支付结算"是指为从事危害网络安全的行为或行为人提供收款、转账、取款、付款等服务，为行为人获得资金支持提供便利。根据最高人民法院、最高人民检察院、公安部发布的《关于办理电信网络诈骗等刑事案件适用法律若干问题的意见（二）》规定，为他人利用信息网络实施犯罪而实施下列行为，可以认定为《刑法》第 287 条之二规定的"帮助"行为：(1) 收购、出售、出租信用卡、银行账户、非银行支付账户、具有支付结算功能的互联网账号密码、网络支付接口、网上银行数字证书的；(2) 收购、出售、出租他人手机卡、流量卡、物联网卡的。对于明知他人利用信息网络实施犯罪，为其犯罪提供下列帮助之一的，可以认定为《最高人民法院、最高人民检察院关于办理非法利用信息网络、帮助信息网络犯罪活动等刑事案件适用法律若干问题的解释》第 12 条第 1 款第 7 项规定的"其他情节严重的情形"：(1) 收购、出售、出租信用卡、银行账户、非银行支付账户、具有支付结算功能的互联网账号密码、网络支付接口、网上银行数字证书 5 张（个）以上的；(2) 收购、出售、出租他人手机卡、流量卡、物联网卡 20 张以上的。上述行为直接或间接地支持和推动了危害网络安全的行为，故《刑法》第 287 条之二将明知他人利用信息网络实施犯罪，为其犯罪提供互联网接入、服务器托管、网络存储、通讯传输等技术支持，或者提供广告推广、支付结算等帮助的行为规定为犯罪。

从事危害网络安全的活动，或者提供专门用于从事危害网络安全活动的程序、工具，或者为他人从事危害网络安全的活动提供技术支持、广告推广、支付结算等帮助，作为违反《网络安全法》的违法行为，应当接受法律的处罚。处罚的种类和力度与违法的情节轻重相适应。因此，拘留的时间和罚款的数额具有相应的梯度。一般的违法行为人处 5 日以下拘留，可以并处 5 万元以上 50 万元以下罚款；情节较重的，处 5 日以上 15 日以下拘留，可以并处 10 万元以上 100 万元以下罚款(《网络安全法》第 63 条第 1 款)。《网络安全法》第 63 条第 2 款是双罚制的规定。现代法律在处罚单位的基础上，将负有责任的单位成员一并纳入处罚范围。单位违法应当接受更加严厉的罚款处罚，直接责任人与一般的违法行为人的处罚相同。违法行为人的从业禁止以受到治安管理处罚或刑事处罚为前提，基于防范违法行为人的人身危险性，在前述处罚执行完毕后执行从业禁止。适用网络安全从业禁止的主体为特殊主体，包括网络安全管理和网络运营关键岗位的工作、电子认证服务工作及互联网上网服务营业场所经营单位的法定代表人或主要负责人。对受到治安管理处罚的人员，实行 5 年内的职业禁止；对于受到刑事处罚的人员实行终身职业禁止，被告人终身没有再次实施此类犯罪的可能性，以此实现了特殊预防的目的。

【示例】为诈骗组织的 App 提供服务入罪①

被告人贾某斌供述，其自 2017 年 9 月开始帮人做“签名”和“打包”服务。贾某斌自认为做“打包”或“签名”算是灰色产业，就是钻法律的漏洞。其明知“客户”从事的是违法犯罪行为，依旧配合。为了增加执法机关的侦查难度，还于 2017 年年底购入了二手苹果笔记本电脑，专门用来和“客户”联系。2017 年至 2019 年，共帮助诈骗组织提供了“满意贷”“万急速”“招联金融”“中业兴融”“急速贷”“工融 e 借”“借款钱包”“工商快贷”“融 e 借”“简捷贷”“农银贷”“财 E 贷”“平安惠普”“快速贷”“中银 e 贷”等诈骗 App 的封装及数字签名服务。经过其数字签名的 App 可以绕过大部分系统应用安装审核，并使用加密的 https 协议作为传输协议，用以逃避计算机系统杀毒软件及浏览器的安全审查机制。2019 年 8 月 22 日贾某斌被公安机关抓获，最终法院认定其构成帮助信息网络犯罪活动罪，判处有期徒刑 1 年 9 个月，并处罚金 4 万元。

---

① 参见福建省龙岩市中级人民法院刑事裁定书，(2020)闽 08 刑终 266 号。

【警示】网络技术帮助行为也违法

信息技术深刻地改变着人们的生产生活,有力地推动着社会发展,但这块"新领域"不是"法外之地"。受全球数字化进程加快驱动,数以百万计的远程办公需求激增,互联网流量、接口暴增,网络犯罪分子越来越有利可图。无论是非法侵入信息系统,还是明知是非法业务依旧为其提供程序、工具,抑或为其提供技术支持、帮助掩饰隐瞒犯罪所得,都是违法犯罪行为,都将根据法律和相关国际公约予以打击。从2021年企业、机构等受害目标数量来看,网络攻击事件发生频率整体呈上升趋势。网络犯罪产业威胁程度显著增加,再次给互联网中潜在的受害目标敲响警钟。基于此,《网络安全法》对实施危害网络安全的行为,或者深度参与他人实施网络违法犯罪活动,向特定人提供了专门用于网络犯罪活动的技术支持、广告推广、支付结算等帮助的行为作出了处罚性规定,在行为人尚不构成犯罪的情形下,可以采取拘留、罚款的处罚措施。《网络安全法》中规定的法律责任与我国《治安管理处罚法》中关于危害网络安全的行为的处罚规定、《刑法》中关于危害网络安全类犯罪的规定相衔接,在体系上完善了我国法律对危害网络安全违法犯罪行为的治理。贾某斌为诈骗组织的App提供服务,已经构成帮助信息网络犯罪活动罪,受到了《刑法》的严厉制裁。明知他人利用信息网络实施犯罪,为其犯罪提供互联网接入、服务器托管、网络存储、通讯传输等技术支持,或者提供广告推广、支付结算等帮助,情节严重的,处3年以下有期徒刑或者拘役,并处或者单处罚金。单位犯前款罪的,对单位判处罚金,并对其直接负责的主管人员和其他直接责任人员,依照上述规定处罚。有上述行为,同时构成其他犯罪的,依照处罚较重的规定定罪处罚。

其中,满足下列情形之一的就属于情节严重,对于情节严重的当事人,处3年以下有期徒刑或者拘役,并处或者单处罚金:(1)为3个以上对象提供帮助的;(2)支付结算金额20万元以上的;(3)以投放广告等方式提供资金5万元以上的;(4)违法所得1万元以上的;(5)2年内曾因非法利用信息网络、帮助信息网络犯罪活动、危害计算机信息系统安全受过行政处罚,又帮助信息网络犯罪活动的;(6)被帮助对象实施的犯罪造成严重后果的;(7)其他情节严重的情形。实施上述行为,确因客观条件限制无法查证被帮助对象是否达到犯罪的程度,但相关数额总计达到上述第2项至第4项规定标准5倍以上,或者造成特别严重后果的,应当以帮助信息网络犯罪活动罪追究行为人的刑事责任。

广大网民应积极参与良好且向上的网络环境构建,共同维持网络虚拟世界的正常秩序。对入侵他人网站或主机系统,破坏相关系统、盗取重要信息、非法牟取利益等行为应当坚决抵制,警惕传授或教唆黑客攻击的行为,做到不传播黑客知识、黑客工具,不组建黑客论坛、黑客联盟。另外,热衷于研究网络技术的青少年也不要盲目地崇拜和追捧网络黑客,更不要因一时好奇、冲动以身试法,做出损害他人、后悔终生的错事。

八、网络运营者涉密网络安全运行的特殊义务？

随着新型网络犯罪的越发严峻，网络运营者负有为执法机关维护国家安全和侦查犯罪的活动提供技术支持和协助的义务。这是维护国家安全和惩治犯罪所必需的，除此以外，网络运营者还负有涉密网络安全运行的义务。

【阐释】网络运营者应为公安机关、国家安全机关提供技术支持和协助

《国家安全法》《反恐怖主义法》《中华人民共和国反间谍法》规定，任何公民和组织对有关机关维护国家安全和侦查犯罪的活动都有提供支持和协助的义务。我国网络运营者在维护国家安全和侦查网络犯罪过程中应当予以协助。《反恐怖主义法》第18条规定："电信业务经营者、互联网服务提供者应当为公安机关、国家安全机关依法进行防范、调查恐怖活动提供技术接口和解密等技术支持和协助"。《数据安全法》第35条规定："公安机关、国家安全机关因依法维护国家安全或者侦查犯罪的需要调取数据，应当按照国家有关规定，经过严格的批准手续，依法进行，有关组织、个人应当予以配合。"2021年1月，国家网信办、工业和信息化部及公安部联合起草的《互联网信息服务管理办法（修订草案征求意见稿）》第21条规定了平台的犯罪控制义务，互联网服务提供者应当采取技术措施和其他必要措施，防范、发现、制止所提供的服务被用于实施违法犯罪。互联网服务提供者发现网络违法犯罪行为，应当保存有关记录，并向网信部门、电信主管部门、公安机关报告。网信部门、电信主管部门、公安机关等有关主管部门发现互联网信息服务提供者存在违反真实身份查验要求的行为或者其他网络违法犯罪行为，应当要求互联网信息服务提供者采取消除、制止等处置措施，停止相关服务，保存有关记录，并向网信部门、电信主管部门、公安机关报告。

一是确保网络运行安全的义务。《国家通信保障应急预案》规定，基础电

信运营企业在通信网络规划和建设中，要贯彻落实网络安全各项工作要求，健全网络安全防护、监测预警和应急通信保障体系建设，不断提高网络的自愈和抗毁能力；强化对网络运行安全和网间互联互通安全的监测及风险隐患排查；完善应急处置机制，修订完善各级通信保障应急预案，定期组织演练，加强网络运行安全和应急通信保障的宣传教育工作，提高应对突发事件的能力。《国际通信出入口局管理办法》规定，设置国际通信出入口的电信业务经营者，应当建立健全安全管理制度，落实技术防范措施，保证网络运行安全、可靠。国际通信出入口出现重大故障或重大安全问题，应及时通知相关的电信业务经营者，采取紧急措施恢复正常运行，并于事件发生后 24 小时内将情况报告信息产业部（现工业和信息化部）。

二是确保网络数据安全的义务。为有效防范侵犯公民个人信息违法行为，保障网络数据安全和公民合法权益，公安机关结合侦办侵犯公民个人信息网络犯罪案件和安全监督管理工作中掌握的情况，组织北京市网络行业协会和公安部第三研究所等单位相关专家，研究起草了《互联网个人信息安全保护指南》。其中规定：(1)应采取校验技术或密码技术保证重要数据在传输、存储过程中的完整性，包括但不限于鉴别数据和个人信息；应采用密码技术保证重要数据在传输过程中的保密性。(2)应提供个人信息的本地数据备份与恢复功能，定期对备份数据进行恢复测试，保证数据可用性；应提供异地实时备份功能，利用通信网络将重要数据实时备份至备份场地；应提供重要数据处理系统的热冗余，保证系统的高可用性。(3)应保证鉴别信息所在的存储空间被释放或重新分配前得到完全清除；应保证存有个人信息的存储空间被释放或重新分配前得到完全清除。(4)在对个人信息进行共享和转让时应进行个人信息安全影响评估，对受让方的数据安全能力进行评估，确保受让方具备足够的数据安全能力，并按照评估结果采取有效的保护个人信息主体的措施。

三是网络运营者的保密义务。《网络安全法》规定，建设、运营网络或者通过网络提供服务，应当依照法律、行政法规的规定和国家标准的强制性要求，采取技术措施和其他必要措施，保障网络安全、稳定运行，有效应对网络安全事件，防范网络违法犯罪活动，维护网络数据的完整性、保密性和可用性。网络运营者应当对其收集的用户信息严格保密，并建立健全用户信息保护制度。对于网络运营者获取到的国家秘密，应当遵守《中华人民共和国保守国家秘密法》（以下简称《保守国家秘密法》）的规定。国家秘密的知悉范围，应当根据工作需要限定在最小范围。国家秘密的知悉范围能够限定到具体人员的，限定到具体人员；不能限定到具体人员的，限定到机关、单位，由机关、单位限定到具体人员。国家秘密的知悉范围以外的人员，因工作需要知悉国家秘密的，应当经过机关、单位负责人批准。机关、单位应当加强对涉密信息系统的管理，任何组织和个人不得有下列行为：(1)将涉密计算机、涉密存储设备接入互联网及其他公共信息网络；(2)在未采取防护措施的情况下，在涉密信息系统与互联网及其他公共信息网络之间进行信息交换；(3)使用非涉密计算机、非涉密存储设备存储、处理国家秘密信息；(4)擅自卸载、修改涉密信息系统的安全技术程序、管理程序；(5)将未经安全技术处理的退出使用的涉密计算机、涉密存储设备赠送、出售、丢弃或者改作其他用途。《保守国家秘密法》还规定，禁止非法复制、记录、存储国家秘密。禁止在互联网及其他公共信息网络或者未采取保密措施的有线和无线通信中传递国家秘密。禁止在私人交往和通信中涉及国家秘密。报刊、图书、音像制品、电子出版物的编辑、出版、印制、发行，广播节目、电视节目、电影的制作和播放，互联网、移动通信网等公共信息网络及其他传媒的信息编辑、发布，应当遵守有关保密规定。互联网及其他公共信息网络运营商、服务商应当配合公安机关、国家安全机关、检察机关对泄密案件进行调查；发现利用互联网及其他公共信息网络发布的信息涉及泄露国家秘密的，应当立即停止传输，保存有关记录，向公安机关、国家安全机关或者保密行政管理部门报告；应当根据公安机关、国家安全机关或者保密行政管理部门的要求，删除涉及泄露国家秘密的信息。

【示例】社交平台协同警方破案，非法获利网络水军被批捕①

在微博的配合下，司法机关在不到 1 个月的时间内，完成从立案到破获、批捕的全过程，不仅打击了不法分子，也为类似案件的侦办提供了司法经验，有力震慑了违法犯罪活动。2018 年年底，微博安全部门发现犯罪嫌疑人黄某非法批量注册违规微博账号，模拟用户转评赞等行为，伪装成真实用户，逃避微博安全检测系统，诈取平台给用户的积分现金红包等激励。上述犯罪行为不仅给微博造成经济损失，也严重扰乱微博正常的平台秩序。经过慎重分析研判，微博于 2019 年 2 月向警方报案。在微博安全部门等的全力配合下，警方于当月将犯罪嫌疑人黄某抓获。黄某在随后的审讯过程中自愿认罪，并供认了作案手段和涉案网络工具。2019 年 4 月，黄某因涉嫌诈骗罪被检察院依法批准逮捕。

---

① 参见《微博协同警方破获网络水军非法获利案》，载科技观察猿网 2019 年 5 月 9 日，https://baijiahao.baidu.com/s?id=1633037800050225481&wfr=spider&for=pc。

【警示】维护国家安全、配合侦查犯罪是网络运营者的义务

实践中，一些企业在主动报案、提供犯罪线索和技术支持、协助侦查部门破获案件等方面主动性不够；有的企业甚至为防止企业因牵连受损，还想方设法销毁证据；有的对司法机关在取证调查上不予以配合，遮遮掩掩。2019 年 1 月 4 日，湖南省常德市武陵区公安分局召集辖区内 3 家企业网络安全部门负责人召开了网络安全监督检查信息通报会。通报会上，武陵区公安分局通报了 2018 年 12 月常德市公安局和武陵区公安分局联合对 3 家网络运营商网络安全监督检查的结果。此次检查是按照净网行动的要求和省公安厅统一部署，依据《网络安全法》和《公安机关互联网安全监督检查规定》等规定，市、区两级公安机关对网络运营商的网络安全工作、用户实名登记、网络日志留存和互联网出口数据四个方面进行了检查。通报会上，武陵区公安分局向 3 家网络运营商下发了《网络安全监督检查反馈意见》，指出了它们网络信息安全保护工作存在的问题和不足，提出了网络信息安全保护工作下一步意见和建议。对某某公司因存在未落实向公安机关提供技术支持和协助以及未落实网络日志留存措施等问题下达了《网络安全限期整改通知书》，要求该公司立即开展整改工作，并将整改情况书面回复。某些外国公司在面对中国政府向其提出技术支持和协助时不予理会，违反我国相关法律法规的规定。随着我国《国家安全法》、《反恐怖主义法》、《中华人民共和国反间谍法》以及《网络安全法》等相关法律法规的稳步实施，此类企业必将受到严惩。网络运营者违反《网络安全法》规定，拒不向公安机关、国家安全机关提供技术支持和协助的，将处以 1 万元以上 50 万元以下的罚款。网络服务提供者不履行法律、行政法规规定的信息网络安全管理义务，经监管部门责令采取改正措施而拒不改正的，将被追究刑事责任。

九、国家支持网络安全的何种合作？

网络的互联互通决定网络安全风险的传递性。网络运营者之间应相互支持、配合，遇到网络安全风险时加强合作，国家支持网络运营者在网络安全信息收集、分析、通报和应急处置等方面进行合作。

【阐释】网络运营者间的合作与行业组织

网络运营者之间的合作体现在技术方面。网络运营者可以在防范计算机病毒、网络攻击等方面开展合作、相互配合，针对计算机病毒等共同研究并提出技术解决方案，也可以合作研究防范网络风险的新技术。在管理方面，网络运营者可以在安全风险防控、应急处置管理等方面相互交流，共同完善各自的网络安全风险防控和应对管理制度。在信息方面，网络运营者可以在网络风险信息收集、通报等方面加强合作，实现网络安全相关信息共享，共同防范和处置网络安全事件。我国支持网络运营者之间开展网络安全合作，共同提升网络安全保障能力。网络安全是一个多维、复杂的系统性问题，需要通过全行业的密切合作和信息共享才能有效解决。现阶段，网络安全行业缺乏一个全行业认可的、基于统一标准的协同方案，尤其是在治理能力、技术能力、认证和协同配合方面，仍然存在很大的提升空间。

行业组织应当建立健全本行业的网络安全保护规范和协作机制，加强对网络安全风险的分析评估，定期向会员进行风险警示，支持、协助会员应对网络安全风险。近年来发布的行业标准有：YD/T 4058—2022《电信网和互联网安全防护基线配置要求和检测要求　大数据组件》；YD/T 4057—2022《电信网和互联网大数据平台安全防护检测要求》；GY/T 352—2021《广播电视网络安全等级保护基本要求》；YD/T 3734—2020《基础电信企业网络安全态势感知系统技术要求》等。网络安全事关网络运营者的切身利益，维护网络安全，除了加强政府监管，落实网络运营者的责任外，还应当充分发挥有关行业组织的作用。

【示例】中国网络安全产业联盟成立[①]

中国网络安全产业联盟成立于2015年。联盟由积极投身于网络安全产业发展,开展网络安全理论研究、技术研发、产品研制、测评认证、教育培训、安全服务等相关业务的企事业单位以及用户单位自愿组成,属于全国性非营利行业组织。联盟的宗旨是搭建产业创新平台,聚合产业势能,营造良好产业发展环境,促进产业创新发展,加强行业自律,提升网络安全技术产业和服务水平,推动网络安全产业做大做强,提升中国网络安全产业竞争力和国际话语权,维护用户网络安全和利益,为实现网络强国战略提供坚实保障。联盟遵守中华人民共和国宪法、法律法规,遵守社会道德风尚,接受中央网信办网络安全协调局业务指导和监督管理。

【警示】网络安全发展需网络运营者共同发力

构建网络空间命运共同体不能一蹴而就,而是一件长期的事业。为激发网络安全产业发展的核心驱动力,我们应当培植网络安全"名企",充分发挥市场配置资源的基础作用,调动企业科技创新转化等方面的积极性,培育有内生竞争力的、主导行业细分领域的领军企业;培育网络安全"名品",紧跟国家网络安全产业发展趋势,整合信创产业体系,以国产化软硬件平台和网络安全技术、密码技术为"左右两翼",建设网络安全"一体化"的产业发展链条;构建网络安全产业服务体系。例如,组建具有行业协调组织能力的行业协会、产业链条整合功能的产业联盟、专家智库等组织,充分发挥专家智库的智力支持作用,提升对网络产业的服务能力。行业组织加强网络运营者相互协作,可以制定本行业的网络安全保护规范和协作机制;加强网络安全风险分析评估,为会员单位掌握风险、准备应急策略提供协助;在进行网络安全风险分析评估的基础上,定期向会员发出风险警示,及早防范网络安全事件的发生。

---

① 参见中国网络安全产业联盟网,http://china-cia.org.cn/Home/Union?sitemenuEntityID=5aa1e67fd669282c108dd072。

十、网信部门等有关部门履行职责过程获取的信息为何不得他用？

负有网络安全保护职责的部门在履行网络安全保护职责中不可避免地会获取到有关组织和个人的信息。由于这些信息涉及个人隐私、商业秘密，故在履职中获得的这些信息只能用于维护网络安全的需要。

【阐释】限定信息的使用用途

有关部门在履行网络安全保护职责过程中获取的信息，只能用于维护网络安全的需要，不得用于其他用途。这是对政府使用收集信息的限制，为政府履行网络安全保护职责所获信息的用途设定了特定要求，即所获得的相关信息只能用于维护网络安全的需要。《个人信息保护法》规定，国家机关为履行法定职责处理个人信息，应当依照法律、行政法规规定的权限、程序进行，不得超出履行法定职责所必需的范围和限度。国家机关为履行法定职责处理个人信息，应当依照该法规定履行告知义务；法律规定应当保密或者不需要告知的，或者告知将妨碍国家机关履行法定职责的除外。国家机关处理的个人信息应当在中华人民共和国境内存储；确需向境外提供的，应当进行安全评估。安全评估可以要求有关部门提供支持与协助。法律、法规授权的具有管理公共事务职能的组织为履行法定职责处理个人信息，适用该法关于国家机关处理个人信息的规定。

【示例】柴某某为抵债将警务通交他人使用获刑[①]

2015 年 6 月，时任天津市公安局红桥分局西于庄派出所治安民警的被告

① 参见天津市北辰区人民法院刑事判决书，(2018)津 0113 刑初 540 号。

人柴某某向从事非法放贷活动的天津宇策寄卖有限公司（以下简称宇策公司）借款5万元，后陆续偿还高额利息。2015年10月，柴某某无力继续还款，宇策公司多次向其催要欠款，柴某某为延期还款，将公安机关给其个人配发的警务通交给宇策公司使用，并告知宇策公司人员该警务通的功能及账号、密码，当场演示、教授使用方法。2019年1月，公安机关将宇策公司非法组织破获，经查，该组织使用柴某某提供的警务通实施违法犯罪活动，非法查询公民个人信息共计1万余条，其中包含违法犯罪人员信息、案件信息等敏感内容。后宇策公司被认定为黑社会性质组织，首要分子因非法使用警务通的行为以侵犯公民个人信息罪被判刑。而被告人柴某某身为人民警察，属国家机关工作人员，其擅自将公安机关配发的移动警务系统交给从事非法放贷的组织，被用于违法犯罪活动，致使大量包含敏感内容的公民信息泄露，造成恶劣社会影响，其行为已构成滥用职权罪。最终，法院以被告人柴某某犯滥用职权罪，判处其有期徒刑1年6个月，与其所犯合同诈骗罪所判处的有期徒刑4年6个月，并处罚金10万元，数罪并罚，决定执行有期徒刑5年，并处罚金10万元。

【警示】信息使用有警戒线

政府部门工作人员在网络安全信息共享过程中不遵守个人信息和隐私保护、商业秘密保护规定的行为，将受到行政及刑事处罚。根据《刑法》第253条之一的规定，侵犯公民个人信息罪为，违反国家有关规定，向他人出售或者提供公民个人信息，情节严重的，处3年以下有期徒刑或者拘役，并处或者单处罚金；情节特别严重的，处3年以上7年以下有期徒刑，并处罚金。违反国家有关规定，将在履行职责或者提供服务过程中获得的公民个人信息，出售或者提供给他人的，依照前款的规定从重处罚。单位犯上述三款罪的，对单位判处罚金，并对其直接负责的主管人员和其他直接责任人员，依照各该款的规定处罚。《最高人民法院、最高人民检察院关于办理侵犯公民个人信息刑事案件适用法律若干问题的解释》第3条规定，向特定人提供公民个人信息，以及通过信息网络或者其他途径发布公民个人信息的，应当认定为《刑法》第253条之一规定的"提供公民个人信息"。未经被收集者同意，将合法收集的公民个人信息向他人提供的，属于《刑法》第253条之一规定的"提供公民个人信息"，但是经过处理无法识别特定个人且不能复原的除外。第4条规定，违反国家有关规定，通过购买、收受、交换等方式获取公民个人信息，或者在履行职责、提供服务过程中收集公民个人信息的，属于《刑法》第253条之一第3款规定的"以其他方法非法获取公民个人信息”。网信部门和有关部门将在履行网络安全保护职责中获取的信息用于其他用途的,对直接负责的主管人员和其他直接责任人员依法给予处分。如将履行职责过程中获得的公民个人信息出售或者提供给他人,构成犯罪的,将按照《刑法》第 253 条之一的“侵犯公民个人信息罪”予以从重处罚。

十一、关键信息基础设施为什么要重点保护?

关键信息基础设施是经济社会运行的神经中枢,也是网络安全的重中之重。关键信息基础设施遭受网络攻击威胁事件频发,其安全形势严峻。国家在网络安全等级保护制度的基础上对公共通信和信息服务、能源、交通、水利、金融、公共服务、电子政务等重要行业和领域,以及其他一旦遭到破坏、丧失功能或者数据泄露,可能严重危害国家安全、国计民生、公共利益的关键信息基础设施,应当实行重点保护。

【阐释】关键信息基础设施应当重点保护

习近平总书记在2016年4月19日召开的网络安全和信息化工作座谈会上的讲话中强调:"金融、能源、电力、通信、交通等领域的关键信息基础设施是经济社会运行的神经中枢,是网络安全的重中之重,也是可能遭到重点攻击的目标。"从世界范围来看,各个国家网络安全立法的核心就是保护关键信息基础设施。加强关键信息基础设施安全保护,既是我国网络安全严峻形势的迫切需要,也是切实贯彻总体国家安全观的必然要求。随着信息技术的广泛应用,能源、交通、水利、金融等国民经济重要行业,供电、供水、教育、医疗卫生等关系民生的公共服务领域,以及国家对经济社会事务的管理,基于科技信息发达和网络操作的便利,已经高度网络化。这些行业和领域的信息系统一旦出现功能缺失或者遭到攻击破坏,将会给国家安全、公共安全、民生福祉带来极大的不便,甚至造成不可估量的危害。为了保障关键信息基础设施的运行安全,《网络安全法》特别强调国家对公共通信和信息服务、能源、交通、水利、金融、公共服务、电子政务等重要行业和领域,以及其他一旦遭到破坏、丧失功能或者数据泄露,可能严重危害国家安全、国计民生、公共利益的关键信息基础设施,在网络安全等级保护制度的基础上,实行重点保护。关键信息基础设施的具体范围和安全保护办法由国务院制定。2021 年 4 月 27 日国务院第 133 次常务会议通过了《关键信息基础设施安全保护条例》。工业和信息化部为履行关键信息基础设施保护工作部门的职责，相继出台了《通信网络安全防护管理办法》等部门规章，发布了《公共互联网网络安全威胁监测与处置办法》等 20 余项规范性文件，实施了 300 余项网络与信息安全标准。

所谓“关键信息基础设施”，是指公共通信和信息服务、能源、交通、水利、金融、公共服务、电子政务、国防科技工业等重要行业和领域的，以及其他一旦遭到破坏、丧失功能或者数据泄露，可能严重危害国家安全、国计民生、公共利益的重要网络设施、信息系统等。确定关键信息基础设施范围的关键是如何确认其属于关键信息基础设施。大致可分为以下步骤：首先确定关键业务，其次确定自称关键业务的信息系统或工业控制系统，最后根据关键业务对信息系统或工业控制系统的依赖程度，以及信息系统发生网络安全事件后可能造成的损失认定关键信息基础设施。制定认定规则时应当主要考虑下列因素：(1)网络设施、信息系统等对于本行业、本领域关键核心业务的重要程度；(2)网络设施、信息系统等一旦遭到破坏、丧失功能或者数据泄露可能带来的危害程度；(3)对其他行业和领域的关联性影响。2016 年，原中央网络安全和信息化领导小组(现中央网络安全和信息化委员会)办公室发布的《国家网络安全检查操作指南》对关键信息基础设施的范围作了列举规定，主要包含：(1)网站类，如党政机关网站、企事业单位网站、新闻网站等。(2)平台类，如即时通信、网上购物、网上支付、搜索引擎、电子邮件、论坛、地图、音视频等网络服务平台。(3)生产业务类，如办公和业务系统、工业控制系统、大型数据中心、云计算平台、电视转播系统等。根据《关键信息基础设施安全保护条例》的规定，结合其他规定，关键信息基础设施保护范围包括：(1)政府机关和能源、金融、交通、水利、卫生医疗、教育、社保、环境保护、公用事业等行业领域的单位；(2)电信网、广播电视网、互联网等信息网络，以及提供其他大型公共信息网络服务的单位；(3)国防科工、大型装备、化工、食品药品等行业领域科研生产单位；(4)广播电台、电视台、通讯社等新闻单位；(5)其他重点单位。关键信息基础设施保护范围在突出核心标准上扩大了范围，将行业领域内科研生产单位、新闻传播单位等纳入保护范围。

关键信息基础设施保护以等级保护为基础。我国信息系统的保护等级分为以下五级：第一级是信息系统受到破坏后，会对公民、法人和其他组织的合法权益造成损害，但不损害国家安全、社会秩序和公共利益；第二级是信息系统受到破坏后，会对公民、法人和其他组织的合法权益产生严重损害，或者对社会秩序和公共利益造成损害,但不损害国家安全;第三级是信息系统受到破坏后,会对社会秩序和公共利益造成严重损害,或者对国家安全造成损害;第四级是信息系统受到破坏后,会对社会秩序和公共利益造成特别严重损害或者对国家安全造成严重损害;第五级是信息系统受到破坏后,会对国家安全造成特别严重损害。按照《信息安全技术　网络安全等级保护定级指南》和《信息安全等级保护管理办法》等执行保护措施。同时,在等级保护的基础上,需要再给予特殊的“重点保护”。网络安全等级保护制度是关键信息基础设施保护的基础,属于普适性的制度。关键信息基础设施是等级保护制度保护的重点,也是重点保护的核心点,二者相辅相成,不能分割,体现出面和点之间的普遍与重点的关系。

关键信息基础设施保护由行业、领域的主管或者监管部门负责,监管方面的等级保护由公安机关负责。国家鼓励政府部门、运营者、科研机构、服务机构、行业组织、网络产品和服务提供者开展关键信息基础设施安全合作。国家立足开放环境,积极开展关键信息基础设施安全领域的国际交流与合作。为了拓宽关键信息基础设施保护制度共享合作机制的范围,国家鼓励关键信息基础设施以外的网络运营者自愿参与关键信息基础设施保护体系。网络运营者自愿参与关键信息基础设施保护体系,不但可以提升行业整体网络风险应对、处置的水平,不断扩大网络态势感知范围,同时可增加网络运营者自身的网络安全纵深,长期有效提高网络安全防护水平。

【示例】委内瑞拉国家电网受攻击损失惨重①

由于现代社会对于关键信息基础设施的依赖,关键信息基础设施遭受网络攻击所发生的连锁反应将是灾难性的。2020 年 5 月 5 日,委内瑞拉副总统罗德里格斯宣布,委内瑞拉国家电网干线遭到攻击,造成全国大面积停电。除首都加拉加斯外,全国 11 个州府均发生停电。这是时隔 10 个月后委内瑞拉再次因遭受网络攻击而断电。该国电力系统成为最新一轮“网络攻击”的目标,一方面,是因为本国水电等关键信息基础设施系统陈旧;另一方面,黑客也在不断挖掘电力系统安全漏洞,开发更适用于攻击电力系统的恶意软件。

---

① 参见《委内瑞拉国家电网干线遭攻击　全国大面积停电》,载人民网,http://world.people.com.cn/n1/2020/0506/c1002-31698471.html。

【警示】提升网络攻防能力是有效保护关键信息基础设施的重点

信息化发展到今天,人类已进入“万物互联”时代,无处不在的网络设备串联起了现代人的物理空间和网络空间,也给安全带来了前所未有的挑战,关键信息基础设施的网络安全形势日益严峻。物联网、工业互联网、车联网以及产业互联网带来巨大机会的同时,所有网络虚拟空间的攻击都可以转化成物理世界的伤害,关键信息基础设施安全保护再次提上日程,受到世人关注。加强关键信息基础设施保护已经成为共识,许多国家已经建立了相关制度。委内瑞拉的网络安全事件给我们敲响了警钟,必须提升国家关键信息基础设施的网络攻防能力。关键信息基础设施正面临国家间有组织、高强度网络攻击的现实威胁,关键信息基础设施的网络安全脆弱性日益凸显。关键信息基础设施的网络安全保障体系需要保持动态的调整和不断完善,强化保护措施,切实维护关键信息基础设施安全,全力提升关键信息基础设施安全防护能力。

十二、关键信息基础设施安全保护工作部门的职责有哪些？

关键信息基础设施涵盖的范围广，不同行业和领域所承载的功能和业务存在差异，不同关键信息基础设施所面临的安全风险、监管要求也不尽相同，需要负责关键信息基础设施安全保护工作的部门分别编制并组织实施本行业、本领域的关键信息基础设施安全规划，指导和监督关键信息基础设施运行安全保护工作。

【阐释】主管部门各负其责

《网络安全法》对关键信息基础设施的安全保护确立了部门分工负责的制度。在国家网信部门统筹协调下，国务院公安部门负责指导监督关键信息基础设施安全保护工作；国务院电信主管部门和其他有关部门依照条例和有关法律、行政法规的规定，在各自职责范围内负责关键信息基础设施安全保护和监督管理工作；省级人民政府有关部门依据各自职责对关键信息基础设施实施安全保护和监督管理。具体职责如下：

一是国家网信部门统筹协调国务院公安部门、保护工作部门对关键信息基础设施进行网络安全检查检测，提出改进措施。在关键信息基础设施安全保护工作中，国家网信部门和国务院电信主管部门、国务院公安部门等应当根据保护工作部门的需要，及时提供技术支持和协助。关键信息基础设施保护涉及不同行业、领域，需要充分发挥不同行业主管部门的积极性，同时，网络互联互通的特点决定了需要高效的顶层协调机制，从而实现政府与社会之间、不同政府部门之间以及跨国执法合作等的统一。

二是负责关键信息基础设施安全保护工作的部门主要负责编制并组织实施本行业、本领域的关键信息基础设施安全规划以及指导和监督关键信息基础设施运行安全保护工作。

三是安全保护措施与关键信息基础设施实行“同步规划、同步建设、同步使用”的三同步制度。其中,“同步规划”是指在网络设施与信息系统的规划阶段同步引入安全保护措施。“同步建设”,要求在项目建设阶段,通过落实系统集成商、网络服务提供商,保证相关安全技术措施的顺利准时实施,保证项目上线时,安全保护措施的验收和工程验收同步,确保只有符合安全要求的系统才能上线。“同步使用”,是指在网络设施和信息系统安全验收后的日常运行和维护中,应当保持网络设施与信息系统处于持续安全防护的水平,并符合国家的相关安全技术标准。安全保护措施执行“谁主管,谁负责”的工作原则,在系统生命周期各阶段明确责任部门及安全职责,在全过程中推行安全同步开展,强化安全工作前移,降低运维阶段的服务压力。

关键信息基础设施一旦遭到破坏、丧失功能或者数据泄露,将严重危害国家安全、国计民生和公共利益。关键信息基础设施建设者应深化信息技术安全管理,加强重点领域安全防护,推进自主可控能力建设,研究新兴领域安全风险,加快信息安全监管创新,构建新形势下的信息技术监管体系,做好信息安全基础建设和保障工作,以有效应对新技术应用与新业务带来的新挑战以及复杂多变的信息安全形势,全面、系统地解决行业信息安全工作中的突出问题。

【示例】中国互联网络信息中心的网络安全保障工作范例①

中国互联网络信息中心为做好中国共产党成立100周年系列庆祝活动网络安全保障工作,在工业和信息化部的部署下,紧紧围绕网络基础设施安全防护、重要保障对象安全保障支撑、网络安全监测处置等重点任务狠抓工作落实。应急保障期间,国家顶级域名系统运行安全稳定,服务可用性保持100%,全部重点保障对象的域名解析和访问状态正常,未发生网络安全突发事件,高质量完成了各项网络安全保障任务。应急保障期间,领导小组组织召开了3次工作会议,专题听取各部门网络安全保障工作情况汇报,研究部署后续工作,提出工作要求,确保各项保障任务落实到位。进入应急保障阶段后,安排系统管理员7×24小时值班值守。在重要活动时段增派人员进行在岗值守和视频值守。依托中国互联网络信息中心现有的域名安全监测平台、内网安全态势感知平

① 参见《筑牢国家顶级域名系统安全防线——CNNIC圆满完成庆祝建党100周年网络安全保障工作》,载中国互联网络信息中心网,https://www.cnnic.cn/n4/2022/0401/c136－5302.html。

台、入侵检测系统、流量分析系统等各类实时监测系统，值班值守人员对国家顶级域名系统和重要保障对象的状态进行实时监测分析，确保第一时间发现服务异常情况以及安全事件，并及时进行处置。

【警示】以政策建立关键信息基础设施安全保护屏障

关键信息基础设施安全保护能力的提升，不仅依靠资金投入、技术提升等手段，更离不开政府的高度重视和政策支持，通过对法律法规等制度体系的健全完善来牵引各行业关键信息基础设施保护能力的不断提升，切实履行责任机关法定职责，全力保障关键信息基础设施的安全。在国家网信部门统筹协调下，国务院电信主管部门、公安部门和其他有关机关依照有关法律、行政法规的规定，在各自职责范围内负责网络安全保护和监督管理工作。除此之外，还应加强关键信息基础设施的安全监督检查，加强行政执法，督促重点单位依法履行安全保护责任和义务。应当依托国家网络与信息安全信息通报机制，加强网络安全监测、通报预警和应急处置，防范网络安全事件和威胁风险，加强关键信息基础设施安全事件的调查处置和案件侦办，严厉打击危害关键信息基础设施安全的违法犯罪活动。根据《关键信息基础设施安全保护条例》的规定，运营者有安全保护措施未与关键信息基础设施同步规划、同步建设、同步使用的法定情形的，由有关主管部门依据职责责令改正，给予警告；拒不改正或者导致危害网络安全等后果的，处 10 万元以上 100 万元以下罚款，对直接负责的主管人员处 1 万元以上 10 万元以下罚款。

十三、关键信息基础设施的运营者应负有哪些义务？

随着信息化的快速普及和发展，关键信息基础设施作为事关国家安全和社会稳定的重要战略资源的地位日益凸显，需要加强关键信息基础设施运营者的安全保护义务。关键信息基础设施运营者应当建立健全网络安全保护制度和责任制，设置专门安全管理机构，并保障人力、财力、物力的投入。

【阐释】关键信息基础设施运营者安全保护义务

关键信息基础设施的运营者在履行网络安全等级保护制度的基础上，应当履行的安全保护义务主要包括：

一是关键信息基础设施网络安全保护义务。主要包括：(1)设置专门安全管理机构和安全管理负责人，并对该负责人和关键岗位的人员进行安全背景审查；(2)定期对从业人员进行网络安全教育、技术培训和技能考核；(3)对重要系统和数据库进行容灾备份；(4)制定网络安全事件应急预案，并定期进行演练；(5)法律、行政法规规定的其他义务。其中，容灾是为了在遭遇灾害时能保证信息系统正常运行，帮助企业实现业务连续性的目标。备份是为了应对灾难来临时造成的数据丢失问题。具体的实施路径为在相隔较远的异地，建立两套或多套功能相同的 IT 系统，互相之间可以进行健康状态监视和功能切换，当一处系统因意外（如火灾、地震等）停止工作时，整个应用系统可以切换到另一处，使该系统功能可以继续正常工作。

二是关键信息基础设施发生重大网络安全事件或者发现重大网络安全威胁的报告义务。关键信息基础设施发生重大网络安全事件或者发现重大网络安全威胁时，运营者应当按照有关规定向保护工作部门、公安机关报告。发生关键信息基础设施整体中断运行或者主要功能故障、国家基础信息以及其他重要数据泄露、较大规模个人信息泄露、造成较大经济损失、违法信息较大范围传播等特别重大网络安全事件或者发现特别重大网络安全威胁时,保护工作部门应当在收到报告后,及时向国家网信部门、国务院公安部门报告。工业和信息化部《公共互联网网络安全威胁监测与处置办法》规定建立网络安全威胁信息共享平台,明确了公共互联网网络安全威胁监测和处置工作的责任机构。《关键信息基础设施安全保护条例》要求运营者依照该条例和有关法律、行政法规的规定以及国家标准的强制性要求,在网络安全等级保护的基础上,采取技术保护措施和其他必要措施,应对网络安全事件,防范网络攻击和违法犯罪活动,保障关键信息基础设施安全稳定运行,维护数据的完整性、保密性和可用性。国家安全部发布的《反间谍安全防范工作规定》规定,关键信息基础设施运营者还应当对本单位安全管理机构负责人和关键岗位人员进行反间谍安全防范审查;定期对从业人员进行反间谍安全防范教育、培训;采取反间谍技术安全防范措施,防范、制止境外网络攻击、网络入侵、网络窃密等间谍行为,保障网络和信息核心技术、关键信息基础设施和重要领域信息系统及数据的安全等。

网络运营者的主要负责人,对关键信息基础设施安全保护负总责,实行"一把手负责制",领导关键信息基础设施安全保护和重大网络安全事件处置工作,组织研究解决重大网络安全问题,保障人、财、物的投入。专门安全管理机构负责本单位的关键信息基础设施安全保护工作,履行下列职责:(1)建立健全网络安全管理、评价考核制度,拟订关键信息基础设施安全保护计划;(2)组织推动网络安全防护能力建设,开展网络安全监测、检测和风险评估;(3)按照国家及行业网络安全事件应急预案,制定本单位应急预案,定期开展应急演练,处置网络安全事件;(4)认定网络安全关键岗位,组织开展网络安全工作考核,提出奖励和惩处建议;(5)组织网络安全教育、培训;(6)履行个人信息和数据安全保护责任,建立健全个人信息和数据安全保护制度;(7)对关键信息基础设施设计、建设、运行、维护等服务实施安全管理;(8)按照规定报告网络安全事件和重要事项。

另外,关键信息基础设施的运营者应严格遵循《网络安全法》的相关要求及其他法律法规的有关规定,加强对关键信息基础设施的安全保护力度,通过技术与管理手段相结合,构建关键信息基础设施安全管理体系,维护网络空间有序运行。关键信息基础设施的运营者应综合运用管理、技术、法律、宣传等手段,加强内部自身能力建设,如围绕识别、保护、监测、预警、检测、响应、处置等环节,建立与管理思路配套的技术平台,建设分层次防御体系,构建关键信息基础设施外部保护屏障。

【示例】河北省三河市 4 家单位不履行网络安全保护义务被严惩

我国开展了“亮剑 2019”打击整治专项行动，向影响社会治安大局稳定和危害人民群众生命财产安全的各类违法犯罪发起凌厉攻势。2020 年 8 月 13 日 10 时 30 分许，三河市公安局行宫东大街派出所民警在对三河某燃气有限公司进行网络安全检查时发现，该单位未建立安全培训和考核制度，没有对信息安全进行等级保护，未落实网络安全保护责任。2020 年 8 月 17 日，三河市公安局行宫东大街派出所在对三河市 3 家单位进行网络安全检查时发现，这 3 家单位未建立安全培训和考核制度，没有对信息安全进行等级保护，未落实网络安全保护责任。根据《网络安全法》的规定，三河市公安局依法对上述公司予以警告处罚。关键信息基础设施运营者未履行法定网络安全保护义务，未按照国家网络安全等级保护制度要求，保障网络免受干扰、破坏或者未经授权的访问，防止网络数据泄露或者被窃取、篡改，导致危害网络安全等后果，将追究其法律责任。

【警示】安全保护义务履行不到位将带来巨大损失

近年来，全球范围内的针对关键信息基础设施的蓄意攻击事件频发。一方面，众多关键信息基础设施的安全事件的经验启示我们，应当尽快完善关键信息基础设施的安全保护工作，实现全流程风险控制。另一方面，关键信息基础设施的运营维护缺乏完善的事后安全恢复计划，未厘清涉及关键信息基础设施保护过程中的防护流程，未明确指出需要加强保护的重点环节，也无法保障相应评估制度的制定和落实，这为关键信息基础设施保护及快速安全恢复带来了极大的隐患。同时，我国还面临专业检查评估人员较少，检查工作耗时多、效率低，检查方法、检查内容不统一的问题，这也为关键信息基础设施的安全保护工作带来了一定程度的困难。关键信息基础设施的运营者应当在关键信息基础设施安全保护中承担主体责任，并对运营者自身安全管理机制的设置进行严格要求。需强调主要负责人责任，明确运营者的主要负责人对关键信息基础设施的安全保护负责；要求设立专门的安全管理机构，具体负责本单位关键信息基础设施的安全保护工作；对关键岗位人员应实施安全背景审查，其中包括运营者专门安全管理机构的负责人及其认定的关键岗位人员；保障专门安全管理机构运行，为本单位专门安全管理机构提供经费和专业人员保障。目前，我国大多数关键信息基础设施运营者还没有可以参考的、统一的行业安全评估标准，风险评估制度也不完善。仍有部分运营者将工作重点放在事故、事件管理上，发生事故后再进行整顿、检查，在安全事件发生前没有进行容灾备份，也没有进行过定期的应急演练，此类防护机制往往会造成重大损失。

随着以云计算、大数据、物联网为代表的新技术在全球范围内的兴起，其已积极向能源、电力、水利等关键性领域渗透，实现了关键基础设施的信息化。由于关键信息基础设施具有公共服务职能，其服务范围涵盖了国家社会生产与公民生活的基本需求，在关键信息基础设施运营者不履行网络安全保护义务的情形下，其信息系统可能暴露出极大的安全隐患而引发安全事件，再加上万物互联可能引发的连锁反应，就会对国家安全和社会稳定造成灾难性的后果。河北省三河市公安局连续对 4 家关键信息基础设施运营者的行政处罚为我国网络安全保护工作敲起了警钟，关键信息基础设施运营者不履行义务必将承担更加严厉的行政责任。由于关键信息基础设施安全处于维护国家安全、经济安全和保障民生的重要位置，相对于一般网络运营者，应当为关键信息基础设施运营者设定更多、更严的安全保护义务。当违反义务时，其处罚力度与其义务的重要程度成比例。因此，《网络安全法》规定的关键信息基础设施运营者违反网络安全管理义务较一般网络运营者处罚更重。一般网络运营者拒不改正或者导致危害网络安全等后果的，处 1 万元以上 10 万元以下罚款，对直接负责的主管人员处 5000 元以上 5 万元以下罚款，而对关键信息基础设施运营者则处 10 万元以上 100 万元以下罚款，对直接负责的主管人员处 1 万元以上 10 万元以下罚款。

十四、关键信息基础设施运营者采购网络产品和服务为何要国家安全审查？

关键信息基础设施运营者采购网络产品和服务对关键信息基础设施供应链安全、国家安全等可能产生影响，对这类关键信息基础设施采购的产品和服务应当由国家网信部门会同国务院有关部门组织严格的国家安全审查。

【阐释】可能影响国家安全的关键信息基础设施采购应进行国家安全审查

国家对可能影响国家安全的关键信息基础设施采购实行国家安全审查制度。运营者应当优先采购安全可信的网络产品和服务；采购网络产品和服务可能影响国家安全的，应当按照国家网络安全规定通过安全审查。我国已经建立国家安全审查制度和机制，对影响或者可能影响国家安全的外商投资、特定物项和关键技术、网络信息技术产品和服务、涉及国家安全事项的建设项目，以及其他重大事项和活动，进行国家安全审查，有效预防和化解国家安全风险。根据《中央网络安全和信息化委员会关于关键信息基础设施安全保护工作有关事项的通知》的精神，电信、广播电视、能源、金融、公路水路运输、铁路、民航、邮政、水利、应急管理、卫生健康、社会保障、国防科技工业等行业领域的重要网络和信息系统运营者在采购网络产品和服务时，应当按照《网络安全审查办法》的要求申报网络安全审查。2022 年 2 月 15 日施行的《网络安全审查办法》规定，对关系国家安全的重要网络产品和服务采购，应当经过网络安全审查，重点评估相关对象或者情形的国家安全风险因素。

关键信息基础设施运营者采购网络产品和服务的，应当预判该产品和服务投入使用后可能带来的国家安全风险。影响或者可能影响国家安全的，应当向网络安全审查办公室申报网络安全审查。对于申报网络安全审查的采购活动，关键信息基础设施运营者应当通过采购文件、协议等要求产品和服务提供者配合网络安全审查,包括承诺不利用提供产品和服务的便利条件非法获取用户数据、非法控制和操纵用户设备,无正当理由不中断产品供应或者必要的技术支持服务等。国家互联网信息办公室会同有关部门成立网络安全审查委员会,负责审议网络安全审查的重要政策,统一组织网络安全审查工作,协调网络安全审查相关重要问题。网络安全审查办公室具体组织实施网络安全审查。网络安全审查办公室设在国家互联网信息办公室,具体工作委托中国网络安全审查技术与认证中心承担。中国网络安全审查技术与认证中心在网络安全审查办公室的指导下,承担接收申报材料、对申报材料进行形式审查、具体组织审查工作等任务。

网络关键信息基础设施运营者采购网络产品和服务的审查属于国家安全审查,不同于一般的网络关键设备和安全专用产品的安全认证和安全检测,只有对于影响或者可能影响国家安全的网络关键信息基础设施,才启动向网络安全审查办公室申报网络安全审查。网络安全审查旨在维护我国关键信息基础设施供应链安全,对于保障和提升国家关键信息基础设施供应链安全和维护国家安全具有重要作用。审查的重点不仅包括产品和服务的安全性,同时审查是否存在影响国家安全的因素,是否可能带来国家安全风险。根据《网络安全审查办法》的规定,审查主要包括:产品和服务使用后带来的关键信息基础设施被非法控制、遭受干扰或者破坏的风险;产品和服务供应中断对关键信息基础设施业务连续性的危害;产品和服务的安全性、开放性、透明性、来源的多样性,供应渠道的可靠性以及因为政治、外交、贸易等因素导致供应中断的风险;产品和服务提供者遵守中国法律、行政法规、部门规章情况;核心数据、重要数据或者大量个人信息被窃取、泄露、毁损以及非法利用、非法出境的风险;上市存在关键信息基础设施、核心数据、重要数据或者大量个人信息被外国政府影响、控制、恶意利用的风险,以及网络信息安全风险;其他可能危害关键信息基础设施安全、网络安全和数据安全的因素。

通常情况下,申报网络安全审查的时间为关键信息基础设施运营者与产品和服务提供方正式签署合同前。如果在签署合同后申报网络安全审查,建议在合同中注明此合同须在产品和服务采购通过网络安全审查后方可生效,以避免因为没有通过网络安全审查而造成损失。

【示例】网络安全审查制度覆盖至我国拟到国外上市的企业

近年来，我国企业选择到国外证券市场上市融资的情况逐渐增多。以美国为例，2018 年以来每年都有超过 30 家“中概股”企业在美国挂牌上市，约占每年美国新上市公司的 20%。2021 年这一趋势达到高峰，仅 2021 年上半年就有 38 家“中概股”企业在美国上市，而其中具有网络平台属性的互联网企业超过了一半。2021 年 7 月 16 日，国家网信办会同公安部、国家安全部、自然资源部、交通运输部、国家税务总局、市场监管总局等部门联合进驻滴滴出行科技有限公司，开展网络安全审查。这些掌握大量数据的平台在国外上市，可能带来相关网络安全和数据安全风险，危害国家安全。把网络平台运营者赴国外上市纳入网络安全审查是考虑到，一方面，赴国外上市的企业主要来自电商、出行、招聘、教育、物流等重要数据资产的领域，其往往掌握大量国内用户数据，伴随网络平台业务的快速发展和资本的注入，其自身面临的网络安全风险正逐步增大。另一方面，国外证券监管等法律政策及政治环境近年发生了巨大变化，例如，美国 2020 年通过的《外国公司问责法》明确提出了针对我国企业的信息披露要求，越来越详尽的数据披露进一步扩大了企业的数据安全风险，并严重威胁我国国家安全。为了应对日趋严峻的网络安全形势，网络安全审查制度必须与时俱进。

【警示】筑牢国家安全屏障需要运营者履行安全审查义务

网络安全审查坚持防范网络安全风险与促进先进技术应用相结合，过程公正透明与知识产权保护相结合，事前审查与持续监管相结合，企业承诺与社会监督相结合，从产品和服务以及数据处理活动安全性、可能带来的国家安全风险等方面进行审查。关键信息基础设施运营者采购网络产品和服务，网络平台运营者开展数据处理活动，影响或者可能影响国家安全的，应当按照规定进行网络安全审查。运营者采购可能影响国家安全的网络产品和服务，未按照国家网络安全规定进行安全审查的，由国家网信部门等有关主管部门依据职责责令改正，处采购金额 1 倍以上 10 倍以下罚款，对直接负责的主管人员和其他直接责任人员处 1 万元以上 10 万元以下罚款。

十五、关键信息基础设施运营者采购网络产品和服务应履行哪些安全保密义务?

建设和维护关键信息基础设施,向供应商采购相关产品和服务时,也会面临产品和服务的供应链风险。关键信息基础设施的运营者采购网络产品和服务,应当按照有关规定与提供者签订安全保密协议,

【阐释】采购网络产品和服务的保密协议

为了避免关键信息基础设施的运营者采购网络产品和服务的安全风险,维护关键信息基础设施安全持续有效运行,《网络安全法》规定,关键信息基础设施的运营者采购网络产品和服务应当按照有关规定与提供者签订安全保密协议,旨在通过安全保密协议确定其各自的义务与责任。安全保密协议的主要内容包括:对网络产品和服务提供情况的保密;对网络产品和服务技术细节的保密;对获取关键信息基础设施的运营者重要和敏感信息的保密。具体操作程序为:一是关键信息基础设施的运营者应当慎重选择网络产品和服务的供应商,加强对所采购网络产品和服务的企业的资质资信审查,保证其具有合法的资质;二是应当按照规定与供应商签订保密协议,明确供应商的安全义务、保密义务及不履行义务应承担的责任;三是应当监督供应商进行设备安装、测试、检测、维修、安全维护等方面的活动,留存操作记录,保证供应商按照协议的规定履行安全和保密义务。《关键信息基础设施安全保护条例》对此也作了规定,并提出了关键信息基础设施的运营者对网络产品和服务提供者的监督职责。

网络产品和服务供应链安全风险在当前日趋严峻的网络安全形势下日显突出,一旦出现问题会给关键信息基础设施带来严重危害。明确网络产品和服务提供者的安全保密义务也是关键信息基础设施运营者的责任。同时,未经国家网信部门、国务院公安部门批准或者负责关键信息基础设施安全保护工作的

部门、运营者授权,任何个人和组织不得对关键信息基础设施实施漏洞探测、渗透性测试等可能影响或者危害关键信息基础设施安全的活动。网信部门、公安机关、保护工作部门等有关部门,网络安全服务机构及其工作人员对于在关键信息基础设施安全保护工作中获取的信息,只能用于维护网络安全,并严格按照有关法律、行政法规的要求确保信息安全,不得泄露、出售或者非法向他人提供。

【示例】信息安全保密协议签订仪式举行①

为进一步规范完善系统开发运维信息安全管理,2020 年 8 月 13 日中央国家机关政府采购中心召集五家技术开发服务公司举行信息安全保密协议签订仪式。签订仪式特别强调各驻场公司要高度重视政府采购信息安全保密工作,加强驻场人员保密教育培训,切实增强驻场人员保密意识,加强内部制度建设和制度约束,规范驻场开发服务人员工作流程,系好信息安全保密的“扣子”,认真落实执行保密规定。

【警示】采购网络产品和服务的安全保密协议应当绝对保密

网络安全风险无处不在,网络攻击比比皆是。这就需要关键信息基础设施的运营者在采购网络产品和服务时注意供应链安全,对涉及核心业务的设备系统或服务应签订安全保密协议,明确提供者的技术支持和安全保密义务与责任,并对义务与责任的履行情况进行监督,按照国家网络安全规定通过安全审查。只有日常运行维护工作到位,及时发现风险隐患或网络攻击的蛛丝马迹,提前紧密结合网络信息系统实际情况,制定应急处置预案流程,并加强人员培训和演练,才能保障关键信息基础设施的运行安全。实践中,有些单位采购网络产品时,没有签订类似协议,对此相关单位及直接负责的主管人员应当警惕。采购网络产品和服务,未按照国家有关规定与网络产品和服务提供者签订安全保密协议的,将由有关主管部门依据职责责令改正,给予警告;拒不改正或者导致危害网络安全等后果的,处 10 万元以上 100 万元以下罚款,对直接负责的主管人员将处 1 万元以上 10 万元以下罚款。

---

① 参见《国采中心举行信息安全保密协议签订仪式》,载中央政府采购网 2020 年 8 月 18 日,https://zycg.gov.cn/freecms/site/zygjjgzfcgzx/gzdt/info/2020/163346.html。

十六、关键信息基础设施有关数据为什么必须在境内存储？

国家安全是一个多领域交叉的综合性安全问题，除重视国土安全、军事安全等传统领域的国家安全外，数据安全也应当受到重视。需要强调的是，关键信息基础设施的运营者在国内运营中收集和产生的个人信息和重要数据应当在境内存储，未经法定部门安全评估，不得存储于境外。

【阐释】重要数据境内存储保障国家安全

关键信息基础设施在建设、运营、使用的过程中会汇集大量的个人信息和涉及国家安全、社会安全、经济安全的重要数据。这些数据如果存储于境外，一方面，关键信息基础设施的运营者对该数据的控制能力将会减弱，使信息安全风险大幅上升；另一方面，我国境内的个人或国家机关依法行使权利和权力时，要查阅、调取、处置这些数据时难度也会上升。数据是国家战略资源，体现于国家安全和网络主权，为了保护关键信息基础设施存储数据的安全，我国《网络安全法》规定，关键信息基础设施的运营者在中华人民共和国境内运营中收集和产生的个人信息和重要数据应当在境内存储。因业务需要，确需向境外提供的，应当按照国家网信部门会同国务院有关部门制定的办法进行安全评估；法律、行政法规另有规定的依照其规定。具体包括：

一是按照《个人信息保护法》的规定，个人信息是以电子或者其他方式记录的与已识别或者可识别的自然人有关的各种信息，不包括匿名化处理后的信息。个人信息的收集、存储、使用、加工、传输、提供、公开、删除等应当具有明确、合理的目的，并应当与处理目的直接相关，采取对个人权益影响最小的方式。任何组织、个人不得非法收集、使用、加工、传输他人个人信息，不得非法买卖、提供或者公开他人个人信息；不得从事危害国家安全、公共利益的个人信息处理活动。国家机关处理的个人信息应当在中华人民共和国境内存储；确需向境外提供的,应当进行安全评估。安全评估可以要求有关部门提供支持与协助。确需向境外提供的,应当通过国家网信部门组织的安全评估;法律、行政法规和国家网信部门规定可以不进行安全评估的,从其规定。

二是根据《数据安全法》的规定,数据是指任何以电子或者其他方式对信息的记录,分为一般数据、重要数据和核心数据。各地区、各部门应当按照数据分类分级保护制度,确定本地区、本部门以及相关行业、领域的重要数据具体目录,对列入目录的数据进行重点保护。目前,我国2018年中国证券监督管理委员会发布了《证券期货业数据分类分级指引》,将典型数据分为数据汇集型会管单位、一般会管单位、行业协会、证券公司、期货公司、基金管理公司6种组织类型的典型数据分类分级模板。2020年工业和信息化部办公厅出台了《工业数据分类分级指南(试行)》,根据不同类别工业数据遭篡改、破坏、泄露或非法利用后,可能对工业生产、经济效益等带来的潜在影响,将工业数据分为一级、二级、三级三个级别。一级数据对工业控制系统及设备、工业互联网平台等的正常生产运行影响较小;给企业造成负面影响或直接经济损失较小;受影响的用户和企业数量较少、生产生活区域范围较小、持续时间较短;恢复工业数据或消除负面影响所需付出的代价较小。二级数据易引发较大或重大生产安全事故或突发环境事件,给企业造成较大负面影响,或直接经济损失较大;引发的级联效应明显,影响范围涉及多个行业、区域或者行业内多个企业,或影响持续时间长,或可导致大量供应商、客户资源被非法获取或大量个人信息泄露;恢复工业数据或消除负面影响所需付出的代价较大。三级数据易引发特别重大生产安全事故或突发环境事件,或造成直接经济损失特别巨大;对国民经济、行业发展、公众利益、社会秩序乃至国家安全造成严重影响。2020年中国人民银行发布了《金融数据安全 数据安全分级指南》(JR/T 0197—2020),列出的影响对象包括国家安全、公众权益、个人隐私、企业合法权益等;影响程度从高到低划分为严重损害、一般损害、轻微损害和无损害,与《个人金融信息保护技术规范》(JR/T 0171—2020)关联,将个人金融信息C1、C2、C3三个类别信息分别对应到了二级数据、三级数据和四级数据,直接明确了个人金融信息等字段级的定级指标,将可能对国家安全造成损害的数据定为五级,涉及公众权益数据的定级不低于三级,个人隐私和企业合法权益数据最高定为四级。

重要数据的概念最早出现于2017年国家互联网信息办公室《个人信息和重要数据出境安全评估办法(征求意见稿)》。该办法第17条中规定:“重要数据,是指与国家安全、经济发展,以及社会公共利益密切相关的数据。”2019年信息安全国家标准研究项目《重要数据识别指南》项目组代表在全国信息安全标准化技术委员会大数据安全标准特别工作组会议上重点介绍了对“重要数据”基本分类等方面的内容。“重要数据”的范围可参照《数据安全法》的规定，关系国家安全、国民经济命脉、重要民生、重大公共利益等的数据属于国家核心数据，实行更加严格的管理制度。2022 年全国信息安全标准化技术委员会发布的《信息安全技术　重要数据识别指南（征求意见稿）》规定，重要数据是以电子方式存在的，一旦遭到篡改、破坏、泄露或者非法获取、非法利用，可能危害国家安全、公共利益的数据。重要数据不包括国家秘密和个人信息，但基于海量个人信息形成的统计数据、衍生数据有可能属于重要数据。具备下述因素之一的，属于重要数据：(1) 反映国家战略储备、应急动员能力，如战略物资产能、储备量；(2) 支撑关键基础设施运行或重点领域工业生产，如直接支撑关键基础设施所在行业、领域核心业务运行或重点领域工业生产的数据；(3) 反映关键信息基础设施网络安全保护情况，可被利用实施对关键信息基础设施的网络攻击，如反映关键信息基础设施网络安全方案、系统配置信息、核心软硬件设计信息、系统拓扑、应急预案等情况的数据；(4) 关系出口管制物项，如描述出口管制物项的设计原理、工艺流程、制作方法等的信息以及源代码、集成电路布图、技术方案、重要参数、实验数据、检测报告；(5) 可能被其他国家或组织利用发起对我国的军事打击，如满足一定精度要求的地理信息；(6) 反映重点目标、重要场所物理安全保护情况或未公开地理目标的位置，可能被恐怖分子、犯罪分子利用实施破坏，如反映重点安保单位、重要生产企业、国家重要资产（如铁路、输油管道）的施工图、内部结构、安防等情况的数据，以及未公开的专用公路、未公开的机场等的信息；(7) 可能被利用实施对关键设备、系统组件供应链的破坏，以发起高级持续性威胁等网络攻击，如重要客户清单、未公开的关键信息基础运营者采购产品和服务情况、未公开的重大漏洞；(8) 反映群体健康生理状况、族群特征、遗传信息等的基础数据，如人口普查资料、人类遗传资源信息、基因测序原始数据；(9) 国家自然资源、环境基础数据，如未公开的水情信息、水文观测数据、气象观测数据、环保监测数据；(10) 关系科技实力、影响国际竞争力，如描述与国防、国家安全相关的知识产权的数据；(11) 关系敏感物项生产交易以及重要装备配备、使用，可能被外国政府对我国实施制裁，如重点企业金融交易数据、重要装备生产制造信息，以及国家重大工程施工过程中的重要装备配备、使用等生产活动信息；(12) 在向政府机关、军工企业及其他敏感重要机构提供服务过程中产生的不宜公开的信息，如军工企业较长一段时间内的用车信息；(13) 未公开的政务数据、工作秘密、情报数据和执法司法数据，如未公开的统计数据；(14) 其他可能影响国家政治、国土、军事、经济、文化、社会、科技、生态、资源、核设施、海外利益、生物、太空、极地、深海等安全的数据。

关于数据存储的内容，数据中心企业存储的数据可能是企业自己的数据，也可能是为客户存储保管的数据，但无论是谁的数据，确保这些数据的安全是数据中心企业的主要工作，数据中心企业在数据存储方面需要符合国家标准中的相关要求。例如，根据《云计算数据中心基本要求》（GB/T 34982—2017），云计算数据中心的存储资源池，应能够实现数据的分层存储及数据的生命周期管理；应支持多种数据类型的数据存取；应具备冗余的数据存储能力，并能够实现存储资源的动态调整、数据高可用性、数据迁移、自动精简配置；应支持存储多路径技术；应提供完整性保障机制；应提供本地数据备份能力，宜提供异地数据灾备能力等。根据《数据出境安全评估申报指南（第一版）》的规定："数据处理者向境外提供数据，有下列情形之一的，应当通过所在地省级网信办向国家网信办申报数据出境安全评估：（一）数据处理者向境外提供重要数据；（二）关键信息基础设施运营者和处理100万人以上个人信息的数据处理者向境外提供个人信息；（三）自上年1月1日起累计向境外提供10万人个人信息或者1万人敏感个人信息的数据处理者向境外提供个人信息；（四）国家网信办规定的其他需要申报数据出境安全评估的情形。"该指南作为数据出境安全评估制度的重要组成部分，填补了《网络安全法》《个人信息和重要数据出境安全评估办法》的空白，为个人信息和重要数据的安全评估提供了指引，增强了数据出境安全评估制度的可操作性。

【示例】苹果公司将我国内地用户数据转由我国境内服务器存储

数据存储地也影响着我国执法单位的工作。从2018年2月28日开始，苹果公司遵循我国《网络安全法》的规定，将中国内地用户的iCloud密钥转由中国分公司的服务器存储。与此同时，iCloud服务也将交由中国互联网服务公司"云上贵州"运营，相关数据也将存储于该公司的服务器。然而在此之前，由于密钥存储于美国，中国侦查机关即使是要调取iCloud中国内地用户存储于中国境内的数据资料，也必须通过刑事司法协助程序向美方提出申请。换言之，由于苹果中国分公司并不掌握密钥，无法向中国侦查机关提供存储于中国境内的用户数据。为此，中国侦查机关在未通过司法协助程序而直接向苹果中国分公司调取数据的努力，近年来全部以失败告终。据路透社援引的苹果公司发布的报告显示，从2013年年中到2017年年中，该公司虽然收到了中国有关部门发出的176项数据披露要求，但其一次也没有提供过。

【警示】谨防数据存储流于形式

随着全球各国对数据的越发重视,数据安全成了一个全新的课题。数据安全问题绝非只在中国存在,而是全球共同面临的问题。各国政府逐渐意识到,数据已成为与国家安全和国际竞争力紧密关联的一大要素,对数据安全的认知也从传统的个人隐私保护上升到维护国家安全的高度,其中特别重视本国数据境外存储问题。例如,《2019 美国国家安全与个人数据保护法案》对特别关注企业数据提出严格的本地化存储要求,并禁止特别关注企业将其从美国公民或居民处收集的用户数据存储在美国或和美国签订协议共享数据的国家以外的国家或地区。我国 2022 年 9 月 1 日起实施的《数据出境安全评估办法》要求,数据处理者在与境外接收方订立的法律文件中应当明确约定数据安全保护责任义务。数据存储的本地化实际上就是以数据存储地为标准实现对数据的实质掌控,乃是“数据主权”实现的应有之义,以此作为网络空间主权有效维护的组成部分。一方面,因为现在的数据传输协议大多以加密方式进行,企业可能存在侥幸心理以此方式逃避监管,从而秘密向境外提供数据。另一方面,数据主权可能仅具形式意义,由于我国《网络安全法》及相关法律法规均并未明确禁止外国政府通过该国服务提供者调取存储于中国境内的数据。该国服务提供者如果配合其本国政府的诉求,我国有关部门可能无法保护数据安全。重要数据聚焦于国家安全,包含分布在商业企业系统中的信息,不包括个人信息及国家秘密信息。但要关注重要数据与国家秘密信息的联系与区别,重要数据在敏感性上要弱于国家秘密信息,但更要考虑数据汇聚、整合、分析后的安全风险。根据《数据安全法》的规定,关键信息基础设施的运营者在中华人民共和国境内运营中收集和产生的重要数据的出境安全管理,适用《网络安全法》的规定;其他数据处理者在中华人民共和国境内运营中收集和产生的重要数据的出境安全管理办法,由国家网信部门会同国务院有关部门制定。违反上述规定向境外提供重要数据的,由有关主管部门责令改正,给予警告,可以并处 10 万元以上 100 万元以下罚款,对直接负责的主管人员和其他直接责任人员可以处 1 万元以上 10 万元以下罚款;情节严重的,处 100 万元以上 1000 万元以下罚款,并可以责令暂停相关业务、停业整顿、吊销相关业务许可证或者吊销营业执照,对直接负责的主管人员和其他直接责任人员处 10 万元以上 100 万元以下罚款。

十七、向境外提供关键信息基础设施有关数据应履行什么手续？

跨境数据的获取和使用对于数字时代的经济增长来说至关重要，海量的数据流动也能够为经济和贸易活动创造机会，甚至对商品生产、国际贸易产生深刻影响。基于关键信息基础设施运营者跨境业务的需要和网络服务的特点，网络运营者因业务需要可以向境外提供一些数据信息，但应当按照国家网信部门会同国务院有关部门制定的办法进行安全评估。

【阐释】向境外提供数据需经过安全评估

随着大数据时代的来临，关键信息基础设施对社会公共服务以及对经济社会事务的管理起着重要作用。关键信息基础设施汇集了大量的个人信息和涉及国家安全、国防安全、政治安全、经济安全、网络信息安全、生物安全等的重要数据信息。单独数据源的危害可能并不显著，但经数据交叉复现后可能对我国政治、经济产生较大影响。考虑到关键信息基础设施运营者跨境业务的需要和网络服务的特点，我国《网络安全法》强调，因业务需要确需向境外提供的，应当按照国家网信部门会同国务院有关部门制定的办法进行安全评估；法律、行政法规另有规定的，依照其规定。而数据出境安全评估办法则对评估内容、评估程序以及评估责任等作出了具体要求。

数据处理者在申报数据出境安全评估前，应当开展数据出境风险自评估，重点评估以下事项：(1)数据出境和境外接收方处理数据的目的、范围、方式等的合法性、正当性、必要性；(2)出境数据的规模、范围、种类、敏感程度，数据出境可能对国家安全、公共利益、个人或者组织合法权益带来的风险；(3)境外接收方承诺承担的责任义务，以及履行责任义务的管理和技术措施、能力等能否保障出境数据的安全；(4)数据出境中和出境后遭到篡改、破坏、泄露、丢失、转移或者被非法获取、非法利用等的风险，个人信息权益维护的渠道是否通畅等；

(5)与境外接收方拟订立的数据出境相关合同或者其他具有法律效力的文件等是否充分约定了数据安全保护责任义务;(6)其他可能影响数据出境安全的事项。

通过数据出境安全评估的结果有效期为2年,自评估结果出具之日起计算。在有效期内出现以下情形之一的,数据处理者应当重新申报评估:(1)向境外提供数据的目的、方式、范围、种类和境外接收方处理数据的用途、方式发生变化影响出境数据安全的,或者延长个人信息和重要数据境外保存期限的;(2)境外接收方所在国家或者地区数据安全保护政策法规和网络安全环境发生变化以及发生其他不可抗力情形、数据处理者或者境外接收方实际控制权发生变化、数据处理者与境外接收方法律文件变更等影响出境数据安全的;(3)出现影响出境数据安全的其他情形。有效期届满,需要继续开展数据出境活动的,数据处理者应当在有效期届满60个工作日前重新申报评估。

【示例】我国研究机构与境外开展中国人类遗传资源国际合作研究受处罚①

因复旦大学附属华山医院与深圳华大基因科技服务有限公司未经许可与英国牛津大学开展中国人类遗传资源国际合作研究,复旦大学附属华山医院未经许可将部分人类遗传资源信息从网上传递出境,2015年9月7日,科技部发布对复旦大学附属华山医院的行政处罚决定书(国科罚〔2015〕1号)。根据原《人类遗传资源管理暂行办法》(现《人类遗传资源管理条例》)、《中华人民共和国行政处罚法》等有关规定,中国人类遗传资源管理办公室对复旦大学附属华山医院开展的"中国女性单相抑郁症的大样本病例对照研究"国际科研合作情况进行了调查。复旦大学附属华山医院与深圳华大基因科技服务有限公司超出许可范围与境外进行国际合作研究,并将未经许可的部分人类遗传资源信息从网上传递出境。科学技术部根据原《人类遗传资源管理暂行办法》第21条(现《人类遗传资源管理条例》第36条)及《中华人民共和国行政处罚法》的有关规定,作出如下处罚:自复旦大学附属华山医院于接到该处罚决定书之日起立即停止该研究工作的执行,并停止涉及我国人类遗传资源的国际合作,整改验收合格后,再行开展;责令复旦大学附属华山医院销毁该研究工作中所有未出境的遗传资源材料及相关研究数据。

① 参见科技部行政处罚决定书,国科罚〔2020〕2号。

【警示】紧绷数据出境安全这根弦

数据跨境流动不仅仅关乎企业跨境贸易经济利益,而且在很大程度上影响、牵涉国家安全和主权,应充分重视数据跨境流动带来的风险和个人数据保护的重要性。目前,我国存在大量违规收集、贩卖用户数据以及数据泄露现象。这些数据被境外存储、买卖和恶意使用都会将境内用户的人身和财产安全置于危险境地。除此之外,通过对个人数据的整理、分析与加工,进行产品的设计与市场经营,精准定位企业产品与服务,可以带来巨大的商业利益。个人数据在数字经济乃至所有产业中均属于重要资源。个人数据保护的缺失,一方面,可能致使本国数据资源大量流入境外,资源流失会损害本国企业创新动力和经济利益,进而影响本国产业在国际贸易上的竞争力;另一方面,保护水平较高的国家出于对本国居民数据安全的保护,限制本国个人数据流入保护水平较低的国家,使水平较低国家进一步丧失商业机会与利益。各企业、社会组织等主体应当严格遵守我国有关数据出境的规定,对于个人信息出境未经个人信息主体同意,或可能侵害个人利益的不能出境;可能给国家政治、经济、科技、国防等安全带来风险,可能影响国家安全、损害社会公共利益的数据不能出境。任何组织和个人发现数据处理者未按照规定进行评估向境外提供数据的,可以向省级以上网信部门投诉、举报。对不能出境的数据认定上,网信部门、公安部门、安全部门等有关部门可以行使否决权。作为落实具体工作的配套制度,相关管理部门及其职责已经界定得非常清晰,在数据出境的安全评估工作中,网信部门起到统筹协调作用,各个行业主管或监管部门具体组织开展本行业内的数据出境安全评估。企业应紧绷数据出境安全防线意识,积极维护国家和人民的利益与安全,遵守有关数据出境的法律法规规定,切勿为了一己私利,随意泄露涉及国家和人民安全的信息。根据《数据安全法》的规定,未经主管机关批准向外国司法或者执法机构提供数据的,由有关主管部门给予警告,可以并处 10 万元以上 100 万元以下罚款,对直接负责的主管人员和其他直接责任人员可以处 1 万元以上 10 万元以下罚款;造成严重后果的,处 100 万元以上 500 万元以下罚款,并可以责令暂停相关业务、停业整顿、吊销相关业务许可证或者吊销营业执照,对直接负责的主管人员和其他直接责任人员处 5 万元以上 50 万元以下罚款。

十八、对关键信息基础设施开展网络安全检测评估有哪些要求？

为科学、合理地制定针对不同关键信息基础设施的安全保护策略，并为配备的安全保护措施提供依据，对关键信息基础设施开展检测评估，了解系统自身的脆弱性和可能面临的风险，是网络运营者开展关键信息基础设施安全保护应当履行的义务。

【阐释】关键信息基础设施监测评估是运营者的义务

根据《网络安全法》的规定，运营者应当按照相关规范和标准对关键信息基础设施的日常运行、系统风险和数据管理等情况，以及现有安全技术措施应对网络威胁的有效性、安全配置与安全策略的一致性等方面进行监测和评估。如果运营者不具备自行开展网络安全检测的能力，可以委托网络安全服务机构开展此项工作。同时，关键信息基础设施的网络安全保护应当遵循持续改进的原则，贯穿关键信息基础设施的整个生命周期，需要根据安全需求、系统脆弱性、风险威胁程度、系统环境的变化以及对系统安全认识的深化等，及时检查、总结、调整现有的安全策略和保护措施，持续改进网络安全管理体系的有效性。

根据《关键信息基础设施安全保护条例》的规定，运营者设置的专门安全管理机构应当履行“组织推动网络安全防护能力建设，开展网络安全监测、检测和风险评估”的工作职责。其中，在工作频度上，运营者每年应至少进行一次网络安全检测和风险评估；在工作形式上，有能力的运营者可以自行开展检测评估，能力不足的运营者可以委托专业的第三方网络安全服务机构开展检测评估；在结果使用上，既要及时整改发现的安全问题，又要按保护工作部门的要求报送检测评估、安全整改等方面的情况，以便主管监管部门及时掌握风险现状。

【示例】贵州省贵阳市息烽县公安局网络安全大队联合县委网信办开展关键信息基础设施网络安全检查①

2022 年 4 月 22 日至 26 日，贵州省贵阳市息烽县公安局网络安全大队结合市局网络安全支队网络安全隐患排查工作部署，联合县委网信办、县政府办成立检查组，检查组深入息烽县 11 家相关单位，采取实地查看、查阅材料、调看台账等方式，对全县党政机关信息网站及重要工作领域的网络关键信息基础设施进行安全检查。检查组突出工作重点，以网络安全风险要素为切入点，着重检查了网络安全责任制的落实情况，机房基础设施建设、业务系统服务器运行、网络安全设施运转、重要业务数据备份等情况。在检查时，发现存在未落实网络安全保护责任、未制定内部安全管理制度和操作规程的情况，下达了《网络安全监督检查限期整改通知书》1 份。此次关键信息基础设施网络安全检查及时发现了网络安全风险隐患和问题，监督指导网络运营者进行隐患整改，全面落实了网络安全主体责任和保护措施。

【警示】关键信息基础设施安全检测评估不是走过场

习近平总书记在网络安全和信息化工作座谈会上对关键信息基础设施保护和网络安全检查工作做了精辟论述，并要求“要全面加强网络安全检查，摸清家底，认清风险，找出漏洞，通报结果，督促整改”。关键信息基础设施是经济运行的神经中枢，其系统的规模集成、互联使基础设施的脆弱性和安全威胁不再是简单的“线性叠加”，而是面临有组织、高强度攻击的挑战。实现关键基础设施安全可控的核心在于网络安全漏洞的挖掘和发现，当前网络安全漏洞呈现井喷之势，安全检测应当保质、保量进行。违反上述网络关键基础设施安全保护义务的，由有关主管部门责令改正，给予警告；拒不改正或者导致危害网络安全等后果的，处 10 万元以上 100 万元以下罚款，对直接负责的主管人员处 1 万元以上 10 万元以下罚款。开展关键信息基础设施网络安全检查，应从涉及国计民生的关键业务入手，厘清可能影响关键业务运转的信息系统和工业控制系

---

① 参见《息烽县公安局网安大队联合县委网信办开展关键信息基础设施网络安全检查》，载息烽县人民政府网，https://www.xifeng.gov.cn/zwgk/zdlygk/shaq_5741507/202205/t20220516_74074158.html。

统，准确掌握我国关键信息基础设施的安全状况，科学评估面临的网络安全风险，以查促管、以查促防、以查促改、以查促建，同时为构建关键信息基础设施安全保障体系提供基础性数据和参考。

十九、关键信息基础设施的安全保护统筹协调机制有哪些？

关键信息基础设施覆盖面大，面临的安全风险和威胁来自不同方面。有关主管部门建立统筹协调机制，开展安全保护工作，与关键信息基础设施运营者共同应对风险和威胁就显得尤为重要。

【阐释】关键信息基础设施安全保护统筹协作机制

根据《网络安全法》，国家网信部门应当统筹协调有关部门对关键信息基础设施的安全保护措施。统筹协作是关键信息基础设施保护制度的核心，具体而言：

一是对关键信息基础设施的安全风险进行抽查检测，提出改进措施。抽查检测可以由有关部门进行，必要时也可以委托网络安全服务机构进行。国家网信部门应当统筹协调有关部门制定方案，有计划地进行抽查检测，可推行上下级协同检查。部机关相关司局组织开展检查时，要加强与地方工业和信息化主管部门、通信管理局的沟通协调，争取一并开展检查，防范多头反复检查。对"全国性信息网络工程或者国家规定限额以上建设项目的公用电信网、专用电信网、广播电视传输网建设实施监督检查（其中重点是国际通信设施）""设置国际通信出入口检查""主导电信企业互联规程执行情况检查""电信新业务试办情况检查""电信业务经营许可检查"等事项，有关部门可探索实行联合检查，并逐步扩大联合检查事项范围。

二是组织关键信息基础设施运营者进行应急演练。国家网信部门应会同有关部门组织关键信息基础设施运营者进行应急演练，关键信息基础设施的保护工作部门应当按照国家网络安全事件应急预案的要求，建立健全本行业、本领域的网络安全事件应急预案，定期组织应急演练，指导运营者做好网络安全事件应对处置，并根据需要组织提供技术支持与协助。

三是促进关键信息基础设施网络安全信息共享。要建立健全信息共享机制,加快执法信息公示平台建设,逐步实现"一个窗口"公示检查结果等信息,推进数据共享。关键信息基础设施的运营者可以分享网络安全保护的经验,同时借鉴其他运营者的最佳实践,提升其安全保护能力。

四是为关键信息基础设施的应急处置和功能恢复提供支持和协助。按照《国家网络安全事件应急预案》的规定,国家网信部门负责统筹协调国家网络安全事件应对工作,指导协调跨部门、跨地区应急工作。国务院电信主管部门、公安部门、保密部门按职责分工负责相关网络安全事件应对工作,发生网络安全事件后,根据关键信息基础设施网络安全事件的级别启动不同级别的应急响应流程进行组织应对,尽可能快速、高效跟踪、处置与防范,确保网络信息安全。

国家网信部门统筹协调国务院公安部门、保护工作部门对关键信息基础设施进行网络安全检查检测,提出改进措施。有关部门在开展关键信息基础设施网络安全检查时,应当加强协同配合和信息沟通,避免不必要的检查和交叉重复检查。检查工作不得收取费用,不得要求被检查单位购买指定品牌或者指定生产、销售单位的产品和服务。运营者对保护工作部门开展的关键信息基础设施网络安全检查检测工作,以及公安、国家安全、保密行政管理、密码管理等有关部门依法开展的关键信息基础设施网络安全检查工作应当予以配合。

【示例】河南省焦作市武陟县公安局强化关键信息基础设施网络安全检查①

2021 年 6 月 24 日,河南省焦作市武陟县公安局网警大队民警先后深入县人民医院、中裕燃气有限公司、万德热力有限公司、国网电力公司等单位进行网络安全专项检查。检查中,网警大队民警通过听取单位网络安全负责人的汇报、查阅资料、人工测试和设备检测等方式,重点对关键信息基础设施网络安全责任制落实、网络日常安全监管、信息系统基本情况、网络安全技术防护、网络安全应急等情况进行全面检查指导。此次检查工作旨在加快构建关键信息基础设施安全保障体系,摸清全县关键信息基础设施底数,掌握关键信息基础设施风险和防护状况,督促使用单位以查"促建、促管、促改、促防",建立计算机

① 参见《护网 2021:河南焦作武陟县公安局加大全县关键信息基础设施网络安全检查》,载微信公众号"武陟网警"2021 年 6 月 26 日,https://mp. weixin. qq. com/s/4bOJbwRtonvbwfK1DZf2uQ。

数据信息严格、规范管理和存档备份能力机制，建立关键信息基础设施的基础数据和综合分析能力机制，提升网络维护以及安全防护技能和意识，保障关键信息基础设施的安全稳定运行。

【警示】共同保护关键信息基础设施安全需要统筹协作的治理格局

在2018年全国网络安全和信息化工作会议上习近平总书记指出："要提高网络综合治理能力，形成党委领导、政府管理、企业履责、社会监督、网民自律等多主体参与，经济、法律、技术等多种手段相结合的综合治网格局。"经济社会网络化、信息化、数字化和智能化的程度越来越高，我国经济社会的关联性、耦合性、复杂性也越来越高，一个微小的扰动就可能是"一只扇动翅膀的蝴蝶"，沿着复杂的社会网络交织、叠加、传导、互动，导致整体的瘫痪和崩溃，引发系统性危机。关键信息基础设施面临风险的高度不确定性和不可预测性，使其发生和发展演进路径、危害后果往往超越个体和单个组织的理性预判能力，这需要关键信息基础设施保护体系必须将所有的关键信息基础设施有效地统筹协调起来，形成应对系统性风险的韧性。关键信息基础设施作为网络安全的重中之重，其稳定运行影响着国家安全和社会稳定，相关政策必须得到落实。综合治网格局在关键信息基础设施安全保护领域需要通过统筹协调形成"共同保护关键信息基础设施安全"的治理格局，特别是需要行业保护工作部门和相关监督管理部门形成整体性安全保护决策和手段，以适应关键信息基础设施保护的关联性和领域性特征。

第四章
网络信息安全

一、网络运营者应当如何履行用户信息保密义务？

网络运营者在提供网络服务的同时，应当对其收集的用户信息严格保密，并建立健全用户信息保护制度。用户享有信息权益，网络运营者负有建立安全保护制度，并对信息严格保密且不得泄露的义务。

【阐释】网络运营者用户信息保护制度

随着互联网技术的快速发展，网络运营者收集信息功能的不断加强，网络运营者收集、获得用户信息的范围也不断扩张，其掌握的用户信息量陡然增长。当网络运营者未严格保密这些用于接受服务的信息，更有甚者利用这些用户信息投放垃圾短信和广告、拨打骚扰电话甚至实施诈骗等时，用户的信息权将会面临威胁，正常工作、生活将会受到影响。网络运营者作为网络的所有者、管理者和网络服务提供者，需要建立周密的保护制度，确保用户信息得到保护，对用户信息严格保密，防止泄露和被盗。个人信息保护方面也作出了规范。《全国人民代表大会常务委员会关于维护互联网安全的决定》《刑法修正案（七）》《全国人民代表大会常务委员会关于加强网络信息保护的决定》等对损害用户信息安全的违法犯罪行为作出了规制，《网络安全法》《电子商务法》《数据安全法》《个人信息保护法》等进一步细化、强化、深化了网络运营者对用户信息保护的义务和违反义务应当承担的责任。

负有保密义务的网络运营者主要是指电信业务经营者和互联网信息服务提供者。前者包括基础电信业务经营者、增值电信业务经营者和虚拟电信业务经营者。后者包括经营性互联网信息服务和非经营性互联网信息服务。经营性互联网信息服务是指通过互联网向上网用户有偿提供信息或者网页制作等服务活动；非经营性互联网信息服务是指通过互联网向上网用户无偿提供具有公开性、共享性信息的服务活动。网络运营者在提供网络服务时，一是要对其收集的用户信息严格保密。保密的信息不限于自行收集的用户信息,也包括收集过程中获得的用户信息;保密不是一般的保护,而是符合法律法规和技术要求的严格保护。二是应当建立健全用户信息保护制度。用户信息保护制度不仅需要建立,而且还应当健全有效且能够发挥保密的作用,不得存在“纸面上的保护制度”,应当保证提供的网络服务具有严格保密的功能。这就要求网络运营者在内部制度上应当加强对网络信息的保密检查,保证发现泄露后可以及时补救;在人员上,要注意对涉密网络系统管理员等的培训,强化对保密工作队伍的建设;在技术上,需对保密的新技术、新方法及时跟进,及时更新保密的技术性措施。

【示例】周某某诉广东快客电子商务有限公司、东莞市易得网络科技有限公司网络侵权责任纠纷案①

周某某在KK馆App上购买了迪奥女士Q版香水四件套商品一份。KK馆是由广东快客电子商务有限公司(以下简称快客公司)委托东莞市易得网络科技有限公司(以下简称易得公司)开发并由快客公司经营的一款购物App。周某某收到上述商品,因怀疑是假货,在KK馆App上向在线客服申请退货,在线客服答复周某某称保税直邮商品暂不提供无理由退换货服务。随后,周某某接到号码为136××××5370的电话,一自称为KK馆“售后楚楚”的客服人员联系周某某,并提出与周某某互加微信。当日21时8分,周某某在微信上添加了“售后楚楚”,“售后楚楚”将周某某在KK馆App上的购物详情(包括快递单号、收货人手机号、收货地址、订单创建时间、订单付款时间、订单发货时间、订单完成时间、订单支付方式、订单支付号、用户账号、商品名称、金额)截图发送给周某某,并发送了退款链接给周某某。周某某点击进入“售后楚楚”发送的退款链接,并将姓名、卡号、动态密码发送给了“售后楚楚”。21时29分,周某某的银行账户中被转走49,990.96元。周某某意识到被骗,于22时拨打“110”报警。一审庭审中,周某某称公安部门对其报警并未立案处理。

就该案而言,犯罪嫌疑人正是利用了快客公司网购平台上周某某的购物详细信息,才得以对周某某实施诈骗。根据《网络安全法》第40条的规定,网络运营者应当对其收集的用户信息严格保密,并建立健全用户信息保护制度。快客公司作为网络运营者未能履行保护用户信息的义务,对周某某造成的损失有一

① 参见深圳市中级人民法院民事判决书,(2019)粤03民终3954号。

定的过错。另外,作为具有完全民事行为能力的成年人,周某某在进行网络购物时,应当具备适当的安全防范意识。而该案中,周某某每次登录KK馆App,都会弹出如下温馨提示:"如有电信诈骗不法分子以'物流丢件或商品问题向顾客退款索要银行账户等信息'请不要随意相信以免上当受骗。请您把电话拉黑,若有任何问题请联系KK馆在线客服或致电40005223××。"而且,周某某在KK馆App的在线客服已经答复不提供无理由退换货服务的情况下,轻信陌生人通过电话和微信给出的信息真实性,将户名、银行账号甚至手机动态密码发送给"售后楚楚",显然具有疏忽大意的过失,对因此导致的自身财产损失,应当自行承担一定的后果。

【警示】构筑用户信息的安全港

网络运营者在提供网络服务时应当对其收集的用户信息严格保密,而用户在使用网络服务时也应当高度注意网络运营者官方告知的联系通道和反诈提示,以免因疏忽大意造成个人信息泄露。在周某某诉快客公司、易得公司网络侵权责任纠纷案中,快客公司未严格保密周某某的购物信息,使周某某的信息被不法分子掌握,应当承担相应的法律责任。但周某某若能够保持充分的警醒,也不会造成个人财产损失的后果。国家对公民个人信息保障给予了深切关注,网络运营者必须履行对收集的用户信息严格保密的义务,保障网络空间和秩序的安全,用户也应始终小心和谨慎地行走于虚拟世界,不要轻信索要个人信息的电话、短信等,防止受到违法犯罪行为的侵害。公民的信息权受到侵害时,可以及时举报并告知网络运营者,避免信息侵犯范围的扩散。

二、网络运营者收集、使用个人信息应遵循何种原则?

大数据时代,个人信息的收集、使用变得十分普遍。网络运营者应基于必要原则依法、正当收集、使用个人信息,公开收集、使用规则,明示收集、使用信息的目的、方式和范围,避免个人信息脱离信息主体的控制而遭遇滥用。

【阐释】合法、正当和必要是收集、使用个人信息的原则

网络运营者的技术优势造成了其与用户之间的信息不对称。为了保护处于弱势地位的用户的信息自治,法律对网络运营者收集、使用个人信息的行为作出了限制,要求其合法、正当而且必要,不得违反“合法、正当、必要”原则。

合法原则的核心是网络运营者对信息的收集和使用必须依法进行,不仅要有法律依据,而且不得违背法律的原则。具体而言,在主体上,收集、使用个人信息的主体应属于法律授权的网络运营者,其拥有收集、处理个人信息的资格;在内容上,网络运营者收集个人信息的范围属于其职责或合法的业务范围内的必要信息;在依据上,网络运营者需遵循现行有效的法律法规,并在法律法规的权限范围内收集、使用个人信息。

正当原则是对网络运营者收集、使用个人信息的限制。网络运营者应当告知用户其收集、使用规则,确保个人信息主体的知情权,避免因信息不对称造成误解,使用户得以斟酌损益而作出理性的自愿决定。同时,对个人信息的收集与处理经用户的同意而获得正当性,网络运营者还应依照程序获取用户的同意。

必要原则是指网络运营者在信息控制中应当保持其收集数据的数量,数据存储时间,处理、使用、披露数据的范围,数据库的转移或处置等均在提供服务所必需的边界内。其反向判断依据则为收集与其提供的服务无关的个人信息。

2019 年国家互联网信息办公室秘书局、工业和信息化部办公厅、公安部办

公厅、国家市场监督管理总局办公厅印发的《App违法违规收集使用个人信息行为认定方法》规定，“未公开收集使用规则”包括以下行为：(1)在App中没有隐私政策，或者隐私政策中没有收集使用个人信息规则；(2)在App首次运行时未通过弹窗等明显方式提示用户阅读隐私政策等收集使用规则；(3)隐私政策等收集使用规则难以访问，如进入App主界面后，需多于4次点击等操作才能访问到；(4)隐私政策等收集使用规则难以阅读，如文字过小过密、颜色过淡、模糊不清，或未提供简体中文版等。

“未明示收集使用个人信息的目的、方式和范围”主要包括下列行为：(1)未逐一列出App(包括委托的第三方或嵌入的第三方代码、插件)收集使用个人信息的目的、方式、范围等；(2)收集使用个人信息的目的、方式、范围发生变化时，未以适当方式通知用户，适当方式包括更新隐私政策等收集使用规则并提醒用户阅读等；(3)在申请打开可收集个人信息的权限，或申请收集用户身份证号、银行账号、行踪轨迹等个人敏感信息时，未同步告知用户其目的，或者目的不明确、难以理解；(4)有关收集使用规则的内容晦涩难懂、冗长繁琐，用户难以理解，如使用大量专业术语等。

“未经用户同意收集使用个人信息”主要包括下列行为：(1)征得用户同意前就开始收集个人信息或打开可收集个人信息的权限；(2)用户明确表示不同意后，仍收集个人信息或打开可收集个人信息的权限，或频繁征求用户同意、干扰用户正常使用；(3)实际收集的个人信息或打开的可收集个人信息权限超出用户授权范围；(4)以默认选择同意隐私政策等非明示方式征求用户同意；(5)未经用户同意更改其设置的可收集个人信息权限状态，如App更新时自动将用户设置的权限恢复到默认状态；(6)利用用户个人信息和算法定向推送信息，未提供非定向推送信息的选项；(7)以欺诈、诱骗等不正当方式误导用户同意收集个人信息或打开可收集个人信息的权限，如故意欺瞒、掩饰收集使用个人信息的真实目的；(8)未向用户提供撤回同意收集个人信息的途径、方式；(9)违反其所声明的收集使用规则，收集使用个人信息。

“违反必要原则，收集与其提供的服务无关的个人信息”主要包括以下行为：(1)收集的个人信息类型或打开的可收集个人信息权限与现有业务功能无关；(2)因用户不同意收集非必要个人信息或打开非必要权限，拒绝提供业务功能；(3)App新增业务功能申请收集的个人信息超出用户原有同意范围，若用户不同意，则拒绝提供原有业务功能，新增业务功能取代原有业务功能的除外；(4)收集个人信息的频度等超出业务功能实际需要；(5)仅以改善服务质量、提升用户体验、定向推送信息、研发新产品等为由，强制要求用户同意收集个人信息;(6)要求用户一次性同意打开多个可收集个人信息的权限,用户不同意则无法使用。

2021 年 3 月 12 日,国家互联网信息办公室秘书局、工业和信息化部办公厅、公安部办公厅、国家市场监督管理总局办公厅印发的《常见类型移动互联网应用程序必要个人信息范围规定》(国信办秘字〔2021〕14 号)将“必要个人信息”界定为“保障 App 基本功能服务正常运行所必需的个人信息,缺少该信息 App 即无法实现基本功能服务。具体是指消费侧用户个人信息,不包括服务供给侧用户个人信息”。针对地图导航类、网络约车类、即时通信类、网络社区类、网络支付类、网上购物类、餐饮外卖类、邮件快件寄递类、交通票务类、婚恋相亲类、求职招聘类、网络借贷类、房屋租售类、二手车交易类、问诊挂号类、旅游服务类、酒店服务类等 39 类常见类型 App 的必要个人信息范围作出规定。例如,网络约车类 App 基本功能服务为“网络预约出租汽车服务、巡游出租汽车电召服务”,必要个人信息包括:注册用户移动电话号码;乘车人出发地、到达地、位置信息、行踪轨迹;支付时间、支付金额、支付渠道等支付信息(网络预约出租汽车服务)。网上购物类 App 基本功能服务为“购买商品”,必要个人信息包括:注册用户移动电话号码;收货人姓名(名称)、地址、联系电话;支付时间、支付金额、支付渠道等支付信息。另外,网络运营者收集、处理个人信息应当公开透明,明确约定收集、使用信息的目的、方式、范围、时限和采取的安全保护措施以及泄露、毁损、丢失用户个人信息的法律责任等,不得利用网络运营者的优势地位限制和侵害公民个人的信息权利。网络运营者收集、使用个人信息“合法”是前提,“正当”是准则,“必要”是关键。

【示例】淘宝软件有限公司诉安徽美景信息科技有限公司不正当竞争纠纷案①

淘宝软件有限公司(以下简称淘宝公司)诉安徽美景信息科技有限公司(以下简称美景公司)不正当竞争纠纷案的焦点之一,是淘宝公司收集并使用网络用户信息的行为是否正当。淘宝公司认为,涉案“生意参谋”数据产品是其在收集网络用户浏览、搜索、收藏、加购、交易等行为痕迹所产生的原始数据基础上,经过分析处理、整合加工而形成的,其收集并使用上述原始数据已按照相关法律规定要求,明示告知并获得用户同意授权,故该数据产品形成过程合

① 参见浙江省杭州市中级人民法院民事判决书,(2018)浙 01 民终 7312 号。

法正当且必要，淘宝公司对此享有合法权益。美景公司认为，淘宝公司未经淘宝商户及淘宝软件用户同意，私自抓取淘宝商户或淘宝软件、天猫用户的相关信息，侵犯了用户个人隐私以及商户经营秘密，具有违法性。该案中，淘宝公司作为淘宝网的服务提供者，在网络上已公示了《淘宝平台服务协议》与淘宝隐私权政策，淘宝隐私权政策宣示了收集、使用用户信息的目的、方式、范围，其收集、使用各类网络用户信息与所提供的服务能相互对应，符合“必要与最少限度”的要求。同时淘宝隐私权政策提示会根据用户浏览及搜索记录、设备信息、位置信息、订单信息，提取浏览、搜索偏好与行为习惯等特征，基于特征标签进行间接人群画像并展示，且明确告知用户如果拒绝提供相关信息，可能无法使用相应的服务，或者无法展示相关信息，但不影响使用淘宝网浏览、搜索、交易等基本服务，提示了用户的选择权。此外，淘宝公司在淘宝隐私权政策中有以下承诺：“如果我们将非个人信息与其他信息结合用于识别特定自然人身份，或者将其与个人信息结合使用，则在结合使用期间，这类非个人信息将被视为个人信息，除取得您授权或法律法规另有规定外，我们会将该类个人信息做匿名化、去标识化处理。”由此可见，淘宝隐私权政策所宣示的用户信息收集、使用规则在形式上符合“合法、正当、必要”的原则要求。经审查，“生意参谋”数据产品中可能涉及的用户信息种类均在淘宝隐私权政策已宣示的信息收集、使用范围之内，其中“生意参谋”数据产品所展示的商户经营信息均为商户在淘宝服务平台上已自行公开的信息，未发现淘宝公司有违反其所宣示的用户信息收集、使用规则的行为。

【警示】收集、使用个人信息需坚持必要、主动、明示、授权原则

网络运营者收集、使用个人信息应遵守《网络安全法》及其他法律、行政法规的规定，遵循合法、正当、必要的原则，不得利用个人信息实施违法活动，不能不计手段和方式收集个人信息。网络运营者收集、使用用户信息的目的、方式和范围与所提供的服务应当相互对应，且必须向信息主体明示，保障信息主体的知情权与自主的选择权。淘宝公司诉美景公司不正当竞争纠纷案中，《淘宝平台服务协议》及淘宝隐私权政策表明了其对收集、使用用户信息的范围及用途进行了告知，在用户享有知情权及选择权的基础上，经用户同意而实施收集、使用行为。同时，淘宝公司将非个人信息与其他信息结合用于识别特定自然人身份时，采取了匿名化、去标识化处理，符合《个人信息保护法》第 51 条第 3 项的规定，个人信息处理者应当根据个人信息的处理目的、处理方式、个人信息的

种类以及对个人权益的影响、可能存在的安全风险等，采取相应的加密、去标识化等安全技术措施确保个人信息处理活动符合法律、行政法规的规定，并防止未经授权的访问以及个人信息泄露、篡改、丢失。因此，淘宝公司“生意参谋”数据产品收集、使用个人信息的行为符合合法、正当、必要原则。若网络运营者基于技术优势对用户的个人信息产生了威胁，则《网络安全法》为其设定的收集、使用信息的原则是国家通过“看得见的手”对技术的扩张予以干预而实现权利保障。网络运营者要意识到，除非必要，除非主动，除非明示，除非授权，否则，对于任何滥用用户个人信息的行为都要承担相关的责任；公众应当明确，自己是参与者，是消费者，是监督者。如果网络运营者、网络产品或者服务的提供者违反前述义务，侵害个人信息权益，应当接受法律的处罚。处罚的力度根据情节严重程度作出了梯度的区分。情节严重包括多次实施上述违法行为、违法收集使用用户个人信息数量众多、经主管部门责令仍拒不改正等情形。在警告、没收违法所得和罚款的基础上，情节严重的可以并处责令暂停相关业务、停业整顿、关闭网站、吊销相关业务许可证或者吊销营业执照。在处罚单位的同时，可以一并处罚直接负责的主管人员和其他直接责任人员，将行政处罚的震慑效果直达行为人，罚款为 1 万元以上 10 万元以下。《数据安全法》第 45 条规定，对于拒不改正或者造成大量数据泄露等严重后果的，罚款 5 万元以上 20 万元以下；《个人信息保护法》则规定情节严重的，罚款金额为 10 万元以上 100 万元以下。罚款区间的提升与处罚力度的加大体现了侵犯个人信息权益的社会危害性在逐步增强，国家对侵害个人信息权益的治理正在强化。《网络安全法》规定了具体的处罚措施：在财产方面，剥夺了不法分子的违法所得，维护了正当的财产秩序，防止网络运营者因违法而获益；同时对其处以罚款，增强了控制和预防贪利性违法行为的作用；情节严重的，应当责令暂停相关业务、停业整顿、关闭网站、吊销相关业务许可证或者吊销营业执照，使其无法继续实施违法犯罪行为，可以实现特殊预防的效果。

三、网络运营者不得收集何种个人信息？

网络运营者收集、使用个人信息要以法律、行政法规为依据，不得收集与其提供的服务无关的个人信息，不得违反法律、行政法规的规定和双方的约定收集、使用个人信息，并应当依照法律、行政法规的规定和与用户的约定，处理其保存的个人信息。

【阐释】网络运营者不得违反与用户间的约定

对网络运营者来说，对用户个人信息的保护不仅体现在运营者收集、处理信息的权利存在边界，采取严密的信息保存技术，防范个人信息泄露风险也是其履行信息保护义务的重要措施。基于网络空间内网络运营者与用户之间的地位不平等，《网络安全法》对网络运营者收集、使用个人信息作出了禁止性规定，确立了收集、使用个人信息的法律红线。网络运营者收集、使用个人信息不得违反法律、行政法规的规定，也不得违反基于法律、行政法规制定的规范性文件。同时，网络运营者收集个人信息应当限于实现处理目的的最小范围，不得收集与其提供的服务无关的个人信息，不得超越网络运营必需的范围。网络运营者应当以法律、行政法规以及运营者与用户之间的“法锁”为依据处理个人信息，严格落实“过度禁止”的要求。目前，有些 App 存在非法获取、超范围收集、过度索权等侵害个人信息的现象。网络运营者只有在具有收集公民个人信息必要性的前提下，才能依照约定实施收集处理行为。约定是网络运营者与用户意思表示一致的产物，是网络服务合同的基础。在契约自由原则下，只要约定不违反法律、行政法规的强制性规定，不违背公序良俗，就应按双方约定处理。用户与网络运营者的约定是用户对个人信息行使支配权的过程，也是网络运营者处理个人信息的行为准则。

【示例】陈某某、饶某等侵犯公民个人信息案[①]

被告人周某某、杨某某经商议，决定成立杭州鼎高网络科技有限公司。由被告人杨某某组织、安排被告人闻某某、饶某、陈某某、张某等技术人员研发金优品分期购物商城和金鼎云系统，并在金优品分期购物商城的基础上，通过更换名称和标识等方式研发“乐享白卡”“清风花”等衍生产品。其中金优品分期购物商城及其衍生产品被用于非法获取公民个人信息，金鼎云系统被用于非法出售公民个人信息。被告人闻某某、饶某、陈某某、张某明知金优品分期购物商城及其衍生产品、金鼎云系统系用于非法获取、出售公民个人信息，仍根据杨某某等人的要求参与研发，并根据运营部人员要求对系统进行修改、维护。其中被告人陈某某负责金优品分期购物商城及其衍生产品的后端代码编写，将非法获取的公民个人信息推送到金鼎云系统。被告人张某负责金鼎云系统的前端代码编写，展示金鼎云系统的客户界面。被告人闻某某、饶某负责金鼎云系统的后端代码编写，将陈某某推送过来的公民个人信息接收汇总到金鼎云系统，并对信息进行去重、筛选，饶某还负责编写出售公民个人信息的计费代码。截至案发，被告人周某某、杨某某、闻某某、饶某、陈某某、张某等非法收集公民个人信息220万余条。

法院认为，被告人周某某、杨某某、张某在未取得电信业务经营许可的情况下，违反相关法律、法规，以分期购物或贷款为诱饵，在互联网上诱骗被害人注册信息，从而非法获取公民个人信息220余万条并出售获利，被告人闻某某、饶某、陈某某、张某明知杨某某等人实施侵犯公民个人信息的行为，仍然为其提供技术支持，违反了《网络安全法》第41条、第44条，根据《最高人民法院、最高人民检察院关于办理侵犯公民个人信息刑事案件适用法律若干问题的解释》第2条的规定：“违反法律、行政法规、部门规章有关公民个人信息保护的规定的，应当认定为刑法第二百五十三条之一规定的‘违反国家有关规定’。”被告人的行为符合刑法及其司法解释关于侵犯公民个人信息罪构成要件之规定，依法应认定为侵犯公民个人信息罪。

① 参见重庆市忠县人民法院刑事判决书，(2019)渝0233刑初205号。

【警示】网络运营者与用户的约定受法律保护

随着我国电子商务与互联网金融的勃兴,互联网逐渐成为消费和金融的重要媒介,用户的个人信息也变成了一种重要的资源。由于在消费和金融领域高发侵害个人信息的违法行为,除《网络安全法》外,《中华人民共和国消费者权益保护法》《个人信息保护法》等法律规范也规定经营者、个人信息处理者不得违背法律、法规及双方约定。当网络运营者违反《网络安全法》第 41 条第 2 款的规定或是其他法律、行政法规,收集与提供服务无关的个人信息,违法、违规、违约处理其个人信息,不仅可能面临着《网络安全法》第 64 条规定的警告、罚款、吊销营业执照等行政处罚,情节严重的,更可能触犯《刑法》第 253 条之一,构成侵犯公民个人信息罪。这一系列法律、法规一同构成了个人信息保护法律体系。陈某某、饶某等侵犯公民个人信息案中,被告人闻某某、饶某、陈某某、张某明知他人实施侵犯公民个人信息的行为,仍然为其提供技术支持,不仅违反了法律、法规的规定,而且情节严重,构成犯罪,受到了《刑法》的严厉打击。违法违规处理个人信息必受严惩,网络运营者与用户的约定受到法律保护,绝不可单方违反。

四、网络运营者收集的个人信息能否向他人提供？

网络运营者不得收集与其提供服务无关的个人信息，不得违反法律、行政法规的规定和双方的约定收集、使用个人信息，应当依照法律、行政法规的规定和与用户的约定，处理其保存的个人信息。网络运营者不得泄露、篡改、毁损其收集的个人信息；未经被收集者同意，不得向他人提供个人信息。

【阐释】未经被收集者同意不得向他人提供个人信息

个人信息权益属于人格权的重要组成部分，网络运营者必须经过用户的同意方可对用户个人信息进行处分。“同意”体现了法律对个人在意思自由的支配下决定自身事务的承认，是对人格尊严和主体性的尊重。经过网络运营者履行告知义务，用户在充分知情的前提下对其收集、使用个人信息作出同意或不同意的意思表示。由于网络运营者向他人提供用户的个人信息对用户个人信息权益影响非常大，因此法律对网络运营者施加了更严格的义务。涉及需要向其他处理者提供个人信息的，网络运营者需告知个人接收方的名称或者姓名、联系方式、处理目的、处理方式和个人信息的种类，并取得个人的单独同意。接收方应当在上述处理目的、处理方式和个人信息的种类等范围内处理个人信息。接收方变更原处理目的、处理方式的，应当依照《个人信息保护法》的规定重新取得个人同意。

“单独同意”是为了避免“一揽子式”的用户授权文本可能导致用户同意不自由的情形。“一揽子同意”，是指对于涉及多个目的、多项个人信息处理的行为，信息处理者只提供了全部同意或全部拒绝的选项，而没有针对每个目的请求单独的同意。比如，App运营者在同一个同意请求中，请求信息主体为直接营销目的以及为关联公司共享数据之目的，授予同意。信息处理者将两个独立的处理目的混为一谈，没有为信息主体提供“部分同意部分拒绝”的可能性，因此,信息主体的同意缺乏选择的自由。由于向他人提供信息对用户影响程度与"一揽子同意"的提示程度、用户意思表示的自由程度不成比例,因此涉及信息转移的不同情形下必须获取用户的单独同意。

关于是否经过用户同意的判断标准,《App违法违规收集使用个人信息行为认定方法》第5条作出了规定:以下行为可被认定为"未经同意向他人提供个人信息":①既未经用户同意,也未做匿名化处理,App客户端直接向第三方提供个人信息,包括通过客户端嵌入的第三方代码、插件等方式向第三方提供个人信息;②既未经用户同意,也未做匿名化处理,数据传输至App后台服务器后,向第三方提供其收集的个人信息;③App接入第三方应用,未经用户同意,向第三方应用提供个人信息。根据《互联网新闻信息服务管理规定》,通过互联网站、应用程序、论坛、博客、微博客、公众账号、即时通信工具、网络直播等形式向社会公众提供互联网新闻信息服务,应当取得互联网新闻信息服务许可,禁止未经许可或超越许可范围开展互联网新闻信息服务活动。依法负有网络安全监督管理职责的部门及其工作人员,必须对在履行职责中知悉的个人信息、隐私和商业秘密严格保密,不得泄露、出售或者非法向他人提供。如果个人发现网络运营者违反法律、行政法规的规定或者双方的约定收集、使用其个人信息,有权要求网络运营者删除其个人信息;发现网络运营者收集、存储的其个人信息有错误的,有权要求网络运营者予以更正,网络运营者应当采取措施予以删除或者更正。

【示例】电商平台向关联公司提供用户信息被判违法①

拼多多用户吴某在查阅用户协议时发现,电商平台与其内置支付软件的运营主体并不一致,拼多多平台的支付软件为上海付费通公司(以下简称付费通)。于是,吴某打算注销支付账号,却发现无法注销。吴某认为,拼多多在未经其同意的情况下,将其真实身份信息传输给付费通,侵害了其个人信息权益等合法权益。对此,拼多多认为对于案件所涉个人信息处理行为,"征得同意"并非必要条件,吴某主张"未获得有效同意"前提并不成立。相关用户协议对其收集信息的行为、目的有明确约定,且相关界面清晰载明用途,吴某亦主动输入身份信息、自行点击确认按钮,该行为系基于帮助吴某开通支付账户所需,具

① 参见《拼多多向付费通提供用户信息,被判违法!》,载凤凰新闻网2021年12月15日,https://ishare.ifeng.com/c/s/v002Bp4Ssa7rtLtw6wnQ14IYz9NLfd13UN8U4rSsezUT3--A。

有充分合法性基础。付费通则认为获取吴某身份信息是实名认证、开通第三方支付账户所必需,也属于履行法定义务需要,同时取得了吴某授权,相关信息也是由其主动提供的,具有充分的合法性基础,注销账号也并非吴某的法定权利内容,与其个人信息权益没有任何关系。

法院判决认为,根据《App 违法违规收集使用个人信息行为认定方法》《信息安全技术　个人信息安全规范》等相关规定,处理敏感个人信息应获得个人的明示同意,且平台内相关协议也对此作出明确约定。然而拼多多未以任何形式明确或单独告知吴某并取得其同意,仅在相关隐私政策中作出模糊说明,故拼多多的信息处理行为不符合个人信息处理的知情同意原则。根据知情同意原则,若未取得个人同意,即便信息处理者进行了充分、清晰的告知,拼多多处理个人信息的行为也侵害了个人信息权益。付费通收集原告个人信息,不仅未以任何形式告知,更未取得原告同意。在付费通收集原告个人信息的时间点,双方之间还未签订任何协议,甚至在开通服务时令用户误认为收集信息的主体是拼多多,不存在为履行合同必须进行信息处理的情形,有违诚信原则。最后法院还特别指出,拼多多、付费通在开发、设计产品之初,应知其产品存在违法处理用户个人信息的问题,然而为追求商业利益仍上线经营,存在主观过错,故作出上述判决。

【警示】网络运营者未经同意不可向他人提供个人信息

由于网络运营者向他人提供用户个人信息可能会使用户信息权益受到侵害,网络运营者必须提醒用户充分注意,并取得其单独同意。实践中,个人信息处理者可通过单独的“告知同意界面”的交互设计(如单独的弹框)等方式取得个人单独同意。若单独同意事项被安排在一般的授权条款中,关于向他人提供信息的事项,应当适用明确、清晰且突出的方式显示,同时在该条款下设置单独的同意勾选框,不得“概括授权”或“强制授权”。拼多多向付费通提供吴某个人信息,不仅未取得吴某的单独同意,甚至采取在隐私政策中模糊说明的方式使吴某基于错误认识而输入身份信息,点击确认按钮,造成了吴某个人信息权益遭受损害,违反了我国《个人信息保护法》的规定。网络运营者应当严格规范自身的信息处理行为,遵守法律、行政法规的规定,涉及向他人提供个人信息的,应当对用户充分告知,取得用户单独同意。提供行踪轨迹信息,被他人用于犯罪的;知道或者应当知道他人利用公民个人信息实施犯罪,向其提供的;非法获取或者提供行踪轨迹信息、通信内容、征信信息、财产信息 50 条以上的;非法获取或者提供住宿信息、通信记录、健康生理信息、交易信息等其他可能影响人身、财产安全的公民个人信息 500 条以上的，按照《最高人民法院、最高人民检察院关于办理侵犯公民个人信息刑事案件适用法律若干问题的解释》可处 3 年以下有期徒刑或者拘役，并处或者单处罚金；情节特别严重的，处 3 年以上 7 年以下有期徒刑，并处罚金。

五、网络运营者匿名化处理个人信息能否“一匿”了事？

我国实行网络实名制。网络运营者使用经过处理无法识别特定个人且不能复原的信息，无须经过被收集者同意。经匿名化处理的个人信息，因切断敏感数据与个人之间的对应关系，主体信息无法被识别，信息不能被复原，可以不经被收集者同意而使用，但网络运营者仍需要通过隐私风险评估使用匿名化措施充分保护个人信息，防止其遇到新技术、新模型使被处理的信息难以保持匿名化。

【阐释】匿名化处理后的信息不再属于个人信息

随着科技的发展，不少新的应用程序利用指纹、声音、虹膜等生物识别技术，用户不需要记住密码也可以完成认证。这种具有独特性的个人信息不可更改，如果带有此类信息的载体丢失，很可能有人借此实施犯罪，从而很难识别出真实的作案人信息。因此，也必须严格规范这类生物特征识别信息的使用。匿名化处理就属于保护个人信息安全的一种重要措施。《个人信息保护法》第 4 条对个人信息划定了范围，即“个人信息是以电子或者其他方式记录的与已识别或者可识别的自然人有关的各种信息，不包括匿名化处理后的信息”。匿名化是指通过对个人信息的技术处理，使个人信息主体无法被识别或者关联，且处理后的信息不能被复原的过程。匿名化处理措施实现了个人信息的脱敏，完成了个人信息向非个人信息的转化。一方面，个人信息的匿名化可以保障个人信息所有者的隐私权，避免其因信息的利用而遭受困扰。另一方面，个人信息的匿名化又可以充分发挥信息本身的可利用性，以信息开放驱动、以数据为中心的新闻中心、学术研究人员、软件企业家等团体执行有用的数据工作。匿名化后的信息不再属于个人信息的范围，既有利于保护网民个人信息安全，也有利于大数据应用的发展。国家对使用匿名化处理措施始终保持鼓励的立场。

2018 年《关于做好引导和规范共享经济健康良性发展有关工作的通知》第 8 条提出:“督促平台企业运用匿名化、去标识化等技术手段,提高个人信息保护水平,防止信息泄露、损毁和丢失。”2020 年 3 月 6 日,国家市场监督管理总局和国家标准化管理委员会发布了《信息安全技术　个人信息安全规范》(GB/T 35273—2020)。在金融领域,2020 年《中国人民银行关于发布金融行业标准做好个人金融信息保护技术管理工作的通知》规定了“建立个人金融信息脱敏(如屏蔽、去标识、匿名化等)管理规范和制度,应明确不同敏感级别个人金融信息脱敏规则、脱敏方法和脱敏数据的使用限制”。在汽车领域,2021 年《汽车数据安全管理若干规定(试行)》第 6 条规定,国家鼓励汽车数据依法合理有效利用,倡导汽车数据处理者在开展汽车数据处理活动中坚持脱敏处理原则,尽可能进行匿名化、去标识化等处理。

【示例】快递单未匿名化处理被检察机关建议整改

2020 年 6 月 29 日,甘肃省平凉市人民检察院收到群众举报,辖区内多家快递企业的快递单未对用户个人信息采取隐匿化等有效保护措施,直接显示客户姓名、电话号码等个人信息,存在泄露公民个人信息重大隐患。平凉市人民检察院根据上述线索进行初步调查,通过走入快递企业对快递单拍照取证、走访营业网点、询问相关人员等方式,查明辖区各快递企业的快递单均未对收寄人姓名、手机号等采取隐匿措施,也未进行信息安全提醒。办案过程中,平凉市人民检察院与平凉市邮政管理局就完善快递单个人信息保护措施进行磋商,并组织召开听证会,向市邮政局发出诉前检察建议,建议其依法全面履行快递市场安全监督管理职责,督促快递企业采取有效手段保护用户信息安全。市邮政局收到检察建议后,印发了《关于切实做好邮政行业用户信息安全保护的通知》并进行了专项整改,对快递企业负责人集体约谈,要求快递企业规范管理和定期销毁快递运单,杜绝有倒卖用户信息前科的人员从事快递行业,对快递单采取隐匿化技术处理等措施;开展公民个人信息安全法制宣传,对快递员进行用户信息安全培训。①

① 参见《检察机关个人信息保护公益诉讼典型案例》,载最高人民检察院网,https://www.spp.gov.cn/spp/xwfbh/wsfbt/202104/t20210422_516357.shtml#2。

【警示】数据匿名化应防止被“去匿名化”

匿名化处理通过技术手段削弱信息与特定主体的关联程度，降低了数据的敏感性，达到了控制隐私泄露风险和强化数据利用的目的。随着社会信息化、数据化程度的日益加深，社会分工更加细化和明确，我国的匿名化技术逐步完善，其应用场景也更加丰富多元。与此同时，采取匿名化措施的信息处理者也要履行相应安全管理义务，防范去匿名化技术带来的风险。去匿名化的个人信息有可能被用来识别个人身份，再识别所引发的后果很可能是无法挽回的。个人信息处理者在制作匿名化信息时，应当建立严密的安全管理措施，对制作时从个人信息中删除的相关描述、个人识别符号以及采取的处理技术和方法予以保密，以防泄露。

目前许多匿名化数据极易被“去匿名化”，尤其是当多个数据来源有一定程度的重叠的时候，区别一个数据来源和另一个数据来源的任一信息能被用于“去匿名化”。目前的匿名化和数据共享方法可能不足以保护个人隐私或满足数据保护法律法规的要求。因此，企业的数据共享应以匿名化处理为前提，同时应对用户的身份信息数据库进行严格访问权限管理、严格使用者的使用频次和时间，最大限度地控制和降低隐私泄露风险。数据共享在匿名处理手段操作的前提下，使用方应当停止对使用数据的重识别行为。

六、网络运营者采取何种有效措施确保收集的个人信息安全？

网络运营者为用户提供网络服务，除自身不得泄露、篡改、毁损其收集的个人信息以外，还需要采取技术措施和其他必要措施防范他人采用电子侵入等非法手段侵害个人信息。当已经发生个人信息泄露、毁损和丢失时，网络运营者应当积极履行安全风险补救和安全事件报告义务。

【阐释】个人信息安全原则与网络运营者的安全风险补救义务

《网络安全法》禁止网络运营者泄露、篡改、毁损其收集的个人信息，未经被收集者同意，不得向他人提供个人信息，经过处理无法识别特定个人且不能复原的除外。大量个人信息通过公共网络进行传输极易在中途被截取，数据库及内部网络也可能遭黑客侵入，以至于威胁个人信息安全。因此，维护个人信息安全需要事前采用专业的计算机技术、信息安全技术和通信技术等多元手段才能实现，网络运营者也有义务采取技术措施和其他必要措施，确保其收集的个人信息安全，防止信息泄露、毁损、丢失。

在已经发生或者可能发生个人信息泄露、毁损、丢失的情况时，网络运营者应当立即采取补救措施，按照规定及时告知用户，并通知履行个人信息保护职责的部门和个人。通知的内容包括：发生或者可能发生个人信息泄露、篡改、丢失的信息种类、原因和可能造成的危害；个人信息处理者采取的补救措施和个人可以采取的减轻危害的措施；个人信息处理者的联系方式。以上内容使主管部门得以作出准确地分析和判断，便于主管部门检查其合规工作，帮助企业改进安全措施，避免损失的扩大。但个人信息处理者采取措施能够有效避免信息泄露、篡改、丢失造成危害的，个人信息处理者可以不通知个人；履行个人信息保护职责的部门认为可能造成危害的，有权要求个人信息处理者通知个人。

【示例】招聘平台泄露求职者简历遭曝光①

2021年"3·15"晚会报道显示,警方破获了多起不法分子从网络黑市购买大量个人简历信息实施精准诈骗的案件。这些精准的内容往往来自黑市,在各类贴吧、论坛、QQ群里出售招聘平台简历信息的比比皆是。一位卖家表示,只需要支付7元就可以买到一份智联招聘上最新的求职者简历。在记者支付了费用后,不到5分钟卖家便发来一份简历。简历内容详尽,求职者的姓名、性别、年龄、照片、联系方式、工作经历、教育经历等信息一应俱全。卖家甚至还可以根据用户的要求按照年龄、地域、毕业院校等信息对简历进行精准筛选。另一卖家透露,只要在智联招聘注册企业账号就可以大量下载这些简历。在智联招聘网站,根据求职者的学历、工作经验、薪资水平等条件,简历的下载价格分为三个等级,分别是40元、60元和100元。支付后,无须征得求职者同意,简历信息就被瞬间更新,原来隐藏的姓名、联系电话及邮箱地址等关键信息全部显示出来。智联招聘曾经宣称,企业用户不应以任何方式泄露简历信息,但是对于下载后的简历信息,智联招聘却缺乏管理和监测措施,任其流入网络黑市。智联招聘软件虽然不会在搜索结果中公开求职者的姓名和联系方式,而求职者并不知道,只要肯花钱,企业用户就可以毫无限制地下载求职者的个人简历,他们更不知道自己的简历被谁下载,拿去做了什么。

"3·15"晚会曝光了智联招聘平台简历给钱就可随意下载,大量流向黑市的问题后,智联招聘连夜通过官方微博发布声明进行回应,表示将与其他招聘平台联合抵制一切侵犯求职者权益的不法行为。智联招聘称将由企业管理层挂帅进行安全委员会的后续整改工作。在招聘场景中,企业在招聘人才时需要获取用户简历中的联系方式以便进行沟通,但部分不法企业将拿到的用户应聘信息进行转卖导致用户的信息泄露,对该不法行为智联招聘已采取必要措施。

【警示】严防个人信息泄露、毁损、丢失

习近平总书记在2016年4月19日网络安全和信息化工作座谈会上的讲话中提出:"网络安全和信息化是相辅相成的。安全是发展的前提,发展是安全的保障,安全和发展要同步推进。"因此,网络运营者的信息安全义务不仅在

① 参见《智联招聘平台大量简历流向黑市》,载《海南特区报》2021年3月16日,第4版。

《网络安全法》《个人信息保护法》等中占有关键地位，也得到了《民法典》的确认。《民法典》第 1038 条第 1 款规定：“信息处理者不得泄露或者篡改其收集、存储的个人信息；未经自然人同意，不得向他人非法提供其个人信息，但是经过加工无法识别特定个人且不能复原的除外。”我国《网络安全法》对于网络运营者的数据使用、处理行为作出约束，并规定了个人信息泄露、毁损和丢失事件的事前防范与事后补救。智联招聘网络平台未采取必要的事前保护措施引发大量求职者简历泄露，体现了智联招聘作为网络运营者为公众带来求职便利的同时，在个人信息保护方面关注不足，导致用户的个人信息极易被不法分子获得。简历中的信息私密性和准确性极高，能够识别特定的自然人，提升了不法分子锚定被害人的可能性，大大增加了特定自然人的人格尊严以及财产权益遭受损失的风险。这一事件为同类网络平台敲响了警钟，招聘平台应当尽快出台技术措施和补救措施，为求职者筑起个人信息安全的坚固屏障。

七、个人发现违法或者违反双方约定收集、使用其个人信息怎么办？

《网络安全法》对网络运营者保障信息安全的义务作出了规定，同时也赋予了信息主体知晓其个人信息出现错漏时，要求信息处理者删除、更正信息的权利。个人发现网络运营者违法或者违反双方约定收集、使用其个人信息的，有权要求网络运营者删除其个人信息；发现网络运营者收集、存储的其个人信息有错误的，有权要求网络运营者予以更正。《个人信息保护法》规定，自然人死亡的，其近亲属为了自身的合法、正当利益，可以对死者的相关个人信息行使更正、删除的权利；但死者生前另有安排的除外。

【阐释】个人对其信息有删除、更正权

我国《民法典》第 1037 条规定："自然人可以依法向信息处理者查阅或者复制其个人信息；发现信息有错误的，有权提出异议并请求及时采取更正等必要措施。自然人发现信息处理者违反法律、行政法规的规定或者双方的约定处理其个人信息的，有权请求信息处理者及时删除。"《网络安全法》第 43 条规定："个人发现网络运营者违反法律、行政法规的规定或者双方的约定收集、使用其个人信息的，有权要求网络运营者删除其个人信息；发现网络运营者收集、存储的其个人信息有错误的，有权要求网络运营者予以更正。网络运营者应当采取措施予以删除或者更正。"删除权与更正权是在网络运营者违反法律、行政法规的规定或者双方的约定收集、使用其个人信息的情形下，法律赋予信息主体的救济途径。

删除权，是指信息主体享有要求网络运营者无不当迟延地删除其个人信息的权利。删除权的行使一般包括以下情形：(1)处理目的已实现、无法实现或者为实现处理目的不再必要；(2)个人信息处理者停止提供产品或者服务，或者保存期限已届满；(3)个人撤回同意；(4)个人信息处理者违反法律、行政法

规或者违反约定处理个人信息;(5)法律、行政法规规定的其他情形。法律、行政法规规定的保存期限未届满,或者删除个人信息从技术上难以实现的,个人信息处理者应当停止除存储和采取必要的安全保护措施之外的处理行为。

更正权,是指在对个人数据的记录不准确的情况下,数据主体享有要求数据控制者无不当迟延地修改错误数据的权利。现代信息社会中,个人要求更正其负面历史信息并消除因此对自身声誉的不利影响有利于保障人格尊严。同时,也只有确保个人信息的准确性、完整性和及时性,网络运营者才能确保提供服务的质量,并有效维护个人的合法权益。

对于个人删除、更正个人信息的要求,网络运营者应当及时受理并采取措施予以删除、更正。用户行使删除权和更正权对纠正网络运营者的违法、违规、违约行为发挥着重要作用,使个人信息不被继续恶意收集、使用,避免了用户因个人信息不准确、不完整或不具有时效性而在网络运营者的处理活动中遭受权益侵害。

【示例】凌某某诉北京微播视界科技有限公司隐私权、个人信息权益网络侵权案①

被告通过读取其他手机用户通讯录的方式获得原告姓名和手机号码,并在原告注册后向其推荐可能认识的人,被告对原告姓名和手机号码的处理可以分为三个阶段:第一阶段是2019年2月9日前被告通过向其他手机用户申请授权收集并存储了其他手机用户的手机通讯录信息,其中包含原告的姓名和手机号码,此时原告尚未注册使用抖音App,被告未征得原告同意,即使涉案手机号码为加密存储,仍然是在未征得原告同意的情况下对手机号码的处理。第二阶段是2019年2月9日原告使用手机号码注册抖音App时,被告收集并存储了原告注册时提供的手机号码。在这一阶段,原告注册的行为应视为其同意被告收集其手机号码。第三阶段是被告使用原告第二阶段注册使用的手机号码与第一阶段从其他手机用户手机通讯录中收集、存储的手机号码进行匹配,并向原告推荐“可能认识的人”。被告主张该阶段信息处理行为已通过《隐私政策》告知原告。但根据《隐私政策》,其内容为“你使用推荐通讯录好友功能时,在获得你的明示同意后,我们会将你通讯录中的信息进行高强度加密算法处理后,用于向你推荐通讯录中的好友”。该内容应指被告读取原告通讯录后,向原

① 参见北京互联网法院民事判决书,(2019)京0419民初6694号。

告进行推荐,并非从他人通讯录收集原告手机号码并向原告推荐,两种收集方式和推荐逻辑并不完全相同,不能视为后者已经告知并征得原告同意。因此,第三阶段被告对于原告手机号码的处理并未征得原告同意。综上所述,被告于2019年2月9日原告注册抖音App前收集、存储原告姓名和手机号码并使用的行为并未征得原告同意。在原告未注册时,其不存在在抖音App中建立社交关系的可能,被告从其他用户手机通讯录收集到原告的姓名和手机号码后,通过匹配可以知道软件内没有使用该手机号码作为账户的用户,应当及时删除该信息,但被告并未及时删除。直至原告起诉时,该信息仍然存储于被告的后台系统中。该行为超出必要限度,不属于合理使用,构成对原告该项个人信息权益的侵害。信息主体要求网络运营者删除违法收集的个人信息的,无须以构成实际损害为前提。原告要求被告停止使用并删除2019年2月9日前收集、存储的其姓名和手机号码的个人信息,停止使用并删除未经授权收集、存储的其地理位置信息的诉讼请求,有事实基础和法律依据。

【警示】无救济则无权利

我国《网络安全法》《个人信息保护法》对用户的删除权与更正权作出了规定,《民法典》也对此作出了肯定,我国对网络用户个人信息的删除权与更正权构建了较为完整的法律体系。抖音App作为我国目前最大的短视频平台之一,其为了扩大用户规模、提升流量而违法违规收集、使用个人信息的事件时有发生。抖音App在凌某某注册前收集、存储其姓名和手机号码并使用的行为并未征得凌某某同意。凌某某要求抖音App删除未经授权收集、存储的个人信息,是通过行使删除权实现对自己信息权益的救济。有观点认为,目前区块链技术的去中心化、不可篡改、不可删除等特性,与法律赋予个人信息保护的删除、更改要求之间如何协调需要探索,亟须提出个人信息保护中删除权、更正权实现的替代性措施。

八、个人或组织能否获取他人的个人信息？

个人或组织应依据法律法规的有关规定收集、使用他人的个人信息，禁止窃取或者以其他非法方式获取个人信息，禁止非法出售或者非法向他人提供个人信息。

【阐释】不得非法获取、非法出售或向他人提供个人信息

大数据发展和信息社会的建设如火如荼，在这一过程中也产生了侵犯公民个人信息的问题。在司法实践侵犯公民个人信息的案件中，只有极少数是侵犯少量的个人信息，绝大多数案件侵犯个人信息的数量是巨大的，甚至可能达到以万亿计。其中“非法获取公民个人信息”是指违反国家有关规定，通过购买、收受、交换等方式获取公民个人信息。如果违反国家有关规定，“在履行职责、提供服务过程中收集公民个人信息”的，也属于“非法获取公民个人信息”。“非法提供公民个人信息”是指违反国家有关规定向特定人提供公民个人信息，以及通过信息网络或者其他途径发布公民个人信息。“未经被收集者同意”将合法收集的公民个人信息向他人提供的，也属于非法提供公民个人信息，但是经过处理无法识别特定个人且不能复原的除外。如行为人未经权利人同意即将合法收集的其身份、照片、姓名、生活细节等个人信息公布于众。“非法出售公民个人信息”是指非法买卖公民个人信息的行为。那么，信息所有者是否有权出卖个人的身份信息呢？公民个人信息具有社会属性，属于人格权的一部分，人格、身份又具有强烈的人身属性，不能随意买卖。出卖行为虽然不构成犯罪，但具有行政违法性。例如，电商平台禁止网络店铺买卖店铺账号，这种买卖违反了电商平台的合同约定，缺乏正当目的。网上非法买卖公民个人信息的黑色产业链下游便是售假、诈骗等犯罪。购买者之所以要（大量）购买他人注册的店铺账号，正是因为在个人信息买卖产业链中，“叫卖者”在这条黑色产业

链中居于上游,不断寻找愿意出售个人信息的公民注册网络店铺账号,然后再将一整套个人信息,比如,账号注册人的身份证、银行卡等,打包为“产品”,通过“卡商交流群”、交易网站等明码标价转卖给他人,进而被用于售假、诈骗等违法犯罪活动。“叫卖者”通常会让出售人签订《个人信息转让授权书》,即出售人同意购买者使用其身份信息。以非法方式获取个人信息、非法出售或向他人提供个人信息的行为往往具有公共性,于信息安全管理秩序有害,且对个人合法权利、社会和国家利益有损,在民法、行政法、刑法领域均对非法使用个人信息的行为进行了规制,只有如此才能使以个人信息为主要内容的数据在法律保护下安全迅速地收集和流通,进而推动我国信息产业的高质量发展。如果非法获取、出售或者提供公民个人信息,具有下列情形之一的,属于情节严重,则涉嫌侵犯公民个人信息罪:(1)出售或者提供行踪轨迹信息,被他人用于犯罪的;(2)知道或者应当知道他人利用公民个人信息实施犯罪,向其出售或者提供的;(3)非法获取、出售或者提供行踪轨迹信息、通信内容、征信信息、财产信息50条以上的;(4)非法获取、出售或者提供住宿信息、通信记录、健康生理信息、交易信息等其他可能影响人身、财产安全的公民个人信息500条以上的;(5)非法获取、出售或者提供第3项、第4项规定以外的公民个人信息5000条以上的;(6)数量未达到第3项至第5项规定标准,但是按相应比例合计达到有关数量标准的;(7)违法所得5000元以上的;(8)将在履行职责或者提供服务过程中获得的公民个人信息出售或者提供给他人,数量或者数额达到第3项至第7项规定标准一半以上的;(9)曾因侵犯公民个人信息受过刑事处罚或者2年内受过行政处罚,又非法获取、出售或者提供公民个人信息的;(10)其他情节严重的情形。窃取或者以其他非法方式获取、非法出售或者非法向他人提供个人信息,尚不构成犯罪的,由公安机关没收违法所得,并处违法所得1倍以上10倍以下罚款,没有违法所得的,处100万元以下罚款。

公民的个人信息被不法分子非法获取、出售或非法向他人提供后,其私人生活安宁可能受到严重侵扰,甚至还会落入不法分子发来的诈骗信息圈套。有些防范意识薄弱的公民,易因疏忽大意或者轻信不明信息而上当受骗,遭受难以承受的经济损失,身心受到极大的伤害。因此,窃取或者以其他非法方式获取、非法出售或者非法向他人提供个人信息的个人和组织,尚不构成犯罪的,应承担由公安机关没收违法所得,并处罚款的行政责任。一方面,我国《网络安全法》确立了网络运营者、网络产品或者服务的提供者应当承担的个人信息保护义务,对收集、使用个人信息进行严格管控,以有效预防个人信息受到侵害,遏制违法处理个人信息的行为。另一方面,如果网络运营者、网络产品或者服务的提供者违反法律规定的义务，未经他人同意处理个人信息，则通过承担行政责任的方式接受侵害个人信息的严厉惩罚，以充分发挥法律的震慑功能，使违法者付出代价。

【示例】犯罪团伙虚构国家项目套取近 48 万条会员个人信息①

2019 年 12 月至 2020 年 1 月，庞某、邓某某、崔某某、王某某、刘某某、郑某某通过微信组建了以总团队、大队、大区、总监、群为架构梯级的“庞澜团队”。该团队打着“国家项目”旗号，在群内发送虚假宣传信息，以项目落地后发放福利为幌子发展会员，并以参加项目需要提供公民个人信息为由，要求会员提供姓名、身份证号码、家庭住址等公民个人信息。经审查，“庞澜团队”通过该项目共获取近 48 万条公民个人信息。检察机关认为，庞某等 6 人利用互联网非法获取并提供给他人众多公民个人信息的行为，均已违反国家法律规定，侵犯了不特定公民的隐私权，威胁了公民人身安全、财产安全和社会管理秩序，损害了社会公共利益，故请求法院依法追究庞某等 6 人刑事责任的同时，判令其在国家级新闻媒体向社会公众公开赔礼道歉。

福建省顺昌县人民法院审理认为，被告人庞某、邓某某、崔某某、王某某、刘某某、郑某某违反国家有关规定，通过微信发布虚假宣传信息，非法收集公民个人信息的条数均达到情节特别严重，其行为构成侵犯公民个人信息罪。6 名被告人到案后如实供述自己的罪行并认罪认罚。被告人庞某、邓某某、崔某某、王某某、刘某某、郑某某向社会公众非法收集公民个人信息，并提供给“上家”，不仅侵害了众多不特定人的隐私权，还可能对社会大众的人身和财产安全带来重大风险，损害社会公共利益，因此，其在承担刑事责任的同时，还应依法承担民事侵权责任。

【警示】对侵害个人信息零容忍

基于互联网的共享性，信息得以高速流动并产生经济价值，原本零散、偶发的个人信息处理渐成规模，使信息主体被置于前所未有的被操控、侵扰或歧视之境地。2009 年 2 月至 2015 年 10 月，全国法院新收出售、非法提供公民个人信息及非法获取公民个人信息刑事案件 988 起，审结 969 起，生效判决人数

① 参见福建省顺昌县人民法院刑事判决书，(2020) 闽 0721 刑初 218 号。

1415 人。其中,新收出售、非法提供公民个人信息刑事案件 101 件,审结 98 件,生效判决人数 142 人;新收非法获取公民个人信息刑事案件 887 件,审结 871 件,生效判决人数 1273 人。以上数据说明了侵犯个人信息的问题已十分严峻,个人信息安全已经受到了全社会高度关注。2009 年《刑法修正案(七)》增设了侵犯公民个人信息罪,规定了出售、非法提供公民个人信息罪和非法获取公民个人信息罪。我国《民法典》第 111 条规定:“自然人的个人信息受法律保护。任何组织或者个人需要获取他人个人信息的,应当依法取得并确保信息安全,不得非法收集、使用、加工、传输他人个人信息,不得非法买卖、提供或者公开他人个人信息。”《网络安全法》第 44 条对网络领域内个人信息保护问题作出了规定。“庞澜团队”采用欺骗手段非法获取近 48 万条公民个人信息,令人触目惊心。该团伙已经严重违反《民法典》《网络安全法》的规定,并违反刑法构成了犯罪。目前,在司法实践中非法购买、收受公民个人信息从事广告推销等活动的情形也较为普遍。为合法经营活动而非法购买、收受敏感信息以外的公民个人信息,利用非法购买、收受的公民个人信息获利 5 万元以上的,曾因侵犯公民个人信息受过刑事处罚或者 2 年内受过行政处罚又非法购买、收受公民个人信息的,构成侵犯公民个人信息罪情节严重的情形。构成侵犯公民个人信息罪,应依《刑法》第 253 条之一处 3 年以下有期徒刑或者拘役,并处或者单处罚金;情节特别严重的,应处 3 年以上 7 年以下有期徒刑,并处罚金。尚不构成犯罪的,应依《网络安全法》进行行政处罚。实践中,对侵犯公民个人信息的违法犯罪行为进行打击还需贯彻落实法律规定的处罚措施。同时还应当看到,部分公民个人信息保护意识薄弱,为了贪图便宜或者“意外之财”向不法分子提供个人信息。公民需要提高警惕,增强个人信息保护认知,妥善保管个人信息,使用 App 时要使用正版软件,网购要选择正规平台;不要轻易将个人信息告知他人,如快递单、外卖单、火车票、飞机票、保险单等;不要轻易填写各种个人信息,也不要随意在电子设备上授权获取信息。

九、网络安全监管部门及其工作人员应保守哪些信息秘密？

网络安全监管部门及其工作人员必须对在履行职责中知悉的个人信息、隐私和商业秘密严格保密，不得泄露、出售或者非法向他人提供。

【阐释】网络安全监督管理部门及其工作人员的保密义务

为了履行维护国家安全、惩治犯罪、管理经济社会事务等职责，国家机关需要处理大量个人信息，保护个人信息权益、保障个人信息安全是国家机关应尽的义务和责任。由于负有网络安全监督管理职责的部门及其工作人员在履行职责的过程中，不可避免地获取、知悉个人信息、隐私和商业秘密，故国家机关及其工作人员对在履行职责中所知悉的个人信息、隐私和商业秘密应予以保密，这是其应当履行的法定义务。其中，个人信息主要包括以电子或者其他方式记录的与已识别或者可识别的自然人有关的各种信息，不包括匿名化处理后的信息。在刑事认定上，公民个人信息主要包括姓名、身份证件号码、通信方式、住址、账号密码、财产状况、行踪轨迹等。敏感个人信息又包括生物识别、宗教信仰、特定身份、医疗健康、金融账户、行踪轨迹等信息，以及不满 14 周岁未成年人的个人信息。隐私主要是指依法享有不愿公开或不愿让他人(一定范围之外的人)知悉的、不危害社会的个人秘密。如个人的私生活、日记、照相簿、生活习惯、通信秘密、身体缺陷等。商业秘密是指不为公众所知悉、具有商业价值并经权利人采取相应保密措施的技术信息、经营信息等商业信息。有关部门和工作人员在履行职责过程中，为了保障公共安全、防范社会风险而在法定职权范围内获取、知悉个人信息、隐私和商业秘密，因此单纯地获取这些信息并不构成侵权；但未经法律授权的传播信息行为必须禁止，这样才能促使安全保障和隐私保护更加完善。

【示例】政务公开勿忘公民个人信息保护①

浙江省衢州市柯城区检察院在履职中发现,个别行政机关政务公开信息中存在过度公开公民个人隐私问题,包括居民身份证号码、银行卡号、电话号码、户籍地址、家庭成员信息等,有的公示时间竟长达8年。该院通过大数据筛查,梳理出违法公示公民个人信息线索5.24万条次,隐藏着巨大的泄露个人信息风险隐患。在调查收集相关证据的基础上,该院向发布信息的8家行政机关制发公益诉讼诉前检察建议,要求及时依法履行职责,对涉及公民个人隐私的信息进行去标识化处理并建立政务公开个人信息安全审查制度,切实保护公民个人信息安全。8家行政机关在收到检察建议书后十分重视,第一时间对已排查出的5.24万条个人敏感信息进行去标识化处理,对已发布的公开信息进行全面排查并整改,部分单位内部制定信息公开安全审查制度。

为了强化检察建议的监督效果,提高全区范围内政务信息公开的规范性,进一步保护公民个人信息安全,形成监督合力,推动系统治理和综合治理,在2022年的柯城区两会上,浙江省衢州市柯城区政协委员吴海青向大会提交了《关于政府信息公开中应加强对个人信息保护的建议》。提案提交后,大会经法定程序第一时间将该提案交由区政府办公室牵头负责办理,截至2022年4月底,全区50个行政部门、乡镇街道对发布的个人信息累计排查8.39万条,又相继排查出问题信息65条,均已完成整改。随后,区政府办公室下发《关于切实做好政府信息保密审查工作的通知》,要求全区高度重视政府信息公开保密审查工作,进一步完善政府信息公开保密审查规定。

【警示】国家机关应当成为个人信息的捍卫者

在现代信息社会,个人信息的不当利用与扩散已经成为危害公民民事权利的一个社会性问题,对个人信息的保护也成为全球共识。《民法典》第1039条规定,国家机关、承担行政职能的法定机构及其工作人员应对履职过程中知悉的个人信息保密。《刑法》第253条之一第2款规定:“违反国家有关规定,将在履行职责或者提供服务过程中获得的公民个人信息,出售或者提供给他人的,

① 参见范跃红、叶惠琴:《政务公开勿忘公民个人信息保护》,载《检察日报》2022年5月9日,第6版。

依照前款的规定从重处罚。"《政府信息公开条例》第 15 条规定："涉及商业秘密、个人隐私等公开会对第三方合法权益造成损害的政府信息，行政机关不得公开。但是，第三方同意公开或者行政机关认为不公开会对公共利益造成重大影响的，予以公开。"《电子商务法》《个人信息保护法》《数据安全法》等均有类似规定，设置了公权主体的个人信息保护义务和责任。对公权主体行为的规制追求的是有限政府，以法定原则为圭臬，法无授权不可为。因此，对于网络运营商这类私权主体而言，信息主体的许可是其信息获取和处理行为的基本指针，除非法律有例外规定。负有监督管理职责的公权主体，其个人信息处理活动应以法律的授权为准则，即使信息主体同意，若无法律授权，公权主体也不能处理个人信息。基于法律规定的公权主体之信息保密义务，负有监督管理职责的部门及其工作人员必须把握好处理信息的法律边界，对知悉的个人信息、隐私和商业秘密予以保密，未经法律授权不得公开。近年来，一些个人信息泄露事件反映出有些国家机关存在个人信息保护意识不强、处理流程不规范、安全保护措施不到位等问题。浙江省衢州市柯城区部分行政机关的违法公示极易造成个人信息的泄露。检察建议与政协提案应形成监督合力，促进行政机关依法行政，兼顾依法公开政府信息与个人信息安全保障的价值追求，以达到良好的社会效果。网信部门和有关部门的工作人员玩忽职守、滥用职权、徇私舞弊，尚不构成犯罪的，应依法给予处分。

第五章
监测预警
与应急处置

一、如何建立健全网络安全监测预警和信息通报制度？

网络安全事件的频繁发生使得用户合法权益受到了威胁，网络病毒的出现也对网络设施造成了严重的影响。这不仅对网络运营者履行网络安全保障义务提出了挑战，也对我国信息安全化建设提出了新的要求。国家应当建立并实施监测预警和信息通报制度，完善网络安全风险的统筹协调处置机制。

【阐释】监测预警和信息通报制度

国家建立网络安全监测预警和信息通报制度需要网络产品、服务提供者对其产品、服务漏洞履行告知和报告义务，第三方依法向社会发布网络安全信息，以及国家统一发布网络安全监测预警信息。网络产品和服务提供者、第三方和国家构成了我国网络安全漏洞披露的基本体系。国家网信部门应当统筹协调有关部门，加强网络安全信息收集、分析和通报工作，按照规定统一发布网络安全监测预警信息。《关键信息基础设施安全保护条例》第 23 条规定："国家网信部门统筹协调有关部门建立网络安全信息共享机制，及时汇总、研判、共享、发布网络安全威胁、漏洞、事件等信息，促进有关部门、保护工作部门、运营者以及网络安全服务机构等之间的网络安全信息共享。"这就需要从网络空间安全基本保障法高度认识网络安全漏洞披露的重要性，对关键信息基础设施领域予以高度关注。

我国网络安全监测预警和信息通报制度主要包括：(1) 网络安全监测预警。其中网络安全监测预警是指针对网络安全风险采用技术手段进行持续性监测、收集信息，对监测数据以及收集的信息进行科学分析和研判，对可能发生网络漏洞以及入侵、攻击等情况发出紧急信号和报告的机制。(2) 信息通报制度。根据《互联网网络安全信息通报实施办法》，信息通报制度的报送信息分为事件信息和预警信息。事件信息是指已经发生的网络安全事件信息。报送内容包括:(1)事件发生单位概况;(2)事件发生时间;(3)事件简要经过;(4)初步估计的危害和影响;(5)已采取的措施;(6)其他应当报告的情况。预警信息是指存在潜在安全威胁或隐患但尚未造成实际危害和影响的信息,或者对事件信息分析后得出的预防性信息。报送的内容应包括:(1)信息基本情况描述;(2)可能产生的危害及程度;(3)可能影响的用户及范围;(4)截至信息报送时,已知晓该信息的单位/人员范围;(5)建议应采取的应对措施及建议。国家网信部门应当统筹协调有关部门加强网络安全信息收集、分析和通报工作,按照规定统一发布网络安全监测预警信息。负责关键信息基础设施安全保护工作的部门,应当建立健全本行业、本领域的网络安全监测预警和信息通报制度,并按照规定报送网络安全监测预警信息。国家网信部门协调有关部门建立健全网络安全风险评估和应急工作机制,制定网络安全事件应急预案,并定期组织演练。负责关键信息基础设施安全保护工作的部门应当制定本行业、本领域的网络安全事件应急预案,并定期组织演练。网络安全事件应急预案应当按照事件发生后的危害程度、影响范围等因素对网络安全事件进行分级,并规定相应的应急处置措施。

2017 年《公共互联网网络安全威胁监测与处置办法》(工信部网安〔2017〕202 号)规定,工业和信息化部负责组织开展全国公共互联网网络安全威胁监测与处置工作。各省、自治区、直辖市通信管理局负责组织开展本行政区域内公共互联网网络安全威胁监测与处置工作。相关专业机构、基础电信企业、网络安全企业、互联网企业、域名注册管理和服务机构等应当加强网络安全威胁监测与处置工作,明确责任部门、责任人和联系人,加强相关技术手段建设,不断提高网络安全威胁监测与处置的及时性、准确性和有效性。

目前,我国依然面临着较为严重的网络安全风险和隐患,有必要通过网络安全监测和信息通报制度贯彻“早发现、早报告、早处置”的原则,防患于未然,有必要采取技术手段对网络系统进行实时监控从而掌握网络的全面运行情况,及时发现网络安全的风险。网络安全事件预警由高到低依次用红色、橙色、黄色和蓝色分别对应发生或可能发生特别重大、重大、较大和一般网络安全事件的四个等级。为了确保能够协调一致、共同行动,国家网信部门统筹协调有关部门开展网络安全信息收集、分析、通报工作,发布网络安全预警信息。一旦发生网络安全事件,应当立即启动网络安全事件应急预案,对网络安全事件进行调查和评估,要求网络运营者采取技术措施和其他必要措施,消除安全隐患,防止危害扩大,并及时向社会发布与公众有关的警示信息。省级以上人民政府有关部门在履行网络安全监督管理职责中,发现网络存在较大安全风险或者发生安全事件的，可以按照规定的权限和程序对该网络的运营者的法定代表人或者主要负责人进行约谈。网络运营者应当按照要求采取措施，进行整改，消除隐患。因维护国家安全和社会公共秩序，处置重大突发社会安全事件的需要，经国务院决定或者批准，可以在特定区域对网络通信采取限制等临时措施。

【示例】北京市网络与信息安全信息通报中心成立

北京市网络与信息安全信息通报中心作为监测网络安全状况、预警网络安全风险、通报网络安全信息、处置网络安全事件的组织于2017年4月27日成立。同日，第四届首都网络安全日启动。北京市网络与信息安全信息通报中心的成立目的是推动形成以公安机关为核心，政府职能部门、重要行业主管部门为成员，专家组和技术支持单位参加的网络安全通报预警和应急处置体系，以丰富完善国家网络与信息安全信息通报预警体系，弥补网络安全工作中存在的各部门信息通报、资源统筹整合不够等问题。通报中心将建立通报成员单位、网络安全专家、技术支持单位三支队伍，通过通报、会议、报告等工作机制，实现网络安全监测、网络安全通报预警、应急处置和事件调查等功能。

【警示】网络安全监测预警和报告应及时迅速

2016年4月19日，习近平总书记在网络安全和信息化工作座谈会上的讲话中指出："维护网络安全，首先要知道风险在哪里，是什么样的风险，什么时候发生风险，正所谓'聪者听于无声，明者见于未形'。感知网络安全态势是最基本最基础的工作。"网络安全风险因互联网迅速传播而造成影响范围的扩张，不仅损害用户、企业和公共利益，甚至危害关键信息基础设施，进而威胁国家安全。监测预警作为网络安全工作的重要组成部分，是及时感知发现网络安全风险隐患、开展处置应对的重要环节。在网络安全风险蔓延并造成实际危害之前，通过分析网络安全监测所获取的信息并实施风险评估，向有关部门和社会发出警示，便于有关方面及时采取必要措施，防范或者应对针对网络的攻击、侵入、干扰、破坏和非法使用以及网络意外事故，使网络处于稳定可靠运行的状态，保障网络数据的完整性、保密性、可用性。同时，网络安全监测还可推动网络安全相关产业的创新，为提升国家安全反制能力提供重要的技术支持。对网络安全风险进行预警后，还应当及时通报相关风险预警信息。由于网络信息来源广泛、数量庞大，网络安全工作需建立众多部门协调联动的工作机制，明确信息通报的责任主体和通报的内容、对象范围、方式、时限、运作机制等具体事项，只有各部门各司其职，通力协助才能更有效地开展后续的评估、调查、处置等工作。北京市网络与信息安全信息通报中心的成立集中体现了首都贯彻落实《网络安全法》的先进经验，多部门的合作有效驱动了监测预警和信息通报制度的落实，集思广益，群策群力，共同面对网络安全新挑战和新问题，为其他省市树立了良好的榜样。

二、负责关键信息基础设施安全保护的部门应建立哪些网络安全制度？

随着互联网科技的高速发展，国家关键基础设施普遍达到了网络化和信息化。关键信息基础设施关涉一个国家的核心利益，其功能稳定与服务持续对国家安全、社会安宁和经济发展发挥着重要的支撑作用。负责关键信息基础设施安全保护工作的部门，应当建立健全本行业、本领域的网络安全监测预警和信息通报制度，并按照规定报送网络安全监测预警信息。

【阐释】本行业、本领域的网络安全监测预警和信息通报制度

我国对于建立和实施关键信息基础设施网络安全制度的重视程度已经提升到了法律层面，以期关键信息基础设施安全得到严格和有效的防护。负责关键信息基础设施安全保护工作的部门，应当建立健全本行业、本领域的网络安全监测预警和信息通报制度，按照规定报送网络安全监测预警信息。

关键信息基础设施作为网络空间内承载国家安全的重要载体，已成为网络空间安全的“必争之地”。我国关键信息基础设施包括了公共通信和信息服务、能源、交通、水利、金融、公共服务、电子政务等重要行业和领域。由于不同行业具有不同的功能和特点，可能发生的风险种类、有效防范风险的措施也均有所差别，负责关键信息基础设施安全保护工作的部门必须从本行业、本领域的具体实践出发，建立网络安全监测预警和信息通报制度。2018 年 9 月 17 日，国家市场监督管理总局、国家标准化管理委员会批准发布了《信息安全技术 网络安全监测基本要求与实施指南》等国家标准，规定了网络安全监测的基本要求，明确了网络安全监测框架和实施指南，对用户单位的系统和网络安全监测、设备厂商的产品设计和开发以及安全服务厂商的安全监测服务具有重要指导意义和参考价值。同时，可以利用区块链、人工智能、大数据、元宇宙等高新技术，及时收集、汇总、分析各方网络安全信息，组织开展网络安全威胁分析和

态势研判，及时通报预警和处置，实现从安全态势难以掌握到可视化感知、从被动防御到主动对抗的常态化、实战化网络安全综合监测预警。

【示例】水利部门着力建设安全技术体系①

我国水利部门以水利网络安全总体策略为指引，通过安全技术体系建设，不断提升网络安全监测预警能力。在基础防护方面，建设完善统一身份认证服务、统一密码服务、统一备份服务、统一应用安全检测平台、统一数据共享交换平台等统一基础安全服务，构成纵深防御底盘，安全资源共享共用，提升整体安全支撑能力；根据网络安全等级保护的相关要求，在基础安全服务的支撑下，构建“安全物理环境”“安全通信网络”“安全区域边界”“安全计算环境”多层次防护。在监测分析方面，结合自身安全数据，构建安全情报中心；建设安全数据采集系统，对各类安全设备日志、主机日志、应用日志、重要边界网络流量、内外部威胁情报等网络安全相关数据进行统一收集；采用大数据技术，构建网络安全大数据平台，汇集、整理、存储、处理各类安全数据，形成安全数据仓库；在各类安全数据的基础上，构建网络安全威胁感知系统，基于行为分析、特征分析、关联分析、威胁情报、机器学习等技术实现对网络安全威胁的全方位感知。在响应恢复方面，建设网络安全风险全过程闭环管理系统，将安全风险根据影响程度分为不同类别：安全事件、安全告警、安全威胁，根据事先确定的流程，对安全事件、安全告警、安全威胁处置进行全过程闭环管理；建设统一设备管控系统，把应急响应与网络安全设备联动管理，实现阻断、隔离、策略下发等多种动作编排，将威胁防护措施转化成安全策略控制任务，提高全网协防效率，缩短威胁处置时间，提升应急能力。

【警示】关键信息基础设施安全保护不可儿戏

《中华人民共和国国民经济和社会发展第十四个五年规划和2035年远景目标纲要》强调，要建立健全关键信息基础设施安全保障体系，提升网络安全保障和维护国家主权能力。从世界范围来看，各个国家网络安全立法的核心就是保护关键信息基础设施。加强关键信息基础设施安全保护既是我国网络安全

---

① 参见《落实“三化六防”措施　保护水利关键信息基础设施安全》，载人民资讯网2021年11月12日，https://baijiahao.baidu.com/s?id=1716203738775501113&wfr=spider&for=pc。

严峻形势的迫切需要，也是切实贯彻国家安全的必然要求。因此，《网络安全法》要求负责关键信息基础设施安全保护的部门建立并实施分行业、分领域的网络安全监测预警和信息通报制度，切实维护关键信息基础设施安全，全力提升关键信息基础设施安全防护能力。对于水利部门来说，其网络安全保护工作的重点在于水利工程控制系统类关键信息基础设施建设，水利部门积极建设开展安全技术体系的同时，也逐步加强了模拟仿真平台建设，在依托平台开展常态化的攻防培训、应急演练、测试验证等方面作出了积极努力。此外，在分层分类关键信息基础设施治理的基础上，还应关注跨行业、跨部门、跨地区的立体化网络安全监测体系和网络安全保护平台的搭建工作，完善多层次协同应急联动机制和网络安全应急响应机制，进一步增强网络安全态势感知、通报预警和事件发现处置能力。

三、国家网信部门如何开展应急工作？

网络安全监测预警和网络安全重大事件应急处置机制已经成为我国网络空间安全战略部署的重要组成部分。为了保证信息系统安全，层层落实责任，有效预防、及时控制和最大限度地消除各类突发事件的危害和影响，确保信息系统和网络的畅通运行，建立、制定应急工作机制和网络安全事件应急预案、定期组织演练已经成为国家网信部门开展应急工作的中心。

【阐释】应急工作机制和网络安全事件应急预案需要定期组织演练

网络安全涉及部门多、环节多，事件发生突然，特别需要按照“谁主管谁负责、谁运行谁负责”的要求，组织对本单位建设运行的网络和信息系统开展网络安全监测工作，建立“反应灵敏、协调有序、运转高效”的应急机制。为此，《网络安全法》第53条规定：“国家网信部门协调有关部门建立健全网络安全风险评估和应急工作机制，制定网络安全事件应急预案，并定期组织演练。负责关键信息基础设施安全保护工作的部门应当制定本行业、本领域的网络安全事件应急预案，并定期组织演练。网络安全事件应急预案应当按照事件发生后的危害程度、影响范围等因素对网络安全事件进行分级，并规定相应的应急处置措施。”具体而言，我国网信部门应当协调有关部门做好以下工作：一是安全风险评估和应急工作机制的建立，使得各部门处理网络安全事件有所依据，保证各部门协调工作的效益；二是网络安全事件应急预案应当与各行业和各领域的具体实践相结合，更有利于实现有效处置风险的目的；三是应急处理预案应当定期组织演练，加强应急预案实施的熟悉程度，并在演练中发现预案的问题，及时改进。

负责关键信息基础设施安全保护工作的部门应当制定本行业、本领域的网络安全事件应急预案，并定期组织演练，检验和完善预案，提高实战能力。每年应当至少组织一次预案演练，并将演练情况报有关部门。以电信领域为例，《公共互联网网络安全突发事件应急预案》规定：“电信主管部门应当组织开展公共互联网网络安全突发事件应急演练，提高相关单位网络安全突发事件应对能力。基础电信企业、大型互联网企业、域名机构要积极参与电信主管部门组织的应急演练，并应每年组织开展一次本单位网络安全应急演练，应急演练情况要向电信主管部门报告。”组织应急演练时应当开展演练评估。评估的主要内容包括：演练的执行情况，预案的合理性与可操作性，指挥协调和应急联动情况，应急人员的处置情况，演练所用设备装备的适用性，对完善预案、应急准备、应急机制、应急措施等方面的意见和建议等。鼓励委托第三方进行演练评估。

网络安全事件应急预案应当按照事件发生后的危害程度、影响范围等因素进行分级，并规定相应的应急处置措施。根据《国家网络安全事件应急预案》的要求，事件发生后应当立即组织先期处置，控制事态，消除隐患，同时组织研判，注意保存证据，做好信息通报工作。网络安全事件分为有害程序事件、网络攻击事件、信息破坏事件、信息内容安全事件、设备设施故障、灾害性事件和其他事件。有害程序事件分为计算机病毒事件、蠕虫事件、特洛伊木马事件、僵尸网络事件、混合程序攻击事件、网页内嵌恶意代码事件和其他有害程序事件；网络攻击事件分为拒绝服务攻击事件、后门攻击事件、漏洞攻击事件、网络扫描窃听事件、网络钓鱼事件、干扰事件和其他网络攻击事件；信息破坏事件分为信息篡改事件、信息假冒事件、信息泄露事件、信息窃取事件、信息丢失事件和其他信息破坏事件；信息内容安全事件是指通过网络传播法律法规禁止的信息，组织非法串联、煽动集会游行或炒作敏感问题并危害国家安全、社会稳定和公众利益的事件；设备设施故障分为软硬件自身故障、外围保障设施故障、人为破坏事故和其他设备设施故障；灾害性事件是指由自然灾害等其他突发事件导致的网络安全事件；其他事件是指不能归为以上分类的网络安全事件。

根据《信息安全技术　信息安全事件分类分级指南》（GB/Z 20986—2007），对信息安全事件的分级主要考虑信息系统的重要程度、系统损失和社会影响三个要素。（1）信息系统的重要程度主要考虑信息系统所承载的业务对国家安全、经济建设、社会生活的重要性以及业务对信息系统的依赖程度，划分为特别重要信息系统、重要信息系统和一般信息系统。（2）系统损失是指由于信息安全事件对信息系统的软硬件、功能及数据的破坏，导致系统业务中断，从而给事发组织所造成的损失，其大小主要考虑恢复系统正常运行和消除安全事件负面影响所需付出的代价，划分为特别严重的系统损失、严重的系统损失、较大的系统损失和较小的系统损失，说明如下：a）特别严重的系统损失指造成系统大面积瘫痪，使其丧失业务处理能力，或系统关键数据的保密性、完整性、可用性遭到严重破坏，恢复系统正常运行和消除安全事件负面影响所需付出的代价十分巨大,对于事发组织是不可承受的;b)严重的系统损失指造成系统长时间中断或局部瘫痪,使其业务处理能力受到极大影响,或系统关键数据的保密性、完整性、可用性遭到破坏,恢复系统正常运行和消除安全事件负面影响所需付出的代价巨大,但对于事发组织是可承受的;c)较大的系统损失指造成系统中断,明显影响系统效率,使重要信息系统或一般信息系统业务处理能力受到影响,或系统重要数据的保密性、完整性、可用性遭到破坏,恢复系统正常运行和消除安全事件负面影响所需付出的代价较大,但对于事发组织是完全可以承受的;d)较小的系统损失指造成系统短暂中断,影响系统效率,使系统业务处理能力受到影响,或系统重要数据的保密性、完整性、可用性遭到影响,恢复系统正常运行和消除安全事件负面影响所需付出的代价较小。(3)社会影响是指信息安全事件对社会所造成影响的范围和程度,其大小主要考虑国家安全、社会秩序、经济建设和公众利益等方面的影响,划分为特别重大的社会影响、重大的社会影响、较大的社会影响和一般的社会影响,说明如下:a)特别重大的社会影响指涉及一个或多个省市的大部分地区,极大威胁国家安全,引起社会动荡,对经济建设有极其恶劣的负面影响,或者严重损害公众利益;b)重大的社会影响指涉及一个或多个地市的大部分地区,威胁到国家安全,引起社会恐慌,对经济建设有重大的负面影响,或者损害到公众利益;c)较大的社会影响指涉及一个或多个地市的部分地区,可能影响到国家安全,扰乱社会秩序,对经济建设有一定的负面影响,或者影响到公众利益;d)一般的社会影响指涉及一个地市的部分地区,对国家安全、社会秩序、经济建设和公众利益基本没有影响,但对个别公民、法人或其他组织的利益会造成损害。

对于发生或可能发生网络安全事件采用不同的颜色表示:特别重大采用红色表示,重大采用橙色表示,较大采用黄色表示,一般采用蓝色表示。对于初判为特别重大、重大网络安全事件的,立即报告应急管理办公室。特别重大网络安全事件由应急管理办公室组织有关部门和省(区、市)进行调查处理和总结评估,并按程序上报。重大及以下网络安全事件由事件发生地区或部门自行组织调查处理和总结评估,其中重大网络安全事件相关总结调查报告报应急管理办公室。总结调查报告应对事件的起因、性质、影响、责任等进行分析评估,提出处理意见和改进措施。事件的调查处理和总结评估工作原则上在应急响应结束后30天内完成。

【示例】广东省阳江市举办网络安全应急演练[①]

2021年11月17日，阳江市举办网络安全应急演练，进一步检验网络安全快速反应能力和应急处置水平，通过场景演示深化各地各单位对网络安全工作的认识，促进加快构建全市重要信息基础设施安全保障体系。本次应急演练模拟阳江市某医疗机构网站被“黑客”发动网络攻击场景：网站被篡改影响了业务正常开展。该机构迅速启动网络安全事件应急预案，立即对网站系统采取紧急断网措施，网络安全技术人员通过对服务器进行病毒查杀、漏洞修复、安全加固、备份还原等措施有效根除了暴露的风险隐患问题，网站迅速恢复了正常运行。本次演练临时搭建了攻防目标网站，攻守双方采用实操演练的方式，直观展示了常见网络安全事件发生和处置的全过程。演练由阳江市委网信办联合市卫生健康局、中国电信阳江分公司、市中医医院共同举办，旨在进一步增强阳江市各地各单位网络安全防范意识，完善网络安全事件应急预案，提升网络安全监测预警和应急响应能力。据阳江市委网信办相关负责人介绍，接下来将对各地各单位重要网络资产进行全面梳理，强化网络安全风险隐患排查，督促落实网络安全工作责任。

【警示】切实增强应急预案与演练的针对性

网络安全事件是指由于人为原因、软硬件缺陷或故障、自然灾害等，对网络和信息系统或者其中的数据造成危害，对社会造成负面影响的事件。具体可分为以下七类：有害程序事件、网络攻击事件、信息破坏事件、信息内容安全事件、设备设施故障、灾害性事件、其他事件。由于网络安全事件的性质不同，发生后造成的危害程度、影响范围等也不相同，应急预案不仅应当依危害程度、影响范围等多种因素分级，也应结合行业特点而建立，尤其是负责关键信息基础设施安全保护工作的部门更需根据本行业、本领域网络安全工作的要求，制定本行业、本领域的网络安全事件应急预案，对各部门组织体系、应急响应、后期处置、应急保障等方面进行设计。有关部门应当定期组织演练。网络安全事件应急演练是检验关键信息基础设施应对网络安全事件水平和协同配合能力的必要

① 参见刘文婷：《以练筑防提升网络安全应急处置水平　阳江开展网络安全应急演练》，载《阳江日报》2021年11月19日，第2版。

措施。应急演练按照组织形式可以分为桌面推演、模拟演练和实操演练。阳江市举办的网络安全应急演练就属于实操演练。参演人员利用网络与信息系统真实环境模拟突发事件场景,完成判断、决策、处置等应急响应全过程,检验和提高了相关人员的临场组织指挥、应急处置和后勤保障能力。只有制订符合具体实践的应急预案,并定期演练,反馈问题并及时完善,在发生网络安全事件时,才能有条不紊,将损失最小化。

四、省级以上人民政府对网络安全事件发生应采取什么措施？

省级人民政府具有对本行政区域内容易引发特别重大、重大突发事件的危险源、危险区域进行调查、登记、风险评估，组织进行检查、监控，并责令有关单位采取安全防范措施的职责。网络安全事件作为突发事件传播速度极快、影响范围极广，省级以上人民政府应当采取加强监测、风险评估以及安全预警的措施进行有效应对。

【阐释】强化监测、风险评估和安全预警

随着黑客团体和网络恐怖组织等非国家行为体的网络空间破坏力日益显现，各类网络攻击技术的持续升级和应用，世界各国面临的网络安全挑战将不断加剧。当网络安全事件发生的风险增大时，省级以上人民政府有关部门应当按照规定的权限和程序，并根据网络安全风险的特点和可能造成的危害，采取相应措施：

第一，要求有关部门、机构和人员及时收集、报告有关信息，加强对网络安全风险的监测。加强监测，主要是加强对数据的监测。数据是各类智能防控系统的底层逻辑，有关部门、机构、人员应当收集、报告尽可能多的相关信息，依托“代码、算法、软件、系统”的分析环节，指向精准干预的结果输出环节。这样便于省级以上人民政府有关部门掌握网络安全风险的特点，确定监测的配备、频率和强度，必要时将监测系统配备网络数据流跟踪功能，让其运行于有敏感数据保护需要的网络上，对敏感信息进行有效过滤，实时监视网络上的数据流，有效地分析网络通信会话轨迹。

第二，组织有关部门、机构和专业人员，对网络安全风险信息进行分析评估，预测事件发生的可能性、影响范围和危害程度。省级以上人民政府有关部门应当及时开展组织工作，对前述信息进行全方位的分析和评估，进而对网络

安全事件的发生与否、影响范围、持续时间等作出预判，并为积极应对网络安全事件的措施制定提供支持。

第三，向社会发布网络安全风险预警，发布避免、减轻危害的措施。发生网络安全事件，省级以上人民政府有关部门应当立即启动网络安全事件应急预案，根据风险评估结果，可依照预警系统中威胁数据库及其他特征代码库（包括黑客数据库、病毒特征代码库、攻击信息代码库等），通过分析原始数据的媒介，找出原始数据进行分析，并可以对潜在的威胁或将要发生的攻击向社会发布安全预警，警示信息应当做到统一、及时、准确，避免社会公众误解，同时应开展网络安全知识的宣传，告知社会公众相关网络安全知识，使受到网络安全事件波及或者影响的公众及时采取有效消除安全隐患的措施，避免损失的扩大。

【示例】公共互联网网络安全突发事件应急预案

2017 年 11 月，工业和信息化部印发的《公共互联网网络安全突发事件应急预案》明确了事件分级、监测预警、应急处置、预防与应急准备、保障措施等内容。预案自印发之日起实施。工业和信息化部根据社会影响范围和危害程度，将公共互联网网络安全突发事件分为四级：特别重大事件、重大事件、较大事件、一般事件。其中全国范围大量互联网用户无法正常上网、.CN 国家顶级域名系统解析效率大幅下降、1 亿以上互联网用户信息泄露、网络病毒在全国范围大面积爆发、其他造成或可能造成特别重大危害或影响的网络安全事件为特别重大网络安全事件。工业和信息化部要求基础电信企业、域名机构、互联网企业、网络安全专业机构、网络安全企业通过多种途径监测和收集漏洞、病毒、网络攻击最新动向等网络安全隐患和预警信息，对发生突发事件的可能性及其可能造成的影响进行分析评估。认为可能发生特别重大或重大突发事件的，应当立即报告。与此同时，工业和信息化部建立公共互联网网络突发事件预警制度，按照紧急程度、发展态势和可能造成的危害程度，将公共互联网网络突发事件预警等级分为四级，由高到低依次用红色、橙色、黄色和蓝色标示。面向社会发布预警信息有网站、短信、微信等多种形式。

【警示】网络安全事件应急管理永远在路上

《网络安全法》构建了加强监测—风险评估—安全预警的网络安全风险应对模式，为省级以上人民政府有关部门健全公共互联网网络安全突发事件应急机制、提升风险应对能力指明了方向。工业和信息化部印发的《公共互联网网络安全突发事件应急预案》进一步为省级以上人民政府应对网络安全风险，实施应急措施提供了指导和依据。当网络安全事件风险增大时，按应急预案中的要求，采取及时配备监测人员和加强检测、检查频次等方式，掌握安全风险动态；对所获得的网络安全风险信息，组织开展系统评估工作；向社会发布安全预警，强化互联网企业自查、整改，敦促企业及时报告风险信息。通过对公众的风险提示，确保及时、有效控制、减轻互联网网络安全突发事件造成的社会危害和损失，使得网络秩序和国家网络安全得到最大限度地维护、保证公共互联网持续稳定运行。

五、何种情形可以采用网络安全约谈与网络通信临时限制措施？

当网络存在较大安全风险或者发生安全事件时，省级以上人民政府有关部门可以按照规定对该网络运营者的法定代表人或者主要负责人进行约谈。因维护国家安全和社会公共秩序、处置重大突发社会安全事件的需要，经国务院决定或者批准，可以在特定区域对网络通信采取限制等临时措施。

【阐释】监管谈话与网络通信临时限制

省级以上人民政府有关部门在履行网络安全监督管理职责过程中，发现网络存在较大安全风险或者发生安全事件的，可以按照规定的权限和程序对该网络运营者的法定代表人或者主要负责人进行约谈。网络运营者应当按照要求采取措施，进行整改，消除隐患。所谓约谈，是指当行政相对人涉嫌违法时，为防止违法行为的发生或蔓延，行政主体运用协商对话机制，通过与行政相对人"秘密"交谈的方式传递警示信息，明确指出行政相对人行为可能存在的违法情形，加以必要的引导和教育，促使行政相对人做或不做某种行为的一种管理活动。省级以上人民政府有关部门在履行网络安全监督管理职责时，当网络运营者有违法之虞或其已经实施了轻微违法行为时，约谈成为政府有关部门与网络运营者展开对话、对违法行为进行纠正、有效降低或应对网络安全风险的重要方式。省级以上人民政府有关部门实施约谈应把握好关节点。约谈的主体是省级以上人民政府有关部门。约谈的对象为网络运营者的法定代表人或者主要负责人，可以对网络运营者的网络安全管理负责，并与有关部门探索实质性的安全事件处置方案。约谈应当依据法定权限和程序进行。只有在网络存在较大安全风险或是发生网络安全事件时，才可以采取约谈措施。约谈主体听取法定代表人或主要负责人对网络安全制度的制定、实施和保障、网络安全事件处置方案及情况等的报告，对网络运营者的具体要求需要及时提出，促使其积极、妥善解决网络安全事件，消除影响，并完善其网络安全制度。网络运营者应当接受约谈主体的整改要求，防范网络风险的再次发生，消除网络安全隐患。进行约谈时，可参考国家互联网信息办公室发布的《互联网新闻信息服务单位约谈工作规定》。国家互联网信息办公室、地方互联网信息办公室对互联网新闻信息服务单位实施约谈，应当提前告知约谈事由，并约定时间、地点和参加人员等。实施约谈时，应当由两名以上执法人员参加，主动出示证件，并记录约谈情况。通过约谈，及时指出互联网新闻信息服务单位存在的问题，并提出整改要求。被约谈的单位应当及时落实整改要求，依法提供互联网新闻信息服务。同时应当加强对互联网新闻信息服务单位的监督检查，并对其整改情况进行综合评估，综合评估可以委托第三方开展。未按要求整改，或经综合评估未达到整改要求的，将依照《互联网信息服务管理办法》《互联网新闻信息服务管理规定》的有关规定给予警告、罚款、责令停业整顿、吊销许可证等处罚；互联网新闻信息服务单位被多次约谈仍然存在违法行为的，依法从重处罚。约谈情况记入互联网新闻信息服务单位日常考核和年检档案，国家互联网信息办公室、地方互联网信息办公室可将与互联网新闻信息服务单位的约谈情况向社会公开。国家互联网信息办公室、地方互联网信息办公室履行约谈职责时，互联网新闻信息服务单位应当予以配合，不得拒绝、阻挠。

当出现重大突发社会安全事件时，基于维护国家安全和社会公共秩序和处置重大突发社会安全事件的需要，经国务院决定或者批准，可以在特定区域采取一些特别的措施，即对网络通信采取限制等临时措施。实施此项特殊措施应注意以下事项。一是必须是针对重大突发社会安全事件。我国《突发事件应对法》规定，突发事件是指突然发生，造成或者可能造成严重社会危害，需要采取应急处置措施予以应对的自然灾害、事故灾难、公共卫生事件和社会安全事件。按照社会危害程度、影响范围等因素，自然灾害、事故灾难、公共卫生事件分为特别重大、重大、较大和一般四级。其中“特别重大、重大”事件应当属于此类。《国家特别重大、重大突发公共事件分级标准（试行）》对于“特别重大、重大”等级的群体性事件、金融突发事件、涉外突发事件、影响社会稳定的突发事件以及网络恐怖袭击事件作出了界定。其中，恐怖袭击事件不分等级，其本身即属于“特别重大、重大”的突发事件。根据《反恐怖主义法》第 61 条的规定：“恐怖事件发生后，负责应对处置的反恐怖主义工作领导机构可以决定由有关部门和单位采取下列一项或者多项应对处置措施：……（四）在特定区域内实施互联网、无线电、通讯管制……”二是出于维护国家安全、社会公共秩序和处置重大突发社会安全事件的需要，并非有关部门履行网络安全监督管理职责的一般需要，其目的具有正当性。三是经国务院决定或者批准,国务院决定或者批准属于必经程序。对于维护国家安全和社会公共秩序和处置重大突发社会安全事件需要的,国务院直接决定;地方政府和有关部门也可以基于维护国家安全和社会公共秩序和处置重大突发社会安全事件需要,报国务院审批。四是在特定区域采取网络通信特别限制措施。由于网络通信限制措施的实施会影响公民的通信自由等宪法性权利,采用这种措施不仅要与国家网络安全危机和重大突发性网络安全事件的性质、危害程度和范围等相适应,并且要在特别区域采用,不得遍及全国范围,这符合国务院的权限范围。当国家安全、社会公共秩序和重大突发社会安全事件危害得到控制或者消解,应当及时停止执行限制措施,迅速恢复正常网络通信。

【示例】“血友病吧”事件①

有网友发帖称,百度贴吧的“血友病吧”被卖,原吧务成员遭撤换。知乎网友“蚂蚁菜”在知乎发帖,称自己是百度贴吧“血友病吧”原第二大吧主,但是包括她自己在内的吧务组成员却遭到百度单方面撤换,空降了一个官方吧主。她发现百度贴吧已经将“血友病吧”经营权卖出,她的原账号已经无法正常发帖。新吧主ID“血友病专家”在上任后在吧内发帖,表示自己已经和“多名与血友病相关的专家组成顾问团队,对患者咨询的问题进行准确解答”。他解释了自己之前的删帖行为,并声称自己是受百度公司委托管理贴吧。新吧组成员中“血友病专家”所依靠的顾问团队中的大部分医务人员来自西安某医疗机构,其中有一位来自陕西医大血友病研究院的刘教授,曾在2014年4月多次被“血友病吧”网友举报。原“血友病吧”吧主“蚂蚁菜”说“刘某某是个声名狼藉的骗子”。他还表示,之前记者采访刘某某的帖子还在,只是暂时不能确定是不是刘某某个人买了贴吧。可以肯定的是,“血友病吧”是被卖了。知乎网友“ytytytyt”继“血友病吧”被卖曝光之后,称实际上“百度40%的热门疾病吧已经被卖,而大多数用户都会通过百度搜索医疗信息甚至完全信任这些信息”。

国家互联网信息办公室相关负责人指出,中国互联网违法和不良信息举报中心接到大量涉百度贴吧的举报。国家互联网信息办公室针对百度贴吧存在违法违规信息及商业化运作管理混乱、部分搜索结果有失客观公正、百度新闻

① 参见《国家网信办约谈百度公司负责人 百度就“血友病吧”事件再次声明》,载中央政府门户网,http://www.gov.cn/xinwen/2016-01/16/content_5033431.htm。

炒作渲染暴力恐怖等有害信息的突出问题,约谈了百度公司负责人。“百度出卖血友病吧”事件引发广大网民谴责,国家互联网信息办公室责令百度公司依据有关法律法规,立即采取有效措施进行整改,同时要求百度加强内部管理和自律,健全完善信息安全管理机制,并要求北京市网信办按照属地管理原则,依法依规对百度予以处罚。百度公司负责人在约谈中表示已充分认识到自身管理存在的严重不足和所造成的不良社会影响,将立即按照要求进行整改。

【警示】约谈不同于普通谈话

负有网络安全监督管理职责的省级以上人民政府有关部门具有掌控信息和政策等方面的优势,通过行政约谈对网络运营商予以信息、法规、政策方面的指导,能够指引运营商妥善处理网络安全事件,帮助其事后防范网络安全风险。约谈可以有效促成行政相对人行为合法化或减少行为的盲目性,为行政相对人提供某种指导、建议。国家互联网信息办公室对百度公司负责人的约谈敦促百度贴吧的运行更加规范化,使得用户得到了更加安全和诚实的网络服务。此外,还达到了良好的社会效果,提升了公众对政府网络安全管理工作的信赖。约谈制度利用协商机制加深了网络运营者的行政参与,及时暴露观点的矛盾及其可能性,因此达成的理解和一致可以减轻行政程序的负担,节约时间和费用,使本来需要事后才能解决的矛盾得以提前解决。

六、网络安全突发事件的处置遵循何种程序？

网络安全事件发生的风险出现时，省级以上人民政府有关部门应当按照规定的权限和程序采取措施。因网络安全事件发生突发事件或者生产安全事故的，应当依照《突发事件应对法》《安全生产法》等有关法律、行政法规的规定处置。

【阐释】网络安全事件的处置方式

网络安全事件、突发事件和生产安全事故属于不同的问题，但因网络安全事件可能会导致突发事件或者生产安全事故的发生，三者又具有交集和交叉。不同事件的处置程序有所不同。为此，《网络安全法》规定依照《突发事件应对法》《安全生产法》等有关法律、行政法规处置。

根据《国家网络安全事件应急预案》的规定，网络安全事件是指由于人为原因、软硬件缺陷或故障、自然灾害等，对网络和信息系统或者其中的数据造成危害，对社会造成负面影响的事件，可分为有害程序事件、网络攻击事件、信息破坏事件、信息内容安全事件、设备设施故障、灾害性事件和其他事件。根据《突发事件应对法》的规定，突发事件是指突然发生，造成或者可能造成严重社会危害，需要采取应急处置措施予以应对的自然灾害、事故灾难、公共卫生事件和社会安全事件。生产安全事故是指生产经营单位在生产经营活动（包括与生产经营有关的活动）中突然发生的，伤害人身安全和健康，或者损坏设备设施，或者造成经济损失的，导致原生产经营活动（包括与生产经营活动有关的活动）暂时中止或永远终止的意外事件。

突发事件发生后，履行统一领导职责或者组织处置突发事件的人民政府应当针对其性质、特点和危害程度，立即组织有关部门，调动应急救援队伍和社会力量。必要时可以向单位和个人征用应急救援所需设备、设施、场地、交通工具和其他物资，请求其他地方人民政府提供人力、物力、财力或者技术支援，要求生产、供应生活必需品和应急救援物资的企业组织生产、保证供给，要求提供医疗、交通等公共服务的组织提供相应的服务。突发事件发生地的居民委员会、村民委员会和其他组织应当按照当地人民政府的决定、命令，进行宣传动员，组织群众开展自救和互救，协助维护社会秩序。受突发事件影响地区的人民政府开展恢复重建工作需要上一级人民政府支持的，可以向上一级人民政府提出请求。上一级人民政府应当根据受影响地区遭受的损失和实际情况，提供资金、物资支持和技术指导，组织其他地区提供资金、物资和人力支援。不服从所在地人民政府及其有关部门发布的决定、命令或者不配合其依法采取的措施，构成违反治安管理行为的，由公安机关依法给予处罚。

对于生产安全事故，特别重大事故由国务院或者国务院授权有关部门组织事故调查组进行调查。重大事故、较大事故、一般事故分别由事故发生地省级人民政府、设区的市级人民政府、县级人民政府负责调查。省级人民政府、设区的市级人民政府、县级人民政府可以直接组织事故调查组进行调查，也可以授权或者委托有关部门组织事故调查组进行调查。根据事故的具体情况，事故调查组由有关人民政府、安全生产监督管理部门、负有安全生产监督管理职责的有关部门、监察机关、公安机关以及工会派人组成，并应当邀请人民检察院派人参加。事故调查组可以聘请有关专家参与调查。事故处理的情况由负责事故调查的人民政府或者其授权的有关部门、机构向社会公布，依法应当保密的除外。有关地方人民政府或者有关部门故意拖延或者拒绝落实经批复的对事故责任人的处理意见的，由监察机关对有关责任人员依法给予处分。

【示例】美国、日本相继遭遇网络病毒袭击

光学产品制造商 Hoya 公司称，公司在 2019 年 2 月底遭受了一次严重的网络攻击，100 多台电脑感染了病毒，导致 Hoya 公司的用户 ID 和密码被窃取，病毒还在攻击期间试图挖掘加密货币。工厂生产线因此停工了 3 天。Hoya 公司表示，网络攻击发生后，一台控制网络的计算机首先停机，工人们无法使用软件来处理订单和生产工作，致使工业产出比正常水平下降了大约 40%。随后，病毒也开始在其他电脑上传染，最终在开始加密货币挖掘操作前被成功阻止。无独有偶，美国也发生了类似的情况。2019 年 6 月 10 日，美国佛罗里达州莱克城（Lake City）遭到灾难性的勒索软件攻击，各项市政工作停摆两周。市政紧急会议投票决定支付价值将近 50 万美元的赎金。该城市的 IT 人员在发现攻击

后的10分钟内将受影响的系统断开连接,除在独立网络中运行的警察和消防部分外,该市政的几乎所有计算机系统都感染了勒索软件。此前,佛罗里达州另一城市也遭黑客攻击支付了60万美元赎金。两起袭击存在共同点,因一名政府工作人员点击了一封电子邮件中的恶意附件,使勒索软件传播至整个网络。一旦恶意软件扩散,计算机就会被锁定,并弹出一个提示,指示受害者通过电子邮件联系攻击,然后用比特币支付索要赎金。在支付赎金前,市政府官员无法进入他们的系统。

【警示】网络突发事件应当重视

网络突发事件具有传播速度快、传播范围广、产生影响广泛、容易引发“社会灾害”等特点,往往产生“突发”和突然“爆发”效果,并对社会产生较大影响。根据网络突发事件在整个发展过程中表现的不同形态,可分为萌芽期、爆发期、扩散期、转折期、消失期等不同阶段。一般来说,网络安全事件逐渐演化为社会关注并影响广泛的社会性大事件。现代信息技术的普及缩短了演化过程,加速了扩散范围。国际网络安全形势仍然十分严峻,安全威胁来势汹汹,数据泄露、勒索攻击、黑客活动等各类网络安全事件层出不穷,应当引起我国对网络安全可能波及突发事件或者安全生产事故的高度重视。在网络时代,任何地方的任何突发事件均应关注两个舆论场。一个是以党报、电视台、都市报等传统媒体为主的“主流舆论场”;另一个是依托口口相传,特别是互联网传播为主的“民间舆论场”,人们通过QQ、微博、论坛、社区等各种渠道传播、评论突发事件的相关消息。在突发事件的处理工作中,各级党委、政府必须高度重视这两个舆论场,最大限度地实现传统媒体与新兴媒介的良性互动,以及时、准确、透明的信息打通两个舆论场,不应匿名不发声,也不得说假话,积极为突发事件的成功处理奠定良好的舆论基础。

第六章
违反网络安全法治的责任

一、个人和组织为违法犯罪提供网络服务应负何种责任？

任何个人和组织应当对其网络行为负责，不设立用于实施诈骗，传授犯罪方法，制作或者销售违禁物品、管制物品等违法犯罪活动的网站、通讯群组，不得利用网络发布涉及实施诈骗，制作或者销售违禁物品、管制物品以及其他违法犯罪活动的信息。

【阐释】禁止利用网络实施违法犯罪行为

网站、通讯群组为数据的传播共享、信息的互通互联提供了便利，但同时给予了违法犯罪分子可乘之机。除对违法犯罪行为提高警惕外，个人和组织还应当对自身使用网络的行为负责，不得利用网络实施违法犯罪行为。《网络安全法》重点对两类行为作出了禁止性规定。

一是以实施违法犯罪为目的设立网站、通讯群组的行为，其中“网站”，实际上是一种网页的集合，是一种沟通工具。伴随着信息网络科学技术的快速发展，网络交流工具层出不穷，为了应对实践中不断出现的新技术、新情况。对于“网站、通讯群组”的范围，应该采取广义的解释，其不仅仅包括传统意义上的网站，还包括微信、微博、QQ 等网络交流工具。

二是基于网络是信息传播途径的特性，利用网络传播违法犯罪活动信息的行为。违法犯罪信息在“一对多”“一帮多”的虚拟网络空间或匿名网络平台上，经由不特定的受众无止境并急速地传播，违法犯罪活动信息带来的影响范围被无限放大。由于网络空间具有特殊性，无论是设置用于用户违法犯罪的网络交流工具还是发布违法犯罪信息，均应予以规制，确保公民在健康、绿色、安全的空间活动，从而防止网络管理失控、网络空间失序。

个人和组织设立用于违法犯罪活动的网站、通讯群组，利用网络发布违法犯罪活动信息，违反《网络安全法》应当予以严厉处罚。鉴于现代社会中的单位已不是单纯的资合或人合团体，而是具有独立意志的“由职位（而不是由个人）组成的行动系统”，考虑到利用网络实施的违法犯罪对于网络秩序和公民财产威胁的严重性，以及行政处罚作为政府规制的重要工具，《网络安全法》引入了既处罚单位，又处罚直接负责的主管人员和其他直接责任人员的双罚制，以此来提升行政处罚的威慑力度。同时，为了有效控制利用网络从事的犯罪活动，我国《刑法》第287条之一第1款第1项规定：“利用信息网络实施下列行为之一，情节严重的，处三年以下有期徒刑或者拘役，并处或者单处罚金：（一）设立用于实施诈骗、传授犯罪方法、制作或者销售违禁物品、管制物品等违法犯罪活动的网站、通讯群组的……”从《网络安全法》与《刑法》的相关规定来看，我国治理利用网络实施的违法犯罪案件以“情节严重”作为行政执法与刑事打击的衔接点，表明处罚这一类案件的法律规范体系是存有梯度的：尚不构成犯罪时，采取由公安机关处5日以下拘留，可以并处1万元以上10万元以下罚款；情节较重的，处5日以上15日以下拘留，可以并处5万元以上50万元以下罚款；设立用于实施违法犯罪活动的网站、通讯群组，情节严重的，构成非法利用信息网络罪，处3年以下有期徒刑或者拘役，并处或者单处罚金。

【示例】买卖驾照分处罚案①

葛某某作为“黄牛”开始在微信上建立交通违法处理群，并在群内、微信朋友圈以及58同城网站发布代为处理交通违法的消息，处理违章800多条，买卖驾驶证分数2000分，非法获利10万余元。葛某某认为，为帮助朋友的车辆租赁公司处理违章，建立微信群发布需求，供违章处理代理人员领取并代为处理，其要求代理人员依法依规进行处理，且政府有规定可以通过合法途径消除。代理人员图方便采用违规途径消除，是其个人行为，不能算在他头上。《中华人民共和国道路交通安全法》（以下简称《道路交通安全法》）第24条第1款规定：“公安机关交通管理部门对机动车驾驶人违反道路交通安全法律、法规的行为，除依法给予行政处罚外，实行累积记分制度。公安机关交通管理部门对累积记分达到规定分值的机动车驾驶人，扣留机动车驾驶证，对其进行道路交通安全法律、法规教育，重新考试；考试合格的，发还其机动车驾驶证。”对机动车驾驶人累计积分的前提是驾驶人违反道路交通安全法律法规并受到行政处罚。买卖驾驶证分数、代扣分处理等行为，实质上是由他人顶替违法驾驶人接受处罚，

---

① 参见浙江省杭州市中级人民法院行政判决书，（2020）浙01行终807号。

违反了《道路交通安全法》的行为。葛某某本人签名的讯问笔录、微信建群及朋友圈发布信息页面截图及证人证言等证据能够形成完整的证据链，证明葛某某建立微信群，自己作为群主在群内发布买分卖分、代扣分处理交通违法的信息，同时在自己的微信朋友圈及其他网络平台发布买分卖分、代扣分处理交通违法的信息，并从中赚取差价的事实。葛某某利用网络发布违法活动信息并从中赚取利益，已构成《网络安全法》定义的非法利用信息网络行为。下城区公安分局作为属地公安机关，具有依据《网络安全法》作出案涉行政处罚决定的职权，主体适格。根据《网络安全法》《道路交通安全法》的规定，下城公安分局决定给予葛某某行政拘留15日并处罚款10万元的处罚。

【警示】提供网络服务不得通过违法犯罪获得利益

随着技术的高速发展，技术被滥用的风险也在与日俱增，信息网络与违法犯罪的勾连日益紧密，利用网络实施的违法犯罪行为逐渐呈现产业化的趋势。网站与通讯群组极大地降低了违法犯罪的成本。开办网站价格便宜、手续简单，致使违法网站屡关屡开，难以根除。同时，不法分子利用网站、通讯群组可在短时间内发布、发送数以万计的违法犯罪信息，成本极低、清理难度极大，对整个社会造成了一种不安全感。由此，《网络安全法》强调了个人和组织不得利用网络实施违法犯罪行为的义务。国家也积极开展“净网”行动，严厉打击未依法履行备案登记手续或采用虚假信息备案、大肆传播违法信息的网站，废弃后无人管理、被不法分子窃取后用于传播违法信息的网站，以及用于实施诈骗，传授犯罪方法，制作或者销售违禁物品、管制物品等违法犯罪活动而设立的通讯群组。国家互联网信息办公室发布的《互联网群组信息服务管理规定》第9条规定：“互联网群组建立者、管理者应当履行群组管理责任，依据法律法规、用户协议和平台公约，规范群组网络行为和信息发布，构建文明有序的网络群体空间。互联网群组成员在参与群组信息交流时，应当遵守法律法规，文明互动、理性表达。互联网群组信息服务提供者应为群组建立者、管理者进行群组管理提供必要功能权限”，明确了“谁建群，谁负责，谁管理，谁负责”的责任承担方式。葛某某设立了用于驾驶证分数代扣交易的微信群，通讯群组成为了实施违法行为的工具，作为群组建立者葛某某应当承担法律责任，最终受到了法律的严厉制裁。网络不是法外之地，个人和组织在享受网络带来便利的同时必须向利用网络实施违法犯罪的行为说“不”。

二、网络行为给他人造成损害或构成违法犯罪的如何承担责任？

违反《网络安全法》的规定，给他人造成损害的，应当依法承担民事责任；构成违反治安管理行为的，依法给予治安管理处罚；构成犯罪的，依法追究刑事责任。

【阐释】依法承担民事、行政和刑事责任

违反《网络安全法》的规定，可能对社会秩序与他人合法权益造成损害的违法行为，在公法与私法领域均应承担相应的法律责任。在私法上，维护他人正当的信息权利的主要方式就是民事责任，即在自然人的个人信息遭受侵害时，被侵权人有权请求侵权人承担停止侵害、排除妨碍、赔偿损失、赔礼道歉等民事责任。在公法上，对违反本法规定的行为，应依照治安管理处罚法给予处罚的情形主要涉及《网络安全法》第 12 条、第 25 条第 1 项、第 29 条、第 42 条第 5 项、第 47 条等义务性规定。对违反《网络安全法》的行为，应依照刑法追究刑事责任的犯罪主要包括：侵犯公民个人信息罪，非法侵入计算机信息系统罪，非法获取计算机信息系统数据、非法控制计算机信息系统罪，提供侵入、非法控制计算机信息系统程序、工具罪，破坏计算机信息系统罪，拒不履行信息网络安全管理义务罪，非法利用信息网络罪，帮助信息网络犯罪活动罪，编造、故意传播虚假信息罪等。

【示例】买机票个人信息疑泄露判赔 5 万元[①]

2017 年 8 月 9 日，申某通过携程公司手机 App 平台为孙某某订购了 2017

① 参见北京市朝阳区人民法院民事判决书，(2018)京 0105 民初 36658 号。

年8月10日东方航空公司承运的两张联程航班机票，联系电话为申某手机号码。2017年8月10日10时15分，申某收到+85295672718号码发送的短信，短信内容为："尊敬的孙某某旅客：你好！您原定于2017年8月10日西安—嘉峪关，航班号：MU2154，因起落架故障已被取消。请及时致电客服008617710402984办理改签或退票。（注明：本次航班机械故障，退票全额退款，另民航给每位旅客赔偿300元整）[东方航空]"申某称其按照短信提示拨打了"客服电话"，"客服"准确地说出了乘机人姓名、身份证号、航班起飞时间、航班号，并再次告知申某因航班取消需退款1250元，"客服"向申某提出通过支付宝或微信途径退款，申某将其支付宝账户提供后，"客服"以无法操作为由向申某提出以更为快捷的支付宝亲密付方式支付。申某遂开通支付宝亲密付功能，2017年8月10日10时36分至37分，申某通过其绑定在支付宝的中国工商银行尾号3274银行账户以支付宝亲密付方式分四次向支付宝会员"开通航空服务"，付款共计19,008.99元。申某称其看到工商银行提示短信后，挂断"客服"电话欲与工商银行核实时，"客服电话"回拨给申某并表示因申某挂断电话影响后台操作，导致申某的上述款项被划走，现需要将划走的款项转回给申某，因亲密付有限额，需要用申某的网银转账，后申某到单位楼下的工商银行柜台开通了工商银行手机银行、网上银行。按照"客服"的要求分两次共计转账99,976元，因仍未收到退款，申某意识到被骗。2017年8月10日，申某向北京市公安局朝阳分局大屯派出所报案，2017年8月11日，申某被诈骗一案刑事立案，截至该案一审辩论终结前该刑事案件尚未侦破。

携程公司提交的隐私政策证据显示，携程公司承诺对可能接触到涉案信息的员工采取了严格管理，可监控他们的操作情况，对于数据访问、内外部传输使用、脱敏、解密等重要操作建立了审批机制，并与上述员工签署保密协议等。但携程公司提交的2018年《敏感信息安全管理规定》显示，订单信息属于一级信息，内部传输可不加密。携程公司在其应用界面及短信确认内容中也没有充分明显地提醒消费者对于航班信息诈骗的注意。因此，携程公司在信息安全管理的落实方面存在漏洞，未尽到对个人信息负有的信息保管及防止泄露义务，具有过错，应承担侵权责任，赔偿申某经济损失5万元。

【警示】构建网络违法行为的法律责任体系

早期关于个人信息保护的法律价值取向主要着眼社会秩序、网络安全的社会公共利益本位，处罚的手段主要是行政处罚（如警告、罚款、没收违法所得、吊销许可证或者取消备案、关闭网站、禁止从事网络服务业务）和刑事责任追究。《网络安全法》第74条明确了网络运营者、网络安全监督管理部门、其他组织及个人侵犯公民个人数据的民事、行政和刑事责任，不仅形成了网络违法犯罪的法律责任体系，也是公民权利本位提升的重要体现。携程公司作为网络服务提供者既然从自己架构的数据系统中获得了利益，就应当对系统风险隐患所造成的损害后果承担责任。携程公司对于申某订票所生成的个人信息未充分履行信息安全保管及防止泄露、控制危险的义务，应当对其系统风险隐患所造成的损害后果承担民事责任。

三、网络运营者发现法律、行政法规禁止发布或者传输的信息怎么办?

网络运营者作为网络空间的建设者和管理者,具有管理其用户发布的信息的义务。网络运营者发现法律、行政法规禁止发布或者传输的信息的,应当立即停止传输该信息,采取消除等处置措施,防止信息扩散,保存有关记录,并向有关主管部门报告。

【阐释】网络运营者对用户发布信息的安全管理义务

网络安全的维护不仅依靠个人和组织自觉遵守法律、行政法规的规定,还要借助于网络运营者履行对用户发布信息的安全管理义务。《网络安全法》《互联网信息服务管理办法》《互联网直播服务管理规定》《互联网用户账号名称管理规定》《互联网视听节目服务管理规定》均为网络运营者设定了安全管理义务。根据《互联网信息服务管理办法》的规定,互联网信息服务提供者发现其网站传输的信息明显属于下列内容之一的,应当立即停止传输,保存有关记录,并向国家有关机关报告:(1)反对宪法所确定的基本原则的;(2)危害国家安全,泄露国家秘密,颠覆国家政权,破坏国家统一的;(3)损害国家荣誉和利益的;(4)煽动民族仇恨、民族歧视,破坏民族团结的;(5)破坏国家宗教政策,宣扬邪教和封建迷信的;(6)散布谣言,扰乱社会秩序,破坏社会稳定的;(7)散布淫秽、色情、赌博、暴力、凶杀、恐怖或者教唆犯罪的;(8)侮辱或者诽谤他人,侵害他人合法权益的;(9)含有法律、行政法规禁止的其他内容的。面对法律、行政法规禁止发布或者传输的信息,网络运营者应当停止传输并消除该信息,对违法违规发布的信息进行控制。同时,基于网络空间信息传播的高效以及匿名化,仅删除原始违法信息可能并不能达到消除影响的预期,应当采取必要的处理措施,如采取封锁发布信息的 IP 地址或屏蔽关键词等,防止信息的扩散和影响的扩大。在处置与控制违法违规消息的基础上,网络运营者还应当向主管部门及时上报，为进一步规范公民行为，打击违法犯罪活动，保障用户的合法权益，为维护健康、绿色、安全的网络环境贡献力量。

为了确保网络运营者切实履行安全管理义务，《网络安全法》明确了网络运营者违反法定义务的法律后果。当网络运营者、电子信息发送服务提供者、应用软件下载服务提供者发现法律、行政法规禁止发布或者传输的信息，应当立即采取处置措施却未采取，在主观上具有可责难性，应当依据《网络安全法》第68条予以处罚。若网络运营者、电子信息发送服务提供者、应用软件下载服务提供者已经履行了信息安全管理义务，采用合理的技术措施，仍未能发现违法违规信息的，则不在处罚之列。《网络安全法》规定了4类处罚措施：（1）警告；（2）没收违法所得；（3）双罚制罚款；（4）责令暂停相关业务、停业整顿、关闭网站、吊销相关业务许可证或者吊销营业执照。网络运营者、电子信息发送服务提供者、应用软件下载服务提供者经由有关主管部门责令改正，给予警告，拒不改正或者情节严重的，由有关主管部门处10万元以上50万元以下罚款，同时对直接负责的主管人员和其他直接责任人员处1万元以上10万元以下罚款，并可以采取第4类措施。

【示例】招聘平台自查整改案①

李某某出生于山东省德州市一个经济困难的家庭，家中父母都是农民，2012年，他以高考630分进入东北大学资源勘查工程专业学习。这个专业的对口工作需要到野外进行作业，而李某某希望未来找一份离家近的工作。在自费学习编程后，李某某于2017年入职北京某互联网公司，但他认为这份工作偏离了自己和家人的期待，李某某非常急着找到一份合适的工作，也正是这份着急，让他在某招聘平台上广投简历，最多的时候一天投出20份简历，面试了10家，都没有成功。在这种着急与焦虑中，李某某开始忽略找工作过程中的细节，他在该招聘平台上应聘了“蓝科公司”的Java一职。在得到电话面试后，公司通知入职，工作地点在天津。事后证明，这是一家冒名的“李鬼”公司。一次虚假招聘，最终把他引入死亡之路。2017年7月14日，李某某的尸体在天津静海区一处水坑里被发现。天津警方通报称，根据李某某随身携带的传销笔记，他极有可能误入了传销组织。

北京市互联网信息办公室、天津市互联网信息办公室开展联合执法专项行

---

① 参见《一条生命换来“20天清除”的承诺》，载《潇湘晨报》2017年8月7日，A8版。

动，就发布违法违规信息、用户管理出现重大疏漏等问题依法联合约谈该招聘平台，北京市网信办向其下达了行政执法检查记录，责令网站立即开展自查整改，完善内容审核管理机制，严格加强对各类招聘信息发布主体及发布信息真实性的审核管理，全面清理各类违法违规信息。

【警示】网络运营者停止发布或者传输违法违规信息应迅速及时

网络运营者的安全管理义务并非为了谋取利润而设定，其目的在于维护公共秩序和用户的整体利益。网络是公民最主要的信息获取渠道，若网络运营者、电子信息发送服务提供者、应用软件下载服务提供者只顾攫取利润，怠于履行信息安全管理义务，公民极易受到虚假信息的煽动产生误解，甚至陷入骗局，其人身、财产均面临着威胁。因此，网络运营者违反法律规定的安全保障义务，必须承担相应的法律责任，接受处罚。上述案例中的招聘平台作为网站的开发者和管理者，其有义务、有能力对招聘单位的资质以及招聘信息的合法性、合规性进行审查，可以认为其对冒名公司发布招聘信息属于明知却未立即采取措施的情形。作为中国知名的互联网服务提供商，其履行安全管理义务的情况令人失望，甚至使李某某成为其未履行义务的“买单者”。互联网面向全球，为信息传播扩散提供了便利，但互联网平台绝不应成为违法者肆意伤害他人之地。网络运营者为用户提供了信息平台，须积极履行管理用户的职能与职责，发现法律、行政法规禁止发布或者传输的信息，应依法及时采取必要的处置措施，而非冷眼旁观，置若罔闻。同时，网络运营者还应对明显违法信息进行主动审查，保存记录并上报有关主管部门，引起公权力机关的重视，推动相关治理政策的出台，从而在制度层面对违法违规发布信息的行为予以预防和遏制。

四、个人和组织发送电子信息、提供应用软件会受制裁吗？

个人和组织享有发送电子信息、提供应用软件的权利，但其行使权利不得损害国家、社会、集体的利益和其他公民合法的自由和权利。个人和组织发送的电子信息、提供的应用软件，不得设置恶意程序，不得含有法律、行政法规禁止发布或者传输的信息。同时，电子信息发送服务提供者和应用软件下载服务提供者，应当履行安全管理义务，知道其用户有前述行为的，应当停止提供服务，采取消除等处置措施，保存有关记录，并向有关主管部门报告。

【阐释】采取措施、保存记录与报告

面对实践中利用发送的电子信息、提供的应用软件故意设置恶意程序或者传播违法信息的突出问题，基于电子信息发送服务和应用软件下载服务的特点，《网络安全法》对服务提供者的信息安全义务作了规定，特别对电子信息发送服务提供者和应用软件下载服务提供者设定了安全管理义务，并规定“知道其用户有前款规定行为的，应当停止提供服务，采取消除等处置措施，保存有关记录，并向有关主管部门报告”。2016 年《互联网信息搜索服务管理规定》第 8 条规定：“互联网信息搜索服务提供者提供服务过程中发现搜索结果明显含有法律法规禁止内容的信息、网站及应用，应当停止提供相关搜索结果，保存有关记录，并及时向国家或者地方互联网信息办公室报告。”其中的“发现”变动为“知道”，表明了电子信息发送服务提供者和应用软件下载服务提供者一般来说并不具有积极审查、监控个人和组织的网络信息内容的义务，而只有在“消极”地发现违法信息时负有采取相关措施等义务。当电子信息发送服务提供者和应用软件下载服务提供者知道个人和组织提供包含恶意程序的软件，或发送、传输含有法律、行政法规禁止发布或者传输的信息，一是应当停止为其提供服务，防止个人和组织进一步实施违法行为，造成损失的扩大；二是采取消除等措施，避免更多的用户下载恶意程序和违法违规信息的扩散，扰乱正常的网络秩序；三是保存有关记录，向主管部门报告，推动主管部门对违法行为的有效监管和查处。

【示例】附带民事公益诉讼被告人谭某某等帮助信息网络犯罪活动案[①]

2019年10月至2020年3月被告人吴某某、谭某某、邓某某均在明知相关软件被他人用于网络违法犯罪活动的情况下，吴某某先后从谭某某、邓某某处购买可获取他人手机通讯录、短信、定位并伪装成具有视频直播等功能的软件，转卖他人，谋取利益。其间，吴某某还通过谭某某、邓某某为他人在软件使用过程中提供技术支持，通过谭某某搭建、维护后台服务器。上述软件被他人用于网络敲诈勒索犯罪活动，致多人受害。在实施上述行为的过程中，谭某某、邓某某分别从吴某某处获取非法所得35,000元、10,000元，吴某某从他人处获取非法所得42,000元。被告人吴某某、谭某某于2020年3月29日被公安人员抓获，被告人邓某某于同年4月20日被公安人员抓获，到案后3人均对上述犯罪事实供认不讳，邓某某退还非法所得10,000元。审理过程中，针对公益诉讼起诉人的第2项诉讼请求，被告人吴某某、谭某某、邓某某已当庭公开向社会公众赔礼道歉，公益诉讼起诉人对3名被告人履行的方式、内容均无异议，法院予以确认。法院认为，被告人吴某某、谭某某、邓某某明知他人利用信息网络实施犯罪，仍为其提供软件和技术支持，情节严重，其行为均已构成帮助信息网络犯罪活动罪，依法应予惩处。3名被告人到案后均能如实供述自己的罪行，且自愿认罪认罚，依法可予从轻处罚。被告人邓某某退还了相应的非法所得，可予酌情从轻处罚。3名被告人帮助他人非法获取不特定多数对象的个人信息，侵害公民个人信息安全，损害了社会公共利益，还应当依法承担侵权的民事责任。附带民事公益诉讼起诉人参照各被告人相应的获利情况要求被告人吴某某赔偿损失42,000元、谭某某赔偿损失35,000元、邓某某赔偿损失10,000元，并要求3名被告人公开向社会公众赔礼道歉的诉讼请求，具有事实和法律依据，依法予以支持。

---

① 参见上海市崇明区人民法院刑事判决书，(2020)沪0151刑初269号。

【警示】个人和组织发送电子信息不得越界

我国互联网的普及化在另一个方面呈现违法犯罪行为不断向网络空间渗透的现象和趋势，网络空间的公共秩序维护和个人权利保护已与现实领域同等重要。《网络安全法》对个人和组织发送信息与提供软件的行为作出了规范化要求，确认了法律对网络空间秩序法益的保护。同时，《刑法修正案（九）》也增设了拒不履行网络安全管理义务罪、非法利用信息网络罪、帮助信息网络犯罪活动罪等。谭某某、邓某某等人向他人提供可获取他人手机通讯录、短信、定位并伪装成具有视频直播等功能的软件，而且主观上明知该软件将被他人利用实施犯罪，仍为其提供软件和技术支持，情节严重，应受到《刑法》的制裁并需承担民事赔偿责任。法律对个人和组织违法发送信息与提供软件的规制日趋严格，国家打击网络违法犯罪绝不手软。随着公安机关对网上赌博、开设赌场、洗钱等犯罪打击力度的加大，不法资金的往来已从传统的支付路径向利用虚拟货币支付方式转移。在以虚拟货币为媒介转移赃款的行为中，如果行为促使了他人犯罪得逞，那么是为他人犯罪提供支付结算帮助，认定帮助信息网络犯罪活动罪；如果行为发生在他人犯罪得逞之后，那么是转移犯罪所得，定性为掩饰、隐瞒犯罪所得罪。

五、网络运营者面对投诉举报以及监督检查怎么办？

网络运营者应当建立网络信息安全投诉、举报制度，公布投诉、举报方式等信息，及时受理并处理有关网络信息安全的投诉和举报，对网信部门和有关部门依法实施的监督检查，应当予以配合。

【阐释】网络信息安全投诉举报制度

维护网络安全不仅需要网络运营者主动承担安全保障的责任，更需要广大人民群众的力量。网络运营者应当建立网络信息安全投诉、举报制度，公布投诉、举报方式等信息，及时受理并处理有关网络信息安全的投诉和举报，通过对投诉和举报的审查发现网络信息安全工作的不足。网络运营者“知道”个人和组织发送的电子信息、提供的应用软件设置恶意程序，或含有法律、行政法规禁止发布或者传输的信息的途径，应当立即投诉和举报。网络运营者在投诉、举报制度的构造和实施中，主要应当做到：

一是通过网络运营者的内部制度，明确受理、处理投诉、举报的机构、人员及其职责、范围、方式、程序及操作规程等事项。

二是网络运营者应当以合理方式公布投诉、举报方式等信息，方便投诉举报人。有以下行为可被认定为“未公布投诉、举报方式等信息”：(1)未提供有效的更正、删除个人信息及注销用户账号功能；(2)为更正、删除个人信息或注销用户账号设置不必要或不合理条件；(3)虽提供了更正、删除个人信息及注销用户账号功能，但未及时响应用户相应操作，需人工处理的，未在承诺时限内(承诺时限不得超过15个工作日，无承诺时限的，以15个工作日为限)完成核查和处理；(4)更正、删除个人信息或注销用户账号等用户操作已执行完毕，但App后台并未完成的；(5)未建立并公布个人信息安全投诉、举报渠道，或未在承诺时限内(承诺时限不得超过15个工作日，无承诺时限的，以15个工作日为限)受理并处理的。

三是网络运营者应当及时受理投诉、举报,无正当理由不得拒绝,避免举报、投诉沦为“纸上谈兵”的制度。

四是网络运营者应当按照程序及时处理投诉和举报,并告知投诉举报人处理结果,做到“事事有回应”。

【示例】短视频平台推出举报平台①

2019 年 6 月 17 日,字节跳动宣布推出“啄木鸟举报平台”小程序。“啄木鸟举报平台”能够为用户提供字节跳动系产品内发生的疑似违法违规行为和信息举报服务。除此之外,未来还会为用户提供作弊手法解析、安全教育等多种服务。目前该小程序已经在今日头条平台正式上线,支持字节跳动旗下今日头条、西瓜视频、抖音以及火山 App 用户提交举报信息。如果用户在使用字节跳动系产品时发现了违法违规行为或信息,可以在今日头条上打开“啄木鸟举报平台”小程序,进入“啄木鸟举报平台”首页,点击“我要举报”按钮进行举报。“啄木鸟举报平台”支持被举报的行为或信息类别已经覆盖色情淫秽、网络诈骗、非法贩卖、网络赌博、网络传销、暴恐涉政等有害内容信息、账号以及行为。选择举报类别之后,针对对应的违法违规信息或行为类别,用户输入“举报人基本信息”和“举报信息”。其中“举报人基本信息”是非必填项目,字节跳动表示,考虑到一些情形需要和当地公安进行联合打击,所以希望用户在提交举报信息时也可以提供一些信息。同时,字节跳动也表示,用户不用担心有风险,所有用户信息都会被严格保密。

据介绍,接到用户举报后,平台会对举报内容进行核实。若举报属实,会对违法违规账号以及内容进行相应的处罚,包括但不限于扣分、禁言、短期封号、长期封号等举措,防止有害内容对其他用户造成不良影响。据悉,本次“啄木鸟举报平台”推出之后,字节跳动安全和风控部门未来将会基于举报大数据进行问题账号的内容和行为特征分析,联合公安机关对犯罪分子进行线下打击。

【警示】知屋漏者在宇下

投诉、举报制度具有广泛的群众基础,该制度的实施不仅切实解决网民遭

① 参见《字节跳动推出“啄木鸟举报平台”为用户安全保驾护航》,载中国新闻网,https://www.chinanews.com.cn/business/2019/06-18/8867775.shtml。

遇网上维权难的问题，而且还可帮助网络服务提供者更加有效和勤勉地进行安全管理，更可以依靠群众力量畅通网络运营者发现违法犯罪线索的渠道。若该机制暂付阙如或处理投诉、举报发生拖延，均会造成网络上的违法违规信息大肆传播。网络运营者实施网络安全管理不仅包括通常理解的对违法信息采取必要措施，还应包括建立并运行用户投诉、举报机制，上述案例中短视频平台研发上线的“啄木鸟举报平台”小程序，为自身履行安全管理义务，打击违法违规信息、账号和行为积蓄了力量。字节跳动公司还利用举报平台积极配合公安部门的网络安全保护和监督管理工作，建立了联合公安机关进行线下打击违法犯罪分子的综合联动机制，做到了在“准确把握人民群众意愿的前提下去办事”，为网络空间更加和谐、健康和绿色添了一把柴、加了一把火、助了一把力。

六、国家网信部门和有关部门遇到违法信息如何处理？

国家网信部门和有关部门依法履行网络信息安全监督管理职责，发现法律、行政法规禁止发布或者传输的信息的，应当要求网络运营者停止传输，采取消除等处置措施，保存有关记录；对源于境外的上述信息，应当通知有关机构采取技术措施和其他必要措施阻断传播。

【阐释】网络运营者采取措施和保存记录

我国的国务院电信主管部门、公安部门和其他有关机关在各自职责范围内负责网络安全保护和监督管理工作。当其发现违法、违规信息，可采取四个方面的措施：

一是要求网络运营者停止传输，及时制止违法、犯罪行为，避免发生二次传输或多次传输，进而导致不利影响持续扩大造成难以挽回的损害。

二是要求网络运营者采取消除措施，随着互联网科技的飞速发展，网络信息的传输速度也随之明显加快，国家网信部门和有关部门发现违法、违规信息，应当要求网络运营者及时删除违法信息，弱化、消除违法信息已经产生的影响和危害。

三是保存有关记录，为调查、侦查违法犯罪行为提供依据，防止不法分子销毁违法、犯罪的证据而造成处置困难。

四是通知有关机构采取技术措施和其他必要措施阻断境外违法、违规信息传播。基于我国遭受境外违法违规信息的侵扰激增以及不法分子为逃避境内监管而将服务器设于境外的现实，网信部门及有关部门履行监管职责应当通知有关机构采取措施，全面打击违法违规行为，避免源于境外的违法违规信息侵蚀我国的网络环境。

在有组织犯罪的查处中，《中华人民共和国反有组织犯罪法》规定，网信、电信、公安等主管部门对含有宣扬、诱导有组织犯罪内容的信息,应当按照职责分工,及时责令有关单位停止传输、采取消除等处置措施,或者下架相关应用、关闭相关网站、关停相关服务。有关单位应当立即执行,并保存相关记录,协助调查。对互联网上源于境外的上述信息,电信主管部门应当采取技术措施,及时阻断传播,明确规定了网信、电信、公安等主管部门对含有宣扬、诱导有组织犯罪内容的信息的阻断措施和处置方式。《中华人民共和国英雄烈士保护法》也对以上部门在开展监督管理工作中发现发布或者传输以侮辱、诽谤或者其他方式侵害英雄烈士的姓名、肖像、名誉、荣誉的信息时,其可以采取的措施作出了类似规定。

【示例】公安机关清理各类违法犯罪信息①

2018 年 2 月,经党中央、国务院批准,公安部部署全国公安机关开展为期 10 个月的“净网 2018”专项行动。各地公安机关按照公安部的总体部署,一方面严格落实企业安全主体责任,另一方面坚决打击涉网违法犯罪活动,组织侦破各类网络犯罪案件 5.7 万余起,抓获犯罪嫌疑人 8.3 万余名,行政处罚互联网企业及联网单位 3.4 万余家,清理违法犯罪信息 429 万余条,专项打击整治工作取得了显著成效。

针对违法犯罪信息传播泛滥的现状,全国各级公安机关坚持问题导向,加大巡查发现、研判处置工作力度,特别是针对“网络非法偷拍”“网络诱赌”等网上治安突出问题,开展了 9 次全国性、阶段性、区域性的专项巡查处置工作,共发现清理违法信息 429 万余条,关停违法网站(栏目)2 万余个,对 365 家违法信息突出的网站栏目进行了挂牌整治,网上贩卖枪支、爆炸物、管制刀具、毒品、公民个人信息等重点违法信息数量同比下降约 30%。

【警示】违法违规信息须制止

习近平总书记在 2016 年 4 月 19 日召开的网络安全和信息化工作座谈会上的讲话中强调:“网络空间是亿万民众共同的精神家园。网络空间天朗气清、生态良好,符合人民利益。网络空间乌烟瘴气、生态恶化,不符合人民利益。”国

---

① 参见《公安部“净网 2018”专项行动取得显著成效》,载中国网信网,http://www.cac.gov.cn/2019-03/08/c_1124205743.htm。

家网信部门和有关部门应当按照职责分工,加强网络信息安全管理,保护人民利益,为创造文明清朗的网络环境持续发力。国家网信部门和有关部门在履行职责过程中,如果发现法律、行政法规禁止发布或者传输的信息,应当及时要求网络运营者采取措施,遏制违法违规信息的蔓延,抵御境外违法违规信息的侵扰。公安机关为了有效阻断违法犯罪信息的传播,在“净网行动”中指导网络运营者中止传输了大量的违法犯罪网页,要求网络运营者采取消除措施,清理了 429 万余条违法违规信息,违法违规信息数量大幅下降,取得了显著成效。

七、网络运营者违反配合协助监督执法义务如何制裁?

网络运营者开展经营和服务活动除应遵守法律法规,尊重社会公德外,还应履行网络安全保护义务,接受政府和社会的监督,违反配合、协助监督执法义务,由有关主管部门责令改正;拒不改正或者情节严重的,处5万元以上50万元以下罚款,对直接负责的主管人员和其他直接责任人员,处1万元以上10万元以下罚款。

【阐释】网络运营者应配合执法部门工作

我国《宪法》第40条规定:“中华人民共和国公民的通信自由和通信秘密受法律的保护。除因国家安全或者追查刑事犯罪的需要,由公安机关或者检察机关依照法律规定的程序对通信进行检查外,任何组织或者个人不得以任何理由侵犯公民的通信自由和通信秘密。”因此,网络运营者配合、协助义务的设定具有正当性。关于网络运营者违反配合、协助监督执法义务的处罚性规定,共列举了三类违反配合、协助监督执法义务的行为。一是不按照有关部门的要求对法律、行政法规禁止发布或者传输的信息,采取停止传输、消除等处置措施的。在网络时代,信息传输、数据流动隐藏着诸多不确定的风险,按照有关部门的要求进行信息传输、数据流动的重启、停止、管制及其电子记录,具有管控危险的基础性意义。不按照有关部门的要求对法律、行政法规禁止发布或者传输的信息,采取停止传输、消除等处置措施是对国家网信部门和有关部门依法履行网络信息安全监督管理职责的妨碍。二是拒绝、阻碍有关部门依法实施的监督检查的。如现场检查,要求提供有关资料,询问了解相关情况等,网络运营者予以拒绝,或采取隐匿相关资料、转移证据,侮辱、谩骂、威胁监督检查人员等方式进行阻碍。三是拒不向公安机关、国家安全机关提供技术支持和协助的。网络运营者拒不履行为侦查犯罪活动提供技术支持和协助的义务,阻滞了公安机关、国家安全机关履行维护国家安全的职责。违反上述义务，由有关主管部门责令改正；拒不改正或者情节严重的，处5万元以上50万元以下罚款，对直接负责的主管人员和其他直接责任人员，处1万元以上10万元以下罚款。需要说明的是，采取威胁、暴力等手段阻碍监督检查，构成违反治安管理处罚行为的，应当依法给予治安管理处罚。

【示例】某科技公司拒绝采取停止传输、消除等处置措施案①

2019年5月30日，深圳网警对深圳果酱时代科技有限公司以"百得新科技(香港)有限公司(法人代表崔某)"的名义，从2017年7月至今在境外运营两个直播平台的案件进行调查。经查，该公司从2016年8月开始经营国内外十几个直播平台，同时在我国香港特别行政区注册百得新科技有限公司，通过该公司经营海外直播平台，但该公司所有工作人员办公地点在深圳果酱时代科技有限公司。调查发现该公司后台有大量涉黄信息及图片，其未按照有关部门的要求对法律、行政法规禁止发布或者传输的信息停止传输、采取消除等处置措施。深圳警方决定给予深圳市果酱时代科技有限公司罚款5万元、直接负责的主管人员罚款1万元的行政处罚。

【警示】配合、协助执法无禁区

网络运营者作为信息的传输者、持有者和保存者，并因提供网络信息服务而获取收益，那么网络运营者也必须接受有关部门监督检查，按照有关部门的要求对法律、行政法规禁止发布或者传输的信息，采取停止传输、消除等处置措施。果酱时代科技有限公司的后台存在大量的涉黄信息及图片，对网络环境的安全和健康产生了负面影响，仍拒绝依照有关部门的要求采取停止传输、消除等处置措施，最终受到法律的制裁。

在打击违法犯罪过程中，网络运营者的协助对行政机关、侦查机关查明案件事实，收集证据起到了重要的作用。网络违法犯罪更需要网络运营者与行政机关、侦查机关的密切配合与协作。但实践中也常常出现网络服务提供者不配合警方要求的现象。如2018年发生的滴滴顺风车乐清女孩遇害案中，滴滴客

---

① 参见《广东公安"净网2019"专项行动典型网络违法犯罪案例》，载微信公众号"南方法治报"2019年11月11日，https://mp.weixin.qq.com/s/XIAaaZetvfLa5KO-7Q6rlg。

服以安全专家会介入为由，多次拒绝警方获取信息的要求。滴滴公司的不配合行为阻碍了侦查进程的进一步推动，最终延误时间，酿成惨剧。网络运营者配合、协助义务背后是保护国家安全与公众利益的价值目标，不履行为公安机关、国家安全机关提供技术支持和协助的社会性义务的网络经营者必须承担相应的法律责任。

八、公民浏览、链接不良视频信息受处罚吗？

随着网络的不断发展，人们生活越来越丰富多彩，特别是通过智能手机，人们在家就可以聊天、玩游戏，还可以网购、追剧等。然而，使用手机不仅有个人信息被泄露、贩卖的风险，点击、链接和浏览“不良视频”的行为不仅会掉入陷阱，还会面临行政和刑法上的规制。

【阐释】链接、浏览不良视频信息受法律规制

我国法律对网络链接以及点击浏览不良视频信息均作了相应的规定。《著作权法》规定，“以有线或无线方式向公众提供作品”是信息网络传播行为的必备要件。2013 年《信息网络传播权保护条例》第 2 条规定：“权利人享有的信息网络传播权受著作权法和本条例保护。除法律、行政法规另有规定的外，任何组织或者个人将他人的作品、表演、录音录像制品通过信息网络向公众提供，应当取得权利人许可，并支付报酬。”根据《最高人民法院关于审理侵害信息网络传播权民事纠纷案件适用法律若干问题的规定》第 3 条的规定，只有将作品通过“上传”、“设置共享”或“分享”等方式“置于”信息网络中，使公众能够获得的行为，才是对作品的“提供”行为。为了扩大经营范围或相关收益与他人进行的合作，无论是普通跳转的合作还是深度链接合作，均应承担违约或者侵权责任。我国《刑法》第 363 条第 1 款规定：“以牟利为目的，制作、复制、出版、贩卖、传播淫秽物品的，处三年以下有期徒刑、拘役或者管制，并处罚金；情节严重的，处三年以上十年以下有期徒刑，并处罚金；情节特别严重的，处十年以上有期徒刑或无期徒刑，并处罚金或没收财产。”其中的“传播”包括“传播”与“输送”两种行为，主要是指通过播放、出租、展示淫秽物品等方式，将淫秽物品散布于社会。《最高人民法院关于审理非法出版物刑事案件具体应用法律若干问题的解释》中第 8 条第 1 款第 3 项规定，以牟利为目的，向他人传播淫秽物品达

200～500人次以上，或者组织播放淫秽影像达10～20场次以上的，应当以传播淫秽物品牟利罪追究其刑事责任。《最高人民法院、最高人民检察院关于办理侵犯知识产权刑事案件具体应用法律若干问题的解释(二)》规定，以营利为目的，未经著作权人许可，复制发行其文字作品、音乐、电影、电视、录像作品、计算机软件及其他作品，复制品数量合计在500张(份)以上的，予以定罪处罚。任何单位和个人不得利用国际联网制作、复制、查阅和传播宣扬封建迷信、淫秽、色情、赌博、暴力、凶杀、恐怖，教唆犯罪的信息。根据国务院《计算机信息网络国际联网安全保护管理办法》第20条的规定，对于上述行为将由公安机关给予警告，有违法所得的，没收违法所得，对个人可以并处5000元以下的罚款；情节严重的，并可以给予6个月以内停止联网、停机整顿的处罚，必要时可以建议原发证、审批机构吊销经营许可证或者取消联网资格；构成违反治安管理行为的，依照《治安管理处罚法》的规定处罚；构成犯罪的，依法追究刑事责任。

由于淫秽电子信息的泛滥蔓延，严重危害未成年人的健康成长，败坏社会道德风尚，诱发违法犯罪。2004年9月，最高人民法院、最高人民检察院发布了《关于办理利用互联网、移动通讯终端、声讯台制作、复制、出版、贩卖、传播淫秽电子信息刑事案件具体应用法律若干问题的解释》，主要针对直接制作、复制、出版、贩卖、传播淫秽电子信息的犯罪行为规定了定罪量刑标准。然而，随着信息技术的飞速发展，淫秽电子信息犯罪呈现新形式、新特点，特别是手机网民数量快速增长，手机网站已成为淫秽电子信息的重要传播途径。手机淫秽网站、电信运营商、广告主、广告联盟、第三方支付平台之间形成了环环相扣的利益链条。因此，打击淫秽网站，关键在于切断淫秽网站背后的利益链条。为此，2010年《最高人民法院、最高人民检察院关于办理利用互联网、移动通讯终端、声讯台制作、复制、出版、贩卖、传播淫秽电子信息刑事案件具体应用法律若干问题的解释(二)》发布，其主要内容包括：(1)电信业务经营者、互联网信息服务提供者明知是淫秽网站，为其提供互联网接入、服务器托管、网络存储空间、通讯传输通道、代收费等服务，并收取服务费的行为构成传播淫秽物品牟利罪，并规定了定罪量刑标准。(2)明知是淫秽网站，以牟利为目的，通过投放广告等方式向其直接或者间接提供资金，或者提供费用结算服务，以制作、复制、出版、贩卖、传播淫秽物品牟利罪的共同犯罪论处，并规定了定罪量刑标准。(3)网站建立者、直接负责的管理者明知他人制作、复制、出版、贩卖、传播的是淫秽电子信息，允许或者放任他人在自己所有、管理的网站或者网页上发布淫秽电子信息的行为构成传播淫秽物品牟利罪或者传播淫秽物品罪，并规定了定罪量刑标准。(4)利用互联网、移动通讯终端制作、复制、出版、贩卖、传播内容含有不满

14 周岁未成年人的淫秽电子信息行为构成传播淫秽物品牟利罪或者传播淫秽物品罪,并规定了定罪量刑标准。(5)利用互联网建立主要用于传播淫秽电子信息群组行为构成传播淫秽物品罪的定罪量刑标准。上述规定明确了电信业务经营者、互联网信息服务提供者、广告主、广告联盟、第三方支付平台以及网站建立者、直接负责的管理者等的刑事责任,有利于从源头上切断传播淫秽电子信息的利益链条,解决了司法实践中反映突出的法律适用问题。旨在通过强化“谁经营谁负责、谁接入谁负责、谁收费谁负责”的管理责任,引导互联网行业和电信行业切实履行应有的社会责任,清除互联网行业、电信行业中的害群之马,并通过铲除“黄毒”净化社会和互联网文化环境,推进精神文明建设,保护未成年人的身心健康,保障公众的合法权益。

【示例】浏览“不良网站”真的安全吗

2022 年春节期间,26 岁的李某在家刷着手机,突然跳出来一则色情广告,他出于好奇点击网站进行浏览,上面充斥着各种色情图片和小视频。看着客服发出的一个个露骨的内容,这个小伙子禁不住诱惑持续充值。骗子为了获得更大金额,让他点击了陌生链接,下载了陌生的 App。此时,这位小伙子已经完全丧失了分辨能力,在客服的花言巧语下,下载、注册、填写邀请码。可是他不知道,这个 App 以及网站存在恶意隐藏权限,已经悄悄地在后台获取了小伙子的相册信息、联系人信息、聊天信息并以此来威胁他。受到勒索后,小伙子本想息事宁人,没想到对方变本加厉。客服之前还告诉他只需帮客服完成刷单等任务,还能享受“升级服务”。面对这样的“福利”他自然不愿错过,之后他根据客服发布的刷单任务先后十多次向对方转账 31 万元,精神和财产都遭受了巨大损失。

【警示】低俗网站勿挑战法律底线

目前,有不少平台为了增加用户数量和吸引流量,不惜哗众取宠、触碰红线,野蛮生长、无序发展。各种低俗信息、虚假信息等挑战道德底线甚至触犯法律的内容也时有出现,给社会环境造成了负面影响。其中淫秽色情类信息是当下网络危害最大的违法信息,具有污辱性的图片、音视频、动漫、文章等,也包括非法的性用品广告和性病治疗广告以及色情交易、不正当交友等信息,还有走光、偷拍、露点等利用网络恶意传播他人隐私的信息。然而,有些人在浏览“不良视频"时，时常会中招，不过其自认为开启了"无痕浏览模式"不知道而已，或以为在浏览后清理数据就会很安全。上述示例中，小伙子浏览色情网站因"多看一眼"一年的积蓄被骗光，损失惨重，教训深刻。然而，在放松警惕时，个人信息很有可能在浏览"不良视频"时泄露出去，或者其手机被植入代码并利用浏览者的手机进行"挖矿"，对手机造成很大损害并使其变得异常卡顿。网站对其发布的内容具有法律与社会责任，平台应当确保其发布的内容健康，对内容的自审自查并不意味着法律对信息发布平台的约束减弱，也不意味着社会道德对网上信息的约束淡化。网络空间从来都不是法外之地，决不能把内容产品当作追逐利益的"摇钱树"，绝对不能违背公序良俗甚至触犯法律。低俗不是通俗，欲望不代表希望，单纯感官娱乐不等于精神快乐。如果任凭无原则、无底线的娱乐，恣意点击淫秽的网站或者偷看淫秽视频，则会污染人们的精神世界，其结果势必塑造出空虚的生命个体和灵魂，最终自食苦果、害人害己。

附　　录

中华人民共和国网络安全法

（2016 年 11 月 7 日第十二届全国人民代表大会
常务委员会第二十四次会议通过）

目　　录

第一章　总　　则

第一条　为了保障网络安全，维护网络空间主权和国家安全、社会公共利益，保护公民、法人和其他组织的合法权益，促进经济社会信息化健康发展，制定本法。

第二条　在中华人民共和国境内建设、运营、维护和使用网络，以及网络安全的监督管理，适用本法。

第三条　国家坚持网络安全与信息化发展并重，遵循积极利用、科学发展、依法管理、确保安全的方针，推进网络基础设施建设和互联互通，鼓励网络技术创新和应用，支持培养网络安全人才，建立健全网络安全保障体系，提高网络安全保护能力。

第四条　国家制定并不断完善网络安全战略，明确保障网络安全的基本要求和主要目标，提出重点领域的网络安全政策、工作任务和措施。

第五条　国家采取措施，监测、防御、处置来源于中华人民共和国境内外的网络安全风险和威胁，保护关键信息基础设施免受攻击、侵入、干扰和破坏，依法惩治网络违法犯罪活动，维护网络空间安全和秩序。

第六条 国家倡导诚实守信、健康文明的网络行为，推动传播社会主义核心价值观，采取措施提高全社会的网络安全意识和水平，形成全社会共同参与促进网络安全的良好环境。

第七条 国家积极开展网络空间治理、网络技术研发和标准制定、打击网络违法犯罪等方面的国际交流与合作，推动构建和平、安全、开放、合作的网络空间，建立多边、民主、透明的网络治理体系。

第八条 国家网信部门负责统筹协调网络安全工作和相关监督管理工作。国务院电信主管部门、公安部门和其他有关机关依照本法和有关法律、行政法规的规定，在各自职责范围内负责网络安全保护和监督管理工作。

县级以上地方人民政府有关部门的网络安全保护和监督管理职责，按照国家有关规定确定。

第九条 网络运营者开展经营和服务活动，必须遵守法律、行政法规，尊重社会公德，遵守商业道德，诚实信用，履行网络安全保护义务，接受政府和社会的监督，承担社会责任。

第十条 建设、运营网络或者通过网络提供服务，应当依照法律、行政法规的规定和国家标准的强制性要求，采取技术措施和其他必要措施，保障网络安全、稳定运行，有效应对网络安全事件，防范网络违法犯罪活动，维护网络数据的完整性、保密性和可用性。

第十一条 网络相关行业组织按照章程，加强行业自律，制定网络安全行为规范，指导会员加强网络安全保护，提高网络安全保护水平，促进行业健康发展。

第十二条 国家保护公民、法人和其他组织依法使用网络的权利，促进网络接入普及，提升网络服务水平，为社会提供安全、便利的网络服务，保障网络信息依法有序自由流动。

任何个人和组织使用网络应当遵守宪法法律，遵守公共秩序，尊重社会公德，不得危害网络安全，不得利用网络从事危害国家安全、荣誉和利益，煽动颠覆国家政权、推翻社会主义制度，煽动分裂国家、破坏国家统一，宣扬恐怖主义、极端主义，宣扬民族仇恨、民族歧视，传播暴力、淫秽色情信息，编造、传播虚假信息扰乱经济秩序和社会秩序，以及侵害他人名誉、隐私、知识产权和其他合法权益等活动。

第十三条 国家支持研究开发有利于未成年人健康成长的网络产品和服务，依法惩治利用网络从事危害未成年人身心健康的活动，为未成年人提供安全、健康的网络环境。

第十四条 任何个人和组织有权对危害网络安全的行为向网信、电信、公安等部门举报。收到举报的部门应当及时依法作出处理；不属于本部门职责的，应当及时移送有权处理的部门。

有关部门应当对举报人的相关信息予以保密,保护举报人的合法权益。

第二章 网络安全支持与促进

第十五条 国家建立和完善网络安全标准体系。国务院标准化行政主管部门和国务院其他有关部门根据各自的职责,组织制定并适时修订有关网络安全管理以及网络产品、服务和运行安全的国家标准、行业标准。

国家支持企业、研究机构、高等学校、网络相关行业组织参与网络安全国家标准、行业标准的制定。

第十六条 国务院和省、自治区、直辖市人民政府应当统筹规划,加大投入,扶持重点网络安全技术产业和项目,支持网络安全技术的研究开发和应用,推广安全可信的网络产品和服务,保护网络技术知识产权,支持企业、研究机构和高等学校等参与国家网络安全技术创新项目。

第十七条 国家推进网络安全社会化服务体系建设,鼓励有关企业、机构开展网络安全认证、检测和风险评估等安全服务。

第十八条 国家鼓励开发网络数据安全保护和利用技术,促进公共数据资源开放,推动技术创新和经济社会发展。

国家支持创新网络安全管理方式,运用网络新技术,提升网络安全保护水平。

第十九条 各级人民政府及其有关部门应当组织开展经常性的网络安全宣传教育,并指导、督促有关单位做好网络安全宣传教育工作。

大众传播媒介应当有针对性地面向社会进行网络安全宣传教育。

第二十条 国家支持企业和高等学校、职业学校等教育培训机构开展网络安全相关教育与培训,采取多种方式培养网络安全人才,促进网络安全人才交流。

第三章 网络运行安全

第一节 一般规定

第二十一条 国家实行网络安全等级保护制度。网络运营者应当按照网络安全等级保护制度的要求,履行下列安全保护义务,保障网络免受干扰、破坏或者未经授权的访问,防止网络数据泄露或者被窃取、篡改:

(一)制定内部安全管理制度和操作规程,确定网络安全负责人,落实网络安全保护责任;

(二)采取防范计算机病毒和网络攻击、网络侵入等危害网络安全行为的技术措施;

(三)采取监测、记录网络运行状态、网络安全事件的技术措施,并按照规定留存相关的网络日志不少于六个月;

(四)采取数据分类、重要数据备份和加密等措施;

（五）法律、行政法规规定的其他义务。

第二十二条 网络产品、服务应当符合相关国家标准的强制性要求。网络产品、服务的提供者不得设置恶意程序；发现其网络产品、服务存在安全缺陷、漏洞等风险时，应当立即采取补救措施，按照规定及时告知用户并向有关主管部门报告。

网络产品、服务的提供者应当为其产品、服务持续提供安全维护；在规定或者当事人约定的期限内，不得终止提供安全维护。

网络产品、服务具有收集用户信息功能的，其提供者应当向用户明示并取得同意；涉及用户个人信息的，还应当遵守本法和有关法律、行政法规关于个人信息保护的规定。

第二十三条 网络关键设备和网络安全专用产品应当按照相关国家标准的强制性要求，由具备资格的机构安全认证合格或者安全检测符合要求后，方可销售或者提供。国家网信部门会同国务院有关部门制定、公布网络关键设备和网络安全专用产品目录，并推动安全认证和安全检测结果互认，避免重复认证、检测。

第二十四条 网络运营者为用户办理网络接入、域名注册服务，办理固定电话、移动电话等入网手续，或者为用户提供信息发布、即时通讯等服务，在与用户签订协议或者确认提供服务时，应当要求用户提供真实身份信息。用户不提供真实身份信息的，网络运营者不得为其提供相关服务。

国家实施网络可信身份战略，支持研究开发安全、方便的电子身份认证技术，推动不同电子身份认证之间的互认。

第二十五条 网络运营者应当制定网络安全事件应急预案，及时处置系统漏洞、计算机病毒、网络攻击、网络侵入等安全风险；在发生危害网络安全的事件时，立即启动应急预案，采取相应的补救措施，并按照规定向有关主管部门报告。

第二十六条 开展网络安全认证、检测、风险评估等活动，向社会发布系统漏洞、计算机病毒、网络攻击、网络侵入等网络安全信息，应当遵守国家有关规定。

第二十七条 任何个人和组织不得从事非法侵入他人网络、干扰他人网络正常功能、窃取网络数据等危害网络安全的活动；不得提供专门用于从事侵入网络、干扰网络正常功能及防护措施、窃取网络数据等危害网络安全活动的程序、工具；明知他人从事危害网络安全的活动的，不得为其提供技术支持、广告推广、支付结算等帮助。

第二十八条 网络运营者应当为公安机关、国家安全机关依法维护国家安全和侦查犯罪的活动提供技术支持和协助。

第二十九条 国家支持网络运营者之间在网络安全信息收集、分析、通报和应急处置等方面进行合作，提高网络运营者的安全保障能力。

有关行业组织建立健全本行业的网络安全保护规范和协作机制，加强对网络安全风险的分析评估，定期向会员进行风险警示，支持、协助会员应对网络安全风险。

第三十条 网信部门和有关部门在履行网络安全保护职责中获取的信息，只能用于维护网络安全的需要,不得用于其他用途。

第二节 关键信息基础设施的运行安全

第三十一条 国家对公共通信和信息服务、能源、交通、水利、金融、公共服务、电子政务等重要行业和领域,以及其他一旦遭到破坏、丧失功能或者数据泄露,可能严重危害国家安全、国计民生、公共利益的关键信息基础设施,在网络安全等级保护制度的基础上,实行重点保护。关键信息基础设施的具体范围和安全保护办法由国务院制定。

国家鼓励关键信息基础设施以外的网络运营者自愿参与关键信息基础设施保护体系。

第三十二条 按照国务院规定的职责分工,负责关键信息基础设施安全保护工作的部门分别编制并组织实施本行业、本领域的关键信息基础设施安全规划,指导和监督关键信息基础设施运行安全保护工作。

第三十三条 建设关键信息基础设施应当确保其具有支持业务稳定、持续运行的性能,并保证安全技术措施同步规划、同步建设、同步使用。

第三十四条 除本法第二十一条的规定外,关键信息基础设施的运营者还应当履行下列安全保护义务:

(一)设置专门安全管理机构和安全管理负责人,并对该负责人和关键岗位的人员进行安全背景审查;

(二)定期对从业人员进行网络安全教育、技术培训和技能考核;

(三)对重要系统和数据库进行容灾备份;

(四)制定网络安全事件应急预案,并定期进行演练;

(五)法律、行政法规规定的其他义务。

第三十五条 关键信息基础设施的运营者采购网络产品和服务,可能影响国家安全的,应当通过国家网信部门会同国务院有关部门组织的国家安全审查。

第三十六条 关键信息基础设施的运营者采购网络产品和服务,应当按照规定与提供者签订安全保密协议,明确安全和保密义务与责任。

第三十七条 关键信息基础设施的运营者在中华人民共和国境内运营中收集和产生的个人信息和重要数据应当在境内存储。因业务需要,确需向境外提供的,应当按照国家网信部门会同国务院有关部门制定的办法进行安全评估;法律、行政法规另有规定的,依照其规定。

第三十八条 关键信息基础设施的运营者应当自行或者委托网络安全服务机构对其网络的安全性和可能存在的风险每年至少进行一次检测评估,并将检测评估情况和改进措施报送相关负责关键信息基础设施安全保护工作的部门。

第三十九条 国家网信部门应当统筹协调有关部门对关键信息基础设施的安全

保护采取下列措施：

（一）对关键信息基础设施的安全风险进行抽查检测，提出改进措施，必要时可以委托网络安全服务机构对网络存在的安全风险进行检测评估；

（二）定期组织关键信息基础设施的运营者进行网络安全应急演练，提高应对网络安全事件的水平和协同配合能力；

（三）促进有关部门、关键信息基础设施的运营者以及有关研究机构、网络安全服务机构等之间的网络安全信息共享；

（四）对网络安全事件的应急处置与网络功能的恢复等，提供技术支持和协助。

第四章　网络信息安全

第四十条　网络运营者应当对其收集的用户信息严格保密，并建立健全用户信息保护制度。

第四十一条　网络运营者收集、使用个人信息，应当遵循合法、正当、必要的原则，公开收集、使用规则，明示收集、使用信息的目的、方式和范围，并经被收集者同意。

网络运营者不得收集与其提供的服务无关的个人信息，不得违反法律、行政法规的规定和双方的约定收集、使用个人信息，并应当依照法律、行政法规的规定和与用户的约定，处理其保存的个人信息。

第四十二条　网络运营者不得泄露、篡改、毁损其收集的个人信息；未经被收集者同意，不得向他人提供个人信息。但是，经过处理无法识别特定个人且不能复原的除外。

网络运营者应当采取技术措施和其他必要措施，确保其收集的个人信息安全，防止信息泄露、毁损、丢失。在发生或者可能发生个人信息泄露、毁损、丢失的情况时，应当立即采取补救措施，按照规定及时告知用户并向有关主管部门报告。

第四十三条　个人发现网络运营者违反法律、行政法规的规定或者双方的约定收集、使用其个人信息的，有权要求网络运营者删除其个人信息；发现网络运营者收集、存储的其个人信息有错误的，有权要求网络运营者予以更正。网络运营者应当采取措施予以删除或者更正。

第四十四条　任何个人和组织不得窃取或者以其他非法方式获取个人信息，不得非法出售或者非法向他人提供个人信息。

第四十五条　依法负有网络安全监督管理职责的部门及其工作人员，必须对在履行职责中知悉的个人信息、隐私和商业秘密严格保密，不得泄露、出售或者非法向他人提供。

第四十六条　任何个人和组织应当对其使用网络的行为负责，不得设立用于实施诈骗，传授犯罪方法，制作或者销售违禁物品、管制物品等违法犯罪活动的网站、通讯群组，不得利用网络发布涉及实施诈骗，制作或者销售违禁物品、管制物品以及其他违法犯罪活动的信息。

第四十七条 网络运营者应当加强对其用户发布的信息的管理,发现法律、行政法规禁止发布或者传输的信息的,应当立即停止传输该信息,采取消除等处置措施,防止信息扩散,保存有关记录,并向有关主管部门报告。

第四十八条 任何个人和组织发送的电子信息、提供的应用软件,不得设置恶意程序,不得含有法律、行政法规禁止发布或者传输的信息。

电子信息发送服务提供者和应用软件下载服务提供者,应当履行安全管理义务,知道其用户有前款规定行为的,应当停止提供服务,采取消除等处置措施,保存有关记录,并向有关主管部门报告。

第四十九条 网络运营者应当建立网络信息安全投诉、举报制度,公布投诉、举报方式等信息,及时受理并处理有关网络信息安全的投诉和举报。

网络运营者对网信部门和有关部门依法实施的监督检查,应当予以配合。

第五十条 国家网信部门和有关部门依法履行网络信息安全监督管理职责,发现法律、行政法规禁止发布或者传输的信息的,应当要求网络运营者停止传输,采取消除等处置措施,保存有关记录;对来源于中华人民共和国境外的上述信息,应当通知有关机构采取技术措施和其他必要措施阻断传播。

第五章 监测预警与应急处置

第五十一条 国家建立网络安全监测预警和信息通报制度。国家网信部门应当统筹协调有关部门加强网络安全信息收集、分析和通报工作,按照规定统一发布网络安全监测预警信息。

第五十二条 负责关键信息基础设施安全保护工作的部门,应当建立健全本行业、本领域的网络安全监测预警和信息通报制度,并按照规定报送网络安全监测预警信息。

第五十三条 国家网信部门协调有关部门建立健全网络安全风险评估和应急工作机制,制定网络安全事件应急预案,并定期组织演练。

负责关键信息基础设施安全保护工作的部门应当制定本行业、本领域的网络安全事件应急预案,并定期组织演练。

网络安全事件应急预案应当按照事件发生后的危害程度、影响范围等因素对网络安全事件进行分级,并规定相应的应急处置措施。

第五十四条 网络安全事件发生的风险增大时,省级以上人民政府有关部门应当按照规定的权限和程序,并根据网络安全风险的特点和可能造成的危害,采取下列措施:

(一)要求有关部门、机构和人员及时收集、报告有关信息,加强对网络安全风险的监测;

（二）组织有关部门、机构和专业人员，对网络安全风险信息进行分析评估，预测事件发生的可能性、影响范围和危害程度；

（三）向社会发布网络安全风险预警，发布避免、减轻危害的措施。

第五十五条 发生网络安全事件，应当立即启动网络安全事件应急预案，对网络安全事件进行调查和评估，要求网络运营者采取技术措施和其他必要措施，消除安全隐患，防止危害扩大，并及时向社会发布与公众有关的警示信息。

第五十六条 省级以上人民政府有关部门在履行网络安全监督管理职责中，发现网络存在较大安全风险或者发生安全事件的，可以按照规定的权限和程序对该网络的运营者的法定代表人或者主要负责人进行约谈。网络运营者应当按照要求采取措施，进行整改，消除隐患。

第五十七条 因网络安全事件，发生突发事件或者生产安全事故的，应当依照《中华人民共和国突发事件应对法》、《中华人民共和国安全生产法》等有关法律、行政法规的规定处置。

第五十八条 因维护国家安全和社会公共秩序，处置重大突发社会安全事件的需要，经国务院决定或者批准，可以在特定区域对网络通信采取限制等临时措施。

第六章 法律责任

第五十九条 网络运营者不履行本法第二十一条、第二十五条规定的网络安全保护义务的，由有关主管部门责令改正，给予警告；拒不改正或者导致危害网络安全等后果的，处一万元以上十万元以下罚款，对直接负责的主管人员处五千元以上五万元以下罚款。

关键信息基础设施的运营者不履行本法第三十三条、第三十四条、第三十六条、第三十八条规定的网络安全保护义务的，由有关主管部门责令改正，给予警告；拒不改正或者导致危害网络安全等后果的，处十万元以上一百万元以下罚款，对直接负责的主管人员处一万元以上十万元以下罚款。

第六十条 违反本法第二十二条第一款、第二款和第四十八条第一款规定，有下列行为之一的，由有关主管部门责令改正，给予警告；拒不改正或者导致危害网络安全等后果的，处五万元以上五十万元以下罚款，对直接负责的主管人员处一万元以上十万元以下罚款：

（一）设置恶意程序的；

（二）对其产品、服务存在的安全缺陷、漏洞等风险未立即采取补救措施，或者未按照规定及时告知用户并向有关主管部门报告的；

（三）擅自终止为其产品、服务提供安全维护的。

第六十一条 网络运营者违反本法第二十四条第一款规定，未要求用户提供真实身份信息，或者对不提供真实身份信息的用户提供相关服务的，由有关主管部门责令改正;拒不改正或者情节严重的,处五万元以上五十万元以下罚款,并可以由有关主管部门责令暂停相关业务、停业整顿、关闭网站、吊销相关业务许可证或者吊销营业执照,对直接负责的主管人员和其他直接责任人员处一万元以上十万元以下罚款。

第六十二条 违反本法第二十六条规定,开展网络安全认证、检测、风险评估等活动,或者向社会发布系统漏洞、计算机病毒、网络攻击、网络侵入等网络安全信息的,由有关主管部门责令改正,给予警告;拒不改正或者情节严重的,处一万元以上十万元以下罚款,并可以由有关主管部门责令暂停相关业务、停业整顿、关闭网站、吊销相关业务许可证或者吊销营业执照,对直接负责的主管人员和其他直接责任人员处五千元以上五万元以下罚款。

第六十三条 违反本法第二十七条规定,从事危害网络安全的活动,或者提供专门用于从事危害网络安全活动的程序、工具,或者为他人从事危害网络安全的活动提供技术支持、广告推广、支付结算等帮助,尚不构成犯罪的,由公安机关没收违法所得,处五日以下拘留,可以并处五万元以上五十万元以下罚款;情节较重的,处五日以上十五日以下拘留,可以并处十万元以上一百万元以下罚款。

单位有前款行为的,由公安机关没收违法所得,处十万元以上一百万元以下罚款,并对直接负责的主管人员和其他直接责任人员依照前款规定处罚。

违反本法第二十七条规定,受到治安管理处罚的人员,五年内不得从事网络安全管理和网络运营关键岗位的工作;受到刑事处罚的人员,终身不得从事网络安全管理和网络运营关键岗位的工作。

第六十四条 网络运营者、网络产品或者服务的提供者违反本法第二十二条第三款、第四十一条至第四十三条规定,侵害个人信息依法得到保护的权利的,由有关主管部门责令改正,可以根据情节单处或者并处警告、没收违法所得、处违法所得一倍以上十倍以下罚款,没有违法所得的,处一百万元以下罚款,对直接负责的主管人员和其他直接责任人员处一万元以上十万元以下罚款;情节严重的,并可以责令暂停相关业务、停业整顿、关闭网站、吊销相关业务许可证或者吊销营业执照。

违反本法第四十四条规定,窃取或者以其他非法方式获取、非法出售或者非法向他人提供个人信息,尚不构成犯罪的,由公安机关没收违法所得,并处违法所得一倍以上十倍以下罚款,没有违法所得的,处一百万元以下罚款。

第六十五条 关键信息基础设施的运营者违反本法第三十五条规定,使用未经安全审查或者安全审查未通过的网络产品或者服务的,由有关主管部门责令停止使用,处采购金额一倍以上十倍以下罚款;对直接负责的主管人员和其他直接责任人员处一万元以上十万元以下罚款。

第六十六条 关键信息基础设施的运营者违反本法第三十七条规定,在境外存储网络数据,或者向境外提供网络数据的,由有关主管部门责令改正,给予警告,没收违法所得,处五万元以上五十万元以下罚款,并可以责令暂停相关业务、停业整顿、关闭网站、吊销相关业务许可证或者吊销营业执照;对直接负责的主管人员和其他直接责任人员处一万元以上十万元以下罚款。

第六十七条 违反本法第四十六条规定,设立用于实施违法犯罪活动的网站、通讯群组,或者利用网络发布涉及实施违法犯罪活动的信息,尚不构成犯罪的,由公安机关处五日以下拘留,可以并处一万元以上十万元以下罚款;情节较重的,处五日以上十五日以下拘留,可以并处五万元以上五十万元以下罚款。关闭用于实施违法犯罪活动的网站、通讯群组。

单位有前款行为的,由公安机关处十万元以上五十万元以下罚款,并对直接负责的主管人员和其他直接责任人员依照前款规定处罚。

第六十八条 网络运营者违反本法第四十七条规定,对法律、行政法规禁止发布或者传输的信息未停止传输、采取消除等处置措施、保存有关记录的,由有关主管部门责令改正,给予警告,没收违法所得;拒不改正或者情节严重的,处十万元以上五十万元以下罚款,并可以责令暂停相关业务、停业整顿、关闭网站、吊销相关业务许可证或者吊销营业执照,对直接负责的主管人员和其他直接责任人员处一万元以上十万元以下罚款。

电子信息发送服务提供者、应用软件下载服务提供者,不履行本法第四十八条第二款规定的安全管理义务的,依照前款规定处罚。

第六十九条 网络运营者违反本法规定,有下列行为之一的,由有关主管部门责令改正;拒不改正或者情节严重的,处五万元以上五十万元以下罚款,对直接负责的主管人员和其他直接责任人员,处一万元以上十万元以下罚款:

(一)不按照有关部门的要求对法律、行政法规禁止发布或者传输的信息,采取停止传输、消除等处置措施的;

(二)拒绝、阻碍有关部门依法实施的监督检查的;

(三)拒不向公安机关、国家安全机关提供技术支持和协助的。

第七十条 发布或者传输本法第十二条第二款和其他法律、行政法规禁止发布或者传输的信息的,依照有关法律、行政法规的规定处罚。

第七十一条 有本法规定的违法行为的,依照有关法律、行政法规的规定记入信用档案,并予以公示。

第七十二条 国家机关政务网络的运营者不履行本法规定的网络安全保护义务的,由其上级机关或者有关机关责令改正;对直接负责的主管人员和其他直接责任人员依法给予处分。

第七十三条 网信部门和有关部门违反本法第三十条规定,将在履行网络安全保护职责中获取的信息用于其他用途的,对直接负责的主管人员和其他直接责任人员依法给予处分。

网信部门和有关部门的工作人员玩忽职守、滥用职权、徇私舞弊,尚不构成犯罪的,依法给予处分。

第七十四条 违反本法规定,给他人造成损害的,依法承担民事责任。

违反本法规定,构成违反治安管理行为的,依法给予治安管理处罚;构成犯罪的,依法追究刑事责任。

第七十五条 境外的机构、组织、个人从事攻击、侵入、干扰、破坏等危害中华人民共和国的关键信息基础设施的活动,造成严重后果的,依法追究法律责任;国务院公安部门和有关部门并可以决定对该机构、组织、个人采取冻结财产或者其他必要的制裁措施。

第七章 附 则

第七十六条 本法下列用语的含义:

(一)网络,是指由计算机或者其他信息终端及相关设备组成的按照一定的规则和程序对信息进行收集、存储、传输、交换、处理的系统。

(二)网络安全,是指通过采取必要措施,防范对网络的攻击、侵入、干扰、破坏和非法使用以及意外事故,使网络处于稳定可靠运行的状态,以及保障网络数据的完整性、保密性、可用性的能力。

(三)网络运营者,是指网络的所有者、管理者和网络服务提供者。

(四)网络数据,是指通过网络收集、存储、传输、处理和产生的各种电子数据。

(五)个人信息,是指以电子或者其他方式记录的能够单独或者与其他信息结合识别自然人个人身份的各种信息,包括但不限于自然人的姓名、出生日期、身份证件号码、个人生物识别信息、住址、电话号码等。

第七十七条 存储、处理涉及国家秘密信息的网络的运行安全保护,除应当遵守本法外,还应当遵守保密法律、行政法规的规定。

第七十八条 军事网络的安全保护,由中央军事委员会另行规定。

第七十九条 本法自2017年6月1日起施行。

中华人民共和国数据安全法

（2021 年 6 月 10 日第十三届全国人民代表大会
常务委员会第二十九次会议通过）

目　　录

第一章　总　　则

第一条　为了规范数据处理活动，保障数据安全，促进数据开发利用，保护个人、组织的合法权益，维护国家主权、安全和发展利益，制定本法。

第二条　在中华人民共和国境内开展数据处理活动及其安全监管，适用本法。

在中华人民共和国境外开展数据处理活动，损害中华人民共和国国家安全、公共利益或者公民、组织合法权益的，依法追究法律责任。

第三条　本法所称数据，是指任何以电子或者其他方式对信息的记录。

数据处理，包括数据的收集、存储、使用、加工、传输、提供、公开等。

数据安全，是指通过采取必要措施，确保数据处于有效保护和合法利用的状态，以及具备保障持续安全状态的能力。

第四条　维护数据安全，应当坚持总体国家安全观，建立健全数据安全治理体系，提高数据安全保障能力。

第五条　中央国家安全领导机构负责国家数据安全工作的决策和议事协调，研究制定、指导实施国家数据安全战略和有关重大方针政策，统筹协调国家数据安全的重大事项和重要工作,建立国家数据安全工作协调机制。

第六条 各地区、各部门对本地区、本部门工作中收集和产生的数据及数据安全负责。

工业、电信、交通、金融、自然资源、卫生健康、教育、科技等主管部门承担本行业、本领域数据安全监管职责。

公安机关、国家安全机关等依照本法和有关法律、行政法规的规定,在各自职责范围内承担数据安全监管职责。

国家网信部门依照本法和有关法律、行政法规的规定,负责统筹协调网络数据安全和相关监管工作。

第七条 国家保护个人、组织与数据有关的权益,鼓励数据依法合理有效利用,保障数据依法有序自由流动,促进以数据为关键要素的数字经济发展。

第八条 开展数据处理活动,应当遵守法律、法规,尊重社会公德和伦理,遵守商业道德和职业道德,诚实守信,履行数据安全保护义务,承担社会责任,不得危害国家安全、公共利益,不得损害个人、组织的合法权益。

第九条 国家支持开展数据安全知识宣传普及,提高全社会的数据安全保护意识和水平,推动有关部门、行业组织、科研机构、企业、个人等共同参与数据安全保护工作,形成全社会共同维护数据安全和促进发展的良好环境。

第十条 相关行业组织按照章程,依法制定数据安全行为规范和团体标准,加强行业自律,指导会员加强数据安全保护,提高数据安全保护水平,促进行业健康发展。

第十一条 国家积极开展数据安全治理、数据开发利用等领域的国际交流与合作,参与数据安全相关国际规则和标准的制定,促进数据跨境安全、自由流动。

第十二条 任何个人、组织都有权对违反本法规定的行为向有关主管部门投诉、举报。收到投诉、举报的部门应当及时依法处理。

有关主管部门应当对投诉、举报人的相关信息予以保密,保护投诉、举报人的合法权益。

第二章 数据安全与发展

第十三条 国家统筹发展和安全,坚持以数据开发利用和产业发展促进数据安全,以数据安全保障数据开发利用和产业发展。

第十四条 国家实施大数据战略,推进数据基础设施建设,鼓励和支持数据在各行业、各领域的创新应用。

省级以上人民政府应当将数字经济发展纳入本级国民经济和社会发展规划,并根据需要制定数字经济发展规划。

第十五条 国家支持开发利用数据提升公共服务的智能化水平。提供智能化公共服务,应当充分考虑老年人、残疾人的需求,避免对老年人、残疾人的日常生活造成障碍。

第十六条 国家支持数据开发利用和数据安全技术研究，鼓励数据开发利用和数据安全等领域的技术推广和商业创新，培育、发展数据开发利用和数据安全产品、产业体系。

第十七条 国家推进数据开发利用技术和数据安全标准体系建设。国务院标准化行政主管部门和国务院有关部门根据各自的职责，组织制定并适时修订有关数据开发利用技术、产品和数据安全相关标准。国家支持企业、社会团体和教育、科研机构等参与标准制定。

第十八条 国家促进数据安全检测评估、认证等服务的发展，支持数据安全检测评估、认证等专业机构依法开展服务活动。

国家支持有关部门、行业组织、企业、教育和科研机构、有关专业机构等在数据安全风险评估、防范、处置等方面开展协作。

第十九条 国家建立健全数据交易管理制度，规范数据交易行为，培育数据交易市场。

第二十条 国家支持教育、科研机构和企业等开展数据开发利用技术和数据安全相关教育和培训，采取多种方式培养数据开发利用技术和数据安全专业人才，促进人才交流。

第三章　数据安全制度

第二十一条 国家建立数据分类分级保护制度，根据数据在经济社会发展中的重要程度，以及一旦遭到篡改、破坏、泄露或者非法获取、非法利用，对国家安全、公共利益或者个人、组织合法权益造成的危害程度，对数据实行分类分级保护。国家数据安全工作协调机制统筹协调有关部门制定重要数据目录，加强对重要数据的保护。

关系国家安全、国民经济命脉、重要民生、重大公共利益等数据属于国家核心数据，实行更加严格的管理制度。

各地区、各部门应当按照数据分类分级保护制度，确定本地区、本部门以及相关行业、领域的重要数据具体目录，对列入目录的数据进行重点保护。

第二十二条 国家建立集中统一、高效权威的数据安全风险评估、报告、信息共享、监测预警机制。国家数据安全工作协调机制统筹协调有关部门加强数据安全风险信息的获取、分析、研判、预警工作。

第二十三条 国家建立数据安全应急处置机制。发生数据安全事件，有关主管部门应当依法启动应急预案，采取相应的应急处置措施，防止危害扩大，消除安全隐患，并及时向社会发布与公众有关的警示信息。

第二十四条 国家建立数据安全审查制度，对影响或者可能影响国家安全的数据处理活动进行国家安全审查。

依法作出的安全审查决定为最终决定。

第二十五条 国家对与维护国家安全和利益、履行国际义务相关的属于管制物项的数据依法实施出口管制。

第二十六条 任何国家或者地区在与数据和数据开发利用技术等有关的投资、贸易等方面对中华人民共和国采取歧视性的禁止、限制或者其他类似措施的,中华人民共和国可以根据实际情况对该国家或者地区对等采取措施。

第四章 数据安全保护义务

第二十七条 开展数据处理活动应当依照法律、法规的规定,建立健全全流程数据安全管理制度,组织开展数据安全教育培训,采取相应的技术措施和其他必要措施,保障数据安全。利用互联网等信息网络开展数据处理活动,应当在网络安全等级保护制度的基础上,履行上述数据安全保护义务。

重要数据的处理者应当明确数据安全负责人和管理机构,落实数据安全保护责任。

第二十八条 开展数据处理活动以及研究开发数据新技术,应当有利于促进经济社会发展,增进人民福祉,符合社会公德和伦理。

第二十九条 开展数据处理活动应当加强风险监测,发现数据安全缺陷、漏洞等风险时,应当立即采取补救措施;发生数据安全事件时,应当立即采取处置措施,按照规定及时告知用户并向有关主管部门报告。

第三十条 重要数据的处理者应当按照规定对其数据处理活动定期开展风险评估,并向有关主管部门报送风险评估报告。

风险评估报告应当包括处理的重要数据的种类、数量,开展数据处理活动的情况,面临的数据安全风险及其应对措施等。

第三十一条 关键信息基础设施的运营者在中华人民共和国境内运营中收集和产生的重要数据的出境安全管理,适用《中华人民共和国网络安全法》的规定;其他数据处理者在中华人民共和国境内运营中收集和产生的重要数据的出境安全管理办法,由国家网信部门会同国务院有关部门制定。

第三十二条 任何组织、个人收集数据,应当采取合法、正当的方式,不得窃取或者以其他非法方式获取数据。

法律、行政法规对收集、使用数据的目的、范围有规定的,应当在法律、行政法规规定的目的和范围内收集、使用数据。

第三十三条 从事数据交易中介服务的机构提供服务,应当要求数据提供方说明数据来源,审核交易双方的身份,并留存审核、交易记录。

第三十四条 法律、行政法规规定提供数据处理相关服务应当取得行政许可的,服务提供者应当依法取得许可。

第三十五条 公安机关、国家安全机关因依法维护国家安全或者侦查犯罪的需要调取数据,应当按照国家有关规定,经过严格的批准手续,依法进行,有关组织、个人应当予以配合。

第三十六条 中华人民共和国主管机关根据有关法律和中华人民共和国缔结或者参加的国际条约、协定,或者按照平等互惠原则,处理外国司法或者执法机构关于提供数据的请求。非经中华人民共和国主管机关批准,境内的组织、个人不得向外国司法或者执法机构提供存储于中华人民共和国境内的数据。

第五章 政务数据安全与开放

第三十七条 国家大力推进电子政务建设,提高政务数据的科学性、准确性、时效性,提升运用数据服务经济社会发展的能力。

第三十八条 国家机关为履行法定职责的需要收集、使用数据,应当在其履行法定职责的范围内依照法律、行政法规规定的条件和程序进行;对在履行职责中知悉的个人隐私、个人信息、商业秘密、保密商务信息等数据应当依法予以保密,不得泄露或者非法向他人提供。

第三十九条 国家机关应当依照法律、行政法规的规定,建立健全数据安全管理制度,落实数据安全保护责任,保障政务数据安全。

第四十条 国家机关委托他人建设、维护电子政务系统,存储、加工政务数据,应当经过严格的批准程序,并应当监督受托方履行相应的数据安全保护义务。受托方应当依照法律、法规的规定和合同约定履行数据安全保护义务,不得擅自留存、使用、泄露或者向他人提供政务数据。

第四十一条 国家机关应当遵循公正、公平、便民的原则,按照规定及时、准确地公开政务数据。依法不予公开的除外。

第四十二条 国家制定政务数据开放目录,构建统一规范、互联互通、安全可控的政务数据开放平台,推动政务数据开放利用。

第四十三条 法律、法规授权的具有管理公共事务职能的组织为履行法定职责开展数据处理活动,适用本章规定。

第六章 法律责任

第四十四条 有关主管部门在履行数据安全监管职责中,发现数据处理活动存在较大安全风险的,可以按照规定的权限和程序对有关组织、个人进行约谈,并要求有关组织、个人采取措施进行整改,消除隐患。

第四十五条 开展数据处理活动的组织、个人不履行本法第二十七条、第二十九条、第三十条规定的数据安全保护义务的,由有关主管部门责令改正,给予警告,可以并处五万元以上五十万元以下罚款,对直接负责的主管人员和其他直接责任人员可以处一万元以上十万元以下罚款；拒不改正或者造成大量数据泄露等严重后果的，处五十万元以上二百万元以下罚款，并可以责令暂停相关业务、停业整顿、吊销相关业务许可证或者吊销营业执照，对直接负责的主管人员和其他直接责任人员处五万元以上二十万元以下罚款。

违反国家核心数据管理制度，危害国家主权、安全和发展利益的，由有关主管部门处二百万元以上一千万元以下罚款，并根据情况责令暂停相关业务、停业整顿、吊销相关业务许可证或者吊销营业执照；构成犯罪的，依法追究刑事责任。

第四十六条 违反本法第三十一条规定，向境外提供重要数据的，由有关主管部门责令改正，给予警告，可以并处十万元以上一百万元以下罚款，对直接负责的主管人员和其他直接责任人员可以处一万元以上十万元以下罚款；情节严重的，处一百万元以上一千万元以下罚款，并可以责令暂停相关业务、停业整顿、吊销相关业务许可证或者吊销营业执照，对直接负责的主管人员和其他直接责任人员处十万元以上一百万元以下罚款。

第四十七条 从事数据交易中介服务的机构未履行本法第三十三条规定的义务的，由有关主管部门责令改正，没收违法所得，处违法所得一倍以上十倍以下罚款，没有违法所得或者违法所得不足十万元的，处十万元以上一百万元以下罚款，并可以责令暂停相关业务、停业整顿、吊销相关业务许可证或者吊销营业执照；对直接负责的主管人员和其他直接责任人员处一万元以上十万元以下罚款。

第四十八条 违反本法第三十五条规定，拒不配合数据调取的，由有关主管部门责令改正，给予警告，并处五万元以上五十万元以下罚款，对直接负责的主管人员和其他直接责任人员处一万元以上十万元以下罚款。

违反本法第三十六条规定，未经主管机关批准向外国司法或者执法机构提供数据的，由有关主管部门给予警告，可以并处十万元以上一百万元以下罚款，对直接负责的主管人员和其他直接责任人员可以处一万元以上十万元以下罚款；造成严重后果的，处一百万元以上五百万元以下罚款，并可以责令暂停相关业务、停业整顿、吊销相关业务许可证或者吊销营业执照，对直接负责的主管人员和其他直接责任人员处五万元以上五十万元以下罚款。

第四十九条 国家机关不履行本法规定的数据安全保护义务的，对直接负责的主管人员和其他直接责任人员依法给予处分。

第五十条 履行数据安全监管职责的国家工作人员玩忽职守、滥用职权、徇私舞弊的，依法给予处分。

第五十一条 窃取或者以其他非法方式获取数据，开展数据处理活动排除、限制竞争，或者损害个人、组织合法权益的，依照有关法律、行政法规的规定处罚。

第五十二条 违反本法规定，给他人造成损害的，依法承担民事责任。

违反本法规定，构成违反治安管理行为的，依法给予治安管理处罚；构成犯罪的，依法追究刑事责任。

第七章　附　　则

第五十三条　开展涉及国家秘密的数据处理活动，适用《中华人民共和国保守国家秘密法》等法律、行政法规的规定。

在统计、档案工作中开展数据处理活动，开展涉及个人信息的数据处理活动，还应当遵守有关法律、行政法规的规定。

第五十四条　军事数据安全保护的办法，由中央军事委员会依据本法另行制定。

第五十五条　本法自2021年9月1日起施行。

中华人民共和国个人信息保护法

（2021年8月20日第十三届全国人民代表大会
常务委员会第三十次会议通过）

目　　录

第一章　总　　则

第一条　为了保护个人信息权益，规范个人信息处理活动，促进个人信息合理利用，根据宪法，制定本法。

第二条　自然人的个人信息受法律保护，任何组织、个人不得侵害自然人的个人信息权益。

第三条　在中华人民共和国境内处理自然人个人信息的活动，适用本法。

在中华人民共和国境外处理中华人民共和国境内自然人个人信息的活动，有下列情形之一的，也适用本法：

（一）以向境内自然人提供产品或者服务为目的；

（二）分析、评估境内自然人的行为；

（三）法律、行政法规规定的其他情形。

第四条　个人信息是以电子或者其他方式记录的与已识别或者可识别的自然人有关的各种信息，不包括匿名化处理后的信息。

个人信息的处理包括个人信息的收集、存储、使用、加工、传输、提供、公开、删除等。

第五条　处理个人信息应当遵循合法、正当、必要和诚信原则，不得通过误导、欺诈、胁迫等方式处理个人信息。

第六条　处理个人信息应当具有明确、合理的目的，并应当与处理目的直接相关，采取对个人权益影响最小的方式。

收集个人信息，应当限于实现处理目的的最小范围，不得过度收集个人信息。

第七条　处理个人信息应当遵循公开、透明原则，公开个人信息处理规则，明示处理的目的、方式和范围。

第八条　处理个人信息应当保证个人信息的质量，避免因个人信息不准确、不完整对个人权益造成不利影响。

第九条　个人信息处理者应当对其个人信息处理活动负责，并采取必要措施保障所处理的个人信息的安全。

第十条　任何组织、个人不得非法收集、使用、加工、传输他人个人信息，不得非法买卖、提供或者公开他人个人信息；不得从事危害国家安全、公共利益的个人信息处理活动。

第十一条　国家建立健全个人信息保护制度，预防和惩治侵害个人信息权益的行为，加强个人信息保护宣传教育，推动形成政府、企业、相关社会组织、公众共同参与个人信息保护的良好环境。

第十二条　国家积极参与个人信息保护国际规则的制定，促进个人信息保护方面的国际交流与合作，推动与其他国家、地区、国际组织之间的个人信息保护规则、标准等互认。

第二章　个人信息处理规则

第一节　一 般 规 定

第十三条　符合下列情形之一的，个人信息处理者方可处理个人信息：

（一）取得个人的同意；

（二）为订立、履行个人作为一方当事人的合同所必需，或者按照依法制定的劳动规章制度和依法签订的集体合同实施人力资源管理所必需；

（三）为履行法定职责或者法定义务所必需；

（四）为应对突发公共卫生事件，或者紧急情况下为保护自然人的生命健康和财产安全所必需；

（五）为公共利益实施新闻报道、舆论监督等行为，在合理的范围内处理个人信息；

（六）依照本法规定在合理的范围内处理个人自行公开或者其他已经合法公开的个人信息；

（七）法律、行政法规规定的其他情形。

依照本法其他有关规定，处理个人信息应当取得个人同意，但是有前款第二项至第七项规定情形的，不需取得个人同意。

第十四条 基于个人同意处理个人信息的，该同意应当由个人在充分知情的前提下自愿、明确作出。法律、行政法规规定处理个人信息应当取得个人单独同意或者书面同意的，从其规定。

个人信息的处理目的、处理方式和处理的个人信息种类发生变更的，应当重新取得个人同意。

第十五条 基于个人同意处理个人信息的，个人有权撤回其同意。个人信息处理者应当提供便捷的撤回同意的方式。

个人撤回同意，不影响撤回前基于个人同意已进行的个人信息处理活动的效力。

第十六条 个人信息处理者不得以个人不同意处理其个人信息或者撤回同意为由，拒绝提供产品或者服务；处理个人信息属于提供产品或者服务所必需的除外。

第十七条 个人信息处理者在处理个人信息前，应当以显著方式、清晰易懂的语言真实、准确、完整地向个人告知下列事项：

（一）个人信息处理者的名称或者姓名和联系方式；

（二）个人信息的处理目的、处理方式，处理的个人信息种类、保存期限；

（三）个人行使本法规定权利的方式和程序；

（四）法律、行政法规规定应当告知的其他事项。

前款规定事项发生变更的，应当将变更部分告知个人。

个人信息处理者通过制定个人信息处理规则的方式告知第一款规定事项的，处理规则应当公开，并且便于查阅和保存。

第十八条 个人信息处理者处理个人信息，有法律、行政法规规定应当保密或者不需要告知的情形的，可以不向个人告知前条第一款规定的事项。

紧急情况下为保护自然人的生命健康和财产安全无法及时向个人告知的，个人信息处理者应当在紧急情况消除后及时告知。

第十九条 除法律、行政法规另有规定外，个人信息的保存期限应当为实现处理目的所必要的最短时间。

第二十条 两个以上的个人信息处理者共同决定个人信息的处理目的和处理方式的，应当约定各自的权利和义务。但是，该约定不影响个人向其中任何一个个人信息处理者要求行使本法规定的权利。

个人信息处理者共同处理个人信息，侵害个人信息权益造成损害的，应当依法承担连带责任。

第二十一条 个人信息处理者委托处理个人信息的,应当与受托人约定委托处理的目的、期限、处理方式、个人信息的种类、保护措施以及双方的权利和义务等,并对受托人的个人信息处理活动进行监督。

受托人应当按照约定处理个人信息,不得超出约定的处理目的、处理方式等处理个人信息;委托合同不生效、无效、被撤销或者终止的,受托人应当将个人信息返还个人信息处理者或者予以删除,不得保留。

未经个人信息处理者同意,受托人不得转委托他人处理个人信息。

第二十二条 个人信息处理者因合并、分立、解散、被宣告破产等原因需要转移个人信息的,应当向个人告知接收方的名称或者姓名和联系方式。接收方应当继续履行个人信息处理者的义务。接收方变更原先的处理目的、处理方式的,应当依照本法规定重新取得个人同意。

第二十三条 个人信息处理者向其他个人信息处理者提供其处理的个人信息的,应当向个人告知接收方的名称或者姓名、联系方式、处理目的、处理方式和个人信息的种类,并取得个人的单独同意。接收方应当在上述处理目的、处理方式和个人信息的种类等范围内处理个人信息。接收方变更原先的处理目的、处理方式的,应当依照本法规定重新取得个人同意。

第二十四条 个人信息处理者利用个人信息进行自动化决策,应当保证决策的透明度和结果公平、公正,不得对个人在交易价格等交易条件上实行不合理的差别待遇。

通过自动化决策方式向个人进行信息推送、商业营销,应当同时提供不针对其个人特征的选项,或者向个人提供便捷的拒绝方式。

通过自动化决策方式作出对个人权益有重大影响的决定,个人有权要求个人信息处理者予以说明,并有权拒绝个人信息处理者仅通过自动化决策的方式作出决定。

第二十五条 个人信息处理者不得公开其处理的个人信息,取得个人单独同意的除外。

第二十六条 在公共场所安装图像采集、个人身份识别设备,应当为维护公共安全所必需,遵守国家有关规定,并设置显著的提示标识。所收集的个人图像、身份识别信息只能用于维护公共安全的目的,不得用于其他目的;取得个人单独同意的除外。

第二十七条 个人信息处理者可以在合理的范围内处理个人自行公开或者其他已经合法公开的个人信息;个人明确拒绝的除外。个人信息处理者处理已公开的个人信息,对个人权益有重大影响的,应当依照本法规定取得个人同意。

第二节 敏感个人信息的处理规则

第二十八条 敏感个人信息是一旦泄露或者非法使用,容易导致自然人的人格尊严受到侵害或者人身、财产安全受到危害的个人信息,包括生物识别、宗教信仰、特定身份、医疗健康、金融账户、行踪轨迹等信息,以及不满十四周岁未成年人的个人信息。

只有在具有特定的目的和充分的必要性,并采取严格保护措施的情形下,个人信息处理者方可处理敏感个人信息。

第二十九条 处理敏感个人信息应当取得个人的单独同意;法律、行政法规规定处理敏感个人信息应当取得书面同意的,从其规定。

第三十条 个人信息处理者处理敏感个人信息的,除本法第十七条第一款规定的事项外,还应当向个人告知处理敏感个人信息的必要性以及对个人权益的影响;依照本法规定可以不向个人告知的除外。

第三十一条 个人信息处理者处理不满十四周岁未成年人个人信息的,应当取得未成年人的父母或者其他监护人的同意。

个人信息处理者处理不满十四周岁未成年人个人信息的,应当制定专门的个人信息处理规则。

第三十二条 法律、行政法规对处理敏感个人信息规定应当取得相关行政许可或者作出其他限制的,从其规定。

第三节 国家机关处理个人信息的特别规定

第三十三条 国家机关处理个人信息的活动,适用本法;本节有特别规定的,适用本节规定。

第三十四条 国家机关为履行法定职责处理个人信息,应当依照法律、行政法规规定的权限、程序进行,不得超出履行法定职责所必需的范围和限度。

第三十五条 国家机关为履行法定职责处理个人信息,应当依照本法规定履行告知义务;有本法第十八条第一款规定的情形,或者告知将妨碍国家机关履行法定职责的除外。

第三十六条 国家机关处理的个人信息应当在中华人民共和国境内存储;确需向境外提供的,应当进行安全评估。安全评估可以要求有关部门提供支持与协助。

第三十七条 法律、法规授权的具有管理公共事务职能的组织为履行法定职责处理个人信息,适用本法关于国家机关处理个人信息的规定。

第三章 个人信息跨境提供的规则

第三十八条 个人信息处理者因业务等需要,确需向中华人民共和国境外提供个人信息的,应当具备下列条件之一:

(一)依照本法第四十条的规定通过国家网信部门组织的安全评估;

(二)按照国家网信部门的规定经专业机构进行个人信息保护认证;

(三)按照国家网信部门制定的标准合同与境外接收方订立合同,约定双方的权利和义务;

（四）法律、行政法规或者国家网信部门规定的其他条件。

中华人民共和国缔结或者参加的国际条约、协定对向中华人民共和国境外提供个人信息的条件等有规定的，可以按照其规定执行。

个人信息处理者应当采取必要措施，保障境外接收方处理个人信息的活动达到本法规定的个人信息保护标准。

第三十九条 个人信息处理者向中华人民共和国境外提供个人信息的，应当向个人告知境外接收方的名称或者姓名、联系方式、处理目的、处理方式、个人信息的种类以及个人向境外接收方行使本法规定权利的方式和程序等事项，并取得个人的单独同意。

第四十条 关键信息基础设施运营者和处理个人信息达到国家网信部门规定数量的个人信息处理者，应当将在中华人民共和国境内收集和产生的个人信息存储在境内。确需向境外提供的，应当通过国家网信部门组织的安全评估；法律、行政法规和国家网信部门规定可以不进行安全评估的，从其规定。

第四十一条 中华人民共和国主管机关根据有关法律和中华人民共和国缔结或者参加的国际条约、协定，或者按照平等互惠原则，处理外国司法或者执法机构关于提供存储于境内个人信息的请求。非经中华人民共和国主管机关批准，个人信息处理者不得向外国司法或者执法机构提供存储于中华人民共和国境内的个人信息。

第四十二条 境外的组织、个人从事侵害中华人民共和国公民的个人信息权益，或者危害中华人民共和国国家安全、公共利益的个人信息处理活动的，国家网信部门可以将其列入限制或者禁止个人信息提供清单，予以公告，并采取限制或者禁止向其提供个人信息等措施。

第四十三条 任何国家或者地区在个人信息保护方面对中华人民共和国采取歧视性的禁止、限制或者其他类似措施的，中华人民共和国可以根据实际情况对该国家或者地区对等采取措施。

第四章　个人在个人信息处理活动中的权利

第四十四条 个人对其个人信息的处理享有知情权、决定权，有权限制或者拒绝他人对其个人信息进行处理；法律、行政法规另有规定的除外。

第四十五条 个人有权向个人信息处理者查阅、复制其个人信息；有本法第十八条第一款、第三十五条规定情形的除外。

个人请求查阅、复制其个人信息的，个人信息处理者应当及时提供。

个人请求将个人信息转移至其指定的个人信息处理者，符合国家网信部门规定条件的，个人信息处理者应当提供转移的途径。

第四十六条 个人发现其个人信息不准确或者不完整的，有权请求个人信息处理者更正、补充。

个人请求更正、补充其个人信息的，个人信息处理者应当对其个人信息予以核实，并及时更正、补充。

第四十七条 有下列情形之一的，个人信息处理者应当主动删除个人信息；个人信息处理者未删除的，个人有权请求删除：

(一)处理目的已实现、无法实现或者为实现处理目的不再必要；

(二)个人信息处理者停止提供产品或者服务，或者保存期限已届满；

(三)个人撤回同意；

(四)个人信息处理者违反法律、行政法规或者违反约定处理个人信息；

(五)法律、行政法规规定的其他情形。

法律、行政法规规定的保存期限未届满，或者删除个人信息从技术上难以实现的，个人信息处理者应当停止除存储和采取必要的安全保护措施之外的处理。

第四十八条 个人有权要求个人信息处理者对其个人信息处理规则进行解释说明。

第四十九条 自然人死亡的，其近亲属为了自身的合法、正当利益，可以对死者的相关个人信息行使本章规定的查阅、复制、更正、删除等权利；死者生前另有安排的除外。

第五十条 个人信息处理者应当建立便捷的个人行使权利的申请受理和处理机制。拒绝个人行使权利的请求的，应当说明理由。

个人信息处理者拒绝个人行使权利的请求的，个人可以依法向人民法院提起诉讼。

第五章 个人信息处理者的义务

第五十一条 个人信息处理者应当根据个人信息的处理目的、处理方式、个人信息的种类以及对个人权益的影响、可能存在的安全风险等，采取下列措施确保个人信息处理活动符合法律、行政法规的规定，并防止未经授权的访问以及个人信息泄露、篡改、丢失：

(一)制定内部管理制度和操作规程；

(二)对个人信息实行分类管理；

(三)采取相应的加密、去标识化等安全技术措施；

(四)合理确定个人信息处理的操作权限，并定期对从业人员进行安全教育和培训；

(五)制定并组织实施个人信息安全事件应急预案；

(六)法律、行政法规规定的其他措施。

第五十二条 处理个人信息达到国家网信部门规定数量的个人信息处理者应当指定个人信息保护负责人，负责对个人信息处理活动以及采取的保护措施等进行监督。

个人信息处理者应当公开个人信息保护负责人的联系方式，并将个人信息保护负责人的姓名、联系方式等报送履行个人信息保护职责的部门。

第五十三条 本法第三条第二款规定的中华人民共和国境外的个人信息处理者，应当在中华人民共和国境内设立专门机构或者指定代表，负责处理个人信息保护相关事务，并将有关机构的名称或者代表的姓名、联系方式等报送履行个人信息保护职责的部门。

第五十四条 个人信息处理者应当定期对其处理个人信息遵守法律、行政法规的情况进行合规审计。

第五十五条 有下列情形之一的，个人信息处理者应当事前进行个人信息保护影响评估，并对处理情况进行记录：

（一）处理敏感个人信息；

（二）利用个人信息进行自动化决策；

（三）委托处理个人信息、向其他个人信息处理者提供个人信息、公开个人信息；

（四）向境外提供个人信息；

（五）其他对个人权益有重大影响的个人信息处理活动。

第五十六条 个人信息保护影响评估应当包括下列内容：

（一）个人信息的处理目的、处理方式等是否合法、正当、必要；

（二）对个人权益的影响及安全风险；

（三）所采取的保护措施是否合法、有效并与风险程度相适应。

个人信息保护影响评估报告和处理情况记录应当至少保存三年。

第五十七条 发生或者可能发生个人信息泄露、篡改、丢失的，个人信息处理者应当立即采取补救措施，并通知履行个人信息保护职责的部门和个人。通知应当包括下列事项：

（一）发生或者可能发生个人信息泄露、篡改、丢失的信息种类、原因和可能造成的危害；

（二）个人信息处理者采取的补救措施和个人可以采取的减轻危害的措施；

（三）个人信息处理者的联系方式。

个人信息处理者采取措施能够有效避免信息泄露、篡改、丢失造成危害的，个人信息处理者可以不通知个人；履行个人信息保护职责的部门认为可能造成危害的，有权要求个人信息处理者通知个人。

第五十八条 提供重要互联网平台服务、用户数量巨大、业务类型复杂的个人信息处理者，应当履行下列义务：

（一）按照国家规定建立健全个人信息保护合规制度体系，成立主要由外部成员组成的独立机构对个人信息保护情况进行监督；

（二）遵循公开、公平、公正的原则，制定平台规则，明确平台内产品或者服务提供者处理个人信息的规范和保护个人信息的义务；

（三）对严重违反法律、行政法规处理个人信息的平台内的产品或者服务提供者，停止提供服务；

（四）定期发布个人信息保护社会责任报告，接受社会监督。

第五十九条 接受委托处理个人信息的受托人，应当依照本法和有关法律、行政法规的规定，采取必要措施保障所处理的个人信息的安全，并协助个人信息处理者履行本法规定的义务。

第六章 履行个人信息保护职责的部门

第六十条 国家网信部门负责统筹协调个人信息保护工作和相关监督管理工作。国务院有关部门依照本法和有关法律、行政法规的规定，在各自职责范围内负责个人信息保护和监督管理工作。

县级以上地方人民政府有关部门的个人信息保护和监督管理职责，按照国家有关规定确定。

前两款规定的部门统称为履行个人信息保护职责的部门。

第六十一条 履行个人信息保护职责的部门履行下列个人信息保护职责：

（一）开展个人信息保护宣传教育，指导、监督个人信息处理者开展个人信息保护工作；

（二）接受、处理与个人信息保护有关的投诉、举报；

（三）组织对应用程序等个人信息保护情况进行测评，并公布测评结果；

（四）调查、处理违法个人信息处理活动；

（五）法律、行政法规规定的其他职责。

第六十二条 国家网信部门统筹协调有关部门依据本法推进下列个人信息保护工作：

（一）制定个人信息保护具体规则、标准；

（二）针对小型个人信息处理者、处理敏感个人信息以及人脸识别、人工智能等新技术、新应用，制定专门的个人信息保护规则、标准；

（三）支持研究开发和推广应用安全、方便的电子身份认证技术，推进网络身份认证公共服务建设；

（四）推进个人信息保护社会化服务体系建设，支持有关机构开展个人信息保护评估、认证服务；

（五）完善个人信息保护投诉、举报工作机制。

第六十三条 履行个人信息保护职责的部门履行个人信息保护职责，可以采取下列措施：

（一）询问有关当事人，调查与个人信息处理活动有关的情况；

（二）查阅、复制当事人与个人信息处理活动有关的合同、记录、账簿以及其他有关资料；

（三）实施现场检查，对涉嫌违法的个人信息处理活动进行调查；

（四）检查与个人信息处理活动有关的设备、物品；对有证据证明是用于违法个人信息处理活动的设备、物品，向本部门主要负责人书面报告并经批准，可以查封或者扣押。

履行个人信息保护职责的部门依法履行职责，当事人应当予以协助、配合，不得拒绝、阻挠。

第六十四条 履行个人信息保护职责的部门在履行职责中，发现个人信息处理活动存在较大风险或者发生个人信息安全事件的，可以按照规定的权限和程序对该个人信息处理者的法定代表人或者主要负责人进行约谈，或者要求个人信息处理者委托专业机构对其个人信息处理活动进行合规审计。个人信息处理者应当按照要求采取措施，进行整改，消除隐患。

履行个人信息保护职责的部门在履行职责中，发现违法处理个人信息涉嫌犯罪的，应当及时移送公安机关依法处理。

第六十五条 任何组织、个人有权对违法个人信息处理活动向履行个人信息保护职责的部门进行投诉、举报。收到投诉、举报的部门应当依法及时处理，并将处理结果告知投诉、举报人。

履行个人信息保护职责的部门应当公布接受投诉、举报的联系方式。

第七章 法律责任

第六十六条 违反本法规定处理个人信息，或者处理个人信息未履行本法规定的个人信息保护义务的，由履行个人信息保护职责的部门责令改正，给予警告，没收违法所得，对违法处理个人信息的应用程序，责令暂停或者终止提供服务；拒不改正的，并处一百万元以下罚款；对直接负责的主管人员和其他直接责任人员处一万元以上十万元以下罚款。

有前款规定的违法行为，情节严重的，由省级以上履行个人信息保护职责的部门责令改正，没收违法所得，并处五千万元以下或者上一年度营业额百分之五以下罚款，并可以责令暂停相关业务或者停业整顿、通报有关主管部门吊销相关业务许可或者吊销营业执照；对直接负责的主管人员和其他直接责任人员处十万元以上一百万元以下罚款，并可以决定禁止其在一定期限内担任相关企业的董事、监事、高级管理人员和个人信息保护负责人。

第六十七条 有本法规定的违法行为的，依照有关法律、行政法规的规定记入信用档案，并予以公示。

第六十八条　国家机关不履行本法规定的个人信息保护义务的，由其上级机关或者履行个人信息保护职责的部门责令改正；对直接负责的主管人员和其他直接责任人员依法给予处分。

履行个人信息保护职责的部门的工作人员玩忽职守、滥用职权、徇私舞弊，尚不构成犯罪的，依法给予处分。

第六十九条　处理个人信息侵害个人信息权益造成损害，个人信息处理者不能证明自己没有过错的，应当承担损害赔偿等侵权责任。

前款规定的损害赔偿责任按照个人因此受到的损失或者个人信息处理者因此获得的利益确定；个人因此受到的损失和个人信息处理者因此获得的利益难以确定的，根据实际情况确定赔偿数额。

第七十条　个人信息处理者违反本法规定处理个人信息，侵害众多个人的权益的，人民检察院、法律规定的消费者组织和由国家网信部门确定的组织可以依法向人民法院提起诉讼。

第七十一条　违反本法规定，构成违反治安管理行为的，依法给予治安管理处罚；构成犯罪的，依法追究刑事责任。

第八章　附　　则

第七十二条　自然人因个人或者家庭事务处理个人信息的，不适用本法。

法律对各级人民政府及其有关部门组织实施的统计、档案管理活动中的个人信息处理有规定的，适用其规定。

第七十三条　本法下列用语的含义：

（一）个人信息处理者，是指在个人信息处理活动中自主决定处理目的、处理方式的组织、个人。

（二）自动化决策，是指通过计算机程序自动分析、评估个人的行为习惯、兴趣爱好或者经济、健康、信用状况等，并进行决策的活动。

（三）去标识化，是指个人信息经过处理，使其在不借助额外信息的情况下无法识别特定自然人的过程。

（四）匿名化，是指个人信息经过处理无法识别特定自然人且不能复原的过程。

第七十四条　本法自 2021 年 11 月 1 日起施行。

网信系统法治宣传教育第八个五年规划(2021—2025 年)

(中央网络安全和信息化委员会办公室　2021 年)

网络法治宣传教育是依法治网的长期基础性工作,是推进网信事业健康发展的必然要求。“七五”普法期间,全国网信系统认真贯彻落实“七五”普法规划,网络普法工作取得显著成绩,网民法治素养和法治观念明显增强,网络法治文化健康发展,网络诚信建设大力推进,网络生态环境日益清朗,有力服务了网信工作大局,为推动依法管网、依法办网、依法上网提供了有力法治保障。

我国开启全面建设社会主义现代化国家新征程,网络强国建设进入新发展阶段,为深入学习宣传贯彻习近平法治思想,贯彻落实《中央宣传部、司法部关于开展法治宣传教育的第八个五年规划(2021—2025 年)》的相关部署安排,结合网络法治工作实际,制定本规划。

一、以习近平法治思想引领网络普法工作

(一)指导思想

坚持以习近平新时代中国特色社会主义思想为指导,全面贯彻党的十九大和十九届二中、三中、四中、五中、六中全会精神,深入贯彻习近平法治思想、习近平总书记关于网络强国的重要思想,增强“四个意识”、坚定“四个自信”、做到“两个维护”,立足新发展阶段、贯彻新发展理念、构建新发展格局,围绕网络强国建设发展目标,系统谋划网络普法的重要任务、重点工作和重大工程,使互联网成为法治宣传教育创新发展的最大增量,为网络强国建设营造良好的法治环境。

(二)主要目标

到 2025 年,网络普法工作协调机制更加健全,网络普法工作大格局全面形成。网络普法针对性、实效性明显提高,网民法治素养和法治意识显著增强,青少年网民网络法治素养不断提升。网络平台主体责任和行业自律有效落实,网络治理效能和治理水平实现新提升。网络综合治理体系更加完善,网络空间厉行法治的自觉性、积极性、主动性显著提升。全网尊法学法守法用法氛围更加浓厚,网络法治成为社会共识和基本准则,广大网民在互联网发展中享有更多的获得感、幸福感、安全感。

（三）工作原则

——坚持党的全面领导。把党的领导贯彻到网络普法全过程和各方面，始终坚持正确政治方向，增强政治意识，不断提高政治判断力、政治领悟力、政治执行力，牢牢掌握党对网络普法工作领导权、话语权。

——坚持以人民为中心。始终贯彻以人民为中心的发展思想，坚持网络普法为了人民、依靠人民、服务人民、依法保障人民权益，促进人民高品质生活，夯实依法治网的社会基础，让网络普法宣传走到群众身边、走进群众心里。

——坚持整体谋划、系统推进。加强全局性谋划、整体性推进，牢固树立“全国一张网、全网一盘棋”的工作理念，更好发挥各地各部门各单位各行业系统优势开展网络普法工作。坚持网络普法与网络法治实践相结合，将网络普法融入依法管网、依法办网、依法上网全过程。

——坚持改革创新、精准高效。科学把握网络普法工作规律，深入推进网络普法工作理念、方法手段、载体渠道、制度机制等全方位创新。着力构建融合创新、精准高效的网络普法工作机制，增强优质内容供给，使网络普法工作体现时代性、把握规律性、富有创造性。

二、明确网络普法的重点内容

（一）突出学习宣传习近平法治思想。把学习宣传贯彻习近平法治思想作为网络普法的首要任务，深入学习宣传习近平法治思想的重大意义、丰富内涵、精神实质和实践要求。适应互联网传播分众化趋势，运用新技术新应用，精心做好习近平法治思想网上宣传报道，把党的创新理论转化为通俗易懂的大众话语，推动习近平法治思想网上宣传走深走心走实。

（二）突出宣传宪法。深入持久开展宪法宣传教育活动，阐释好“中国之治”的制度基础，阐释好新时代依宪治国、依宪执政的内涵和意义，阐释好宪法精神。结合“12·4”国家宪法日，开展“宪法宣传周”网上集中宣传活动，举办“我与宪法”微视频征集活动，弘扬宪法精神，维护宪法权威，推动宪法网上宣传教育常态化、制度化，增强全社会对宪法的尊崇和信仰。

（三）突出宣传民法典。广泛开展民法典普法工作，阐释好民法典中国特色社会主义的特质，阐释好民法典关于民事活动平等、自愿、公平、诚信等基本原则，阐释好民法典关于坚持主体平等、保护财产权利、便利交易流转、维护人格尊严、促进家庭和谐、追究侵权责任等基本要求，阐释好民法典一系列新规定新概念新精神。做好“美好生活·民法典相伴”网上宣传，组织开展民法典专项宣传活动。加强网信系统领导干部民法典学习，推动各级网信领导干部做学习、遵守、维护民法典的表率，提高运用民法典维护人民权益、化解矛盾纠纷、促进社会和谐稳定的能力和水平。

（四）突出宣传涉互联网重要法律。切实加强网络法治建设的实践经验和成绩宣传。重点宣传国家安全法、反恐怖主义法、网络安全法、英雄烈士保护法、电子商务法、未成年人保护法、数据安全法、个人信息保护法等涉互联网治理的法律。加强对“十四五”期间制定和修订的涉互联网治理法律的宣传普及。组织创作涉互联网重要法律的优质普法产品,成立相关法律宣讲团,开展知识竞赛,充分利用新媒体,在网信系统开展普法宣讲活动。结合“4·15”全民国家安全教育日、国家网络安全宣传周等全国性法治宣传教育活动,组织开展相关网络普法专项活动,进一步提升全体网民网络法治素养和网络安全防范意识,以高质量普法推动网络强国建设。

(五)深入宣传涉互联网重要法规和规范性文件。加强对《关键信息基础设施安全保护条例》《互联网信息服务管理办法》《互联网新闻信息服务管理规定》《区块链信息服务管理规定》《儿童个人信息网络保护规定》《网络信息内容生态治理规定》《网络安全审查办法》《汽车数据安全管理若干规定(试行)》等法规规章,以及《互联网用户公众账号信息服务管理规定》《互联网群组信息服务管理规定》《移动互联网应用程序信息服务管理规定》《互联网直播服务管理规定》《互联网新闻信息服务许可管理实施细则》《网络音视频信息服务管理规定》《APP违法违规收集使用个人信息行为认定方法》等规范性文件的宣传解读。围绕有偿删帖、网络“黑公关”、网络水军、流量造假、侵害个人信息权益、资本操控舆论、网络平台垄断、数据跨境流动失序、涉不雅低俗内容频发等人民群众关心关注的问题,加强普法宣传和以案释法力度,明确网络活动的底线和高压线,教育引导广大网民、网络媒体和互联网企业等各类主体牢固树立网络法治意识。

(六)深入宣传党内法规。深入学习宣传党内法规,注重党内法规宣传同国家法律宣传的衔接协调。突出《中国共产党章程》《中国共产党宣传工作条例》等党内法规的学习宣传。把学习掌握党内法规作为合格党员的基本要求,列入党组织“三会一课”内容,在考核党员、干部时注意了解相关情况,促进党内法规学习宣传常态化、制度化。

三、系统提升全民网络法治素养

(一)坚持依法治网和以德润网相结合。把弘扬社会主义核心价值观,加强网络空间诚信建设,促进网络文明建设与网络普法相结合。深入实施争做中国好网民工程,加强网民遵纪守法、网络素养、网络安全等方面的宣传教育,增强对网络名人、网络社会组织的普法宣传。建立健全网络行为规范,培育符合社会主义核心价值观的网络伦理和行为规则,把网络文明建设要求融入行业管理规范。深入开展网络文明引导,大力强化网络文明意识。充分利用重要传统节日、重大节庆和纪念日组织开展网络法治文化宣传活动,推动形成崇德向善、遵规守矩的网络文明环境,营造依法办网、诚信用网的良好氛围。

(二)建立健全网信系统领导干部学法用法制度。落实国家工作人员学法用法制度,引导各级网信系统领导干部牢固树立宪法法律至上、法律面前人人平等、权由法定、权依法使等基本法治观念。以各级网信系统领导干部为重点,系统提升运用法治思维和法治方式管网治网能力,提高各级网信系统领导干部运用法治思维和法治方式推动网络安全和信息化建设的能力。实施网信系统领导干部依法管网治网能力提升工程。把法治素养和依法履职情况纳入考核考评干部的重要内容，让尊法学法守法用法成为各级网信系统领导干部的自觉行动和必备素养。

专栏1　网信系统领导干部依法管网治网能力提升工程

1. 完善网信系统领导干部学法用法制度，建立领导班子学法、专题法治讲座和集中培训等学法机制，分岗位、分批次，通过开设培训班、线上培训等方式对网信系统领导干部进行轮训。

2. 建立网信系统领导干部应知应会法律法规清单，分级分类明确网信系统领导干部履职应当学习掌握的法律法规和党内法规。

3. 加强新出台或新修订互联网法律法规的学习解读、专题培训工作，完善在线法治学习平台建设，提供法治培训讲座、普法视频、法治公开课等学习资料，不断提升网信系统领导干部依法行政能力和水平。

（三）加强青少年专项网络普法。把青少年网络法治宣传教育作为重点，针对青少年群体特点，创作更多青少年喜爱的网络普法产品，把要讲的道理、情理、事实用青少年易于接受的语言和方式呈现出来。开展青少年网络法治素养培育提升工程。围绕青少年网络权益保护，加强青少年网络素养和网络安全教育，使青少年网民从小养成良好的网络法治意识和法治素养。强化对青少年网上行为的引导和规范，发挥“E路护航·E路平安”等品牌影响力，培养青少年文明规范守法的网络行为，让青春力量助力网络空间清朗。

专栏2　青少年网络法治素养培育提升工程

1. 突出网络普法在青少年法治宣传教育中的优势，加强同宣传、教育、政法、群团等部门的协同配合，组织开展深入学校、深入社区、深入家庭、深入青少年的网络普法活动。

2. 围绕未成年人保护法、预防未成年人犯罪法、《未成年人网络保护条例》《儿童个人信息网络保护规定》修订制定，开展专题网络普法活动。

3. 根据青少年特点，利用微视频、普法微综艺、动漫、儿童普法话剧、网络普法故事广播、慕课等方式开展普法互动，制作一批高质量、青少年喜爱的优秀网络普法产品，在青少年集中的网络平台及校园、图书馆等场所推广展示。

4. 将网络普法内容融入学校道德法治课、思政课，组织开展中小学“网络普法走进班队课”等活动，组织大学生开展网络文明倡议签名、组建网络普法志愿者宣讲团，走进高校开展网络普法宣讲报告。

5. 加强网络普法试点学校建设。

（四）针对互联网企业从业人员开展网络普法教育。加强对从事互联网新闻信息服务、具有媒体属性和舆论动员功能的网络平台、主要商业网站从业者的普法宣传，引导互联网企业树立诚信守法、依法经营、依法管理、依法从业的自觉性和主动性，积极承担法律责任、社会责任。鼓励互联网企业加强对用户的普法宣传，引导其遵守用户协议和平台公约，依法用网、文明上网。充分发挥网络社会组织作用，通过开展网信政策法规、网络传播等培训，加强对互联网行业从业人员互联网法律法规的宣传普及，逐步探索建立互联网行业普法宣传长效机制。搭建全国互联网法律法规宣传平台，综合运用图文、视频、动漫、直播等各种网络传播形态手段，全方位、多维度展示普及互联网法律法规及涉互联网领域的法治信息、普法经验、理论研究、经典案例等，提升互联网企业从业人员的网络法治意识。

四、推进网络普法与依法治网有机融合

（一）推进网信系统依法行政。制定《国家互联网信息办公室关于加强法治政府建设的实施意见（2021—2025年）》，健全完善依法行政制度体系，加快推进网络治理规范化、程序化、法治化。加强行政规范性文件制定监督管理，强化依法决策意识，严格落实重大行政处罚法制审核制度，不断提升行政决策的公信力和执行力。深化网信执法体制改革，加大重点领域执法力度，健全完善行政执法工作体系，全面推进严格规范公正文明网络执法。

（二）加强互联网企业依法治企。将互联网法律法规和法治素养作为新媒体从业人员资格考核的重要内容，增强依法诚信经营意识与合规理念。实施互联网企业合规建设工程。完善互联网企业合规管理体系，推动互联网企业将合规管理嵌入业务工作全流程、各环节。引导互联网企业提高安全意识，加强境外经营合规管理，强化法律风险防范。

专栏3　互联网企业合规建设工程

1. 将网络普法与互联网企业党建深度融合，加强对从事新闻信息服务、具有媒体属性和舆论动员功能、掌握大量个人信息和重要数据的网络平台和企业的法治宣传教育。重点加强对相关企业主要负责人和重要岗位人员的法治培训。

2. 完善互联网企业合规管理制度，推动企业将合规管理融入业务工作。强化网络平台责任，加强网络平台社区规则、用户协议建设，引导网络平台增强国家安全意识。

3. 引导互联网企业加强境外经营合规管理，提高法律风险防范意识。

4. 指导建立互联网企业合规评价体系，鼓励第三方参加合规评价工作，定期发布年度合规评价报告。

（三）开展网络专项治理行动。贯彻落实《关于加快建立网络综合治理体系的意见》,深化网络生态专项整治。深入开展“清朗”“净网”系列专项行动,针对人民群众反映强烈的网络乱象,出重拳进行整治,严厉处置违法违规网站平台和账号,及时通报曝光典型案例,发挥重点治理和震慑作用。

五、着力提升网络普法针对性实效性

(一)将网络普法融入网络立法、执法、司法全过程。在互联网法律法规和规范性文件制定、修改过程中,通过公开征求意见、听证会、论证会、基层立法联系点等形式扩大社会参与。在新法正式公布实施时,回应社会关切、同步进行解读。

结合网络执法公开通报,加强以案释法力度。落实网络行政执法人员以案释法制度和典型案例发布制度,健全以案普法长效机制。充分利用典型网络案事件及时向公众进行法律解读,以生动的案例、鲜活的语言传播互联网法律知识,使典型网络案事件依法解决的过程成为全民网络普法的公开课。

加强在行政许可、行政处罚、行政强制、行政复议、行政诉讼等工作中的普法宣传,把向行政相对人、案件当事人和社会公众的普法融入网络执法办案程序中,实现网络执法办案的全员普法、全程普法。进一步完善公职律师管理制度,充实公职律师队伍,充分调动和发挥公职律师在网络普法工作中的积极作用。

开展网络司法普法,推进互联网法院建设,推出网络法治典型案例,支持司法机关建设网络普法品牌栏目,通过司法案例讲解宣传互联网法律知识,释法说理,增强全社会依法用网、依法维权的意识和能力。

(二)充分运用新技术新媒体新业态开展精准网络普法。突出做好分众分层传播,精准引导,积极运用新技术新媒体推进网络普法,利用大数据、人工智能、算法技术、AR、VR 技术推进智慧普法,提升网络普法的到达率、阅读率、点赞率。建设一批网络普法体验馆,开展沉浸式普法,增强网络普法的针对性、实效性。加强网络普法平台品牌建设,加大对现有网络新媒体普法平台的支持力度,通过政策扶持,提高影响力,扩大传播面,形成一批有影响力的知名品牌。围绕关于网络法治建设的重要决策部署、重大主题、重大活动、重要会议开展分众化、差异化、个性化、精准化传播,推动全媒体宣传、全业态传播、全平台覆盖。适应移动互联网创新发展趋势,通过应用程序、论坛、博客、微博客、公众账号、即时通讯工具、网络直播、搜索引擎、网络音视频、问答社区等多种形式向公众提供法律知识,将专业化的互联网法律术语转化为人民群众喜闻乐见、通俗易懂的生活话语、网言网语。充分发挥新媒体传播优势,构建全国网络普法宣传矩阵。促进优秀网络普法作品多渠道传输、多平台展示、多终端推送。

六、构建网络普法大格局

专栏4　网络普法师资培养工程

1. 依托重点科研院校,设立网络普法师资培训基地,遴选一批优秀法学教师组建网络普法讲师团,对教师定期进行培训及考核。

2. 充分调动律师、退休司法和行政执法人员、法律服务人员、大专院校法律专业师生、网络安全专业人员加入网络普法队伍,开展普法活动。

3. 依托中国法学会网络与信息法学研究会年会等活动,举办网络普法师资交流活动。

(一)充分发挥网络普法协调工作机制作用。深入推动互联网成为普法创新发展的最大增量。充分调动各地各部门各单位各行业系统力量,深入开展“全国网络普法进机关、进企业、进学校、进社区、进农村、进军营、进网络”。选派业务骨干兼任“法治副校长”“法治辅导员”“法治联络员”,通过“开学第一课”“网络法治讲堂”等形式宣传普及法律知识。用好宪法宣传周、国家网络安全宣传周、世界互联网大会、网络文明大会等重要平台,设置“网络法治论坛”,嵌入网络普法版块,开设网络普法专题。与司法部、全国普法办等相关部门联合办好全国百家网站、微信公众号法律知识竞赛活动,全国法治动漫微电影作品征集展播(映)活动,做好 CCTV 年度法治人物评选活动。指导中国互联网发展基金会、中国网络社会组织联合会、中国网络空间安全协会、中国法学会网络与信息法学研究会等网络社会组织将网络普法纳入年度工作安排,融入相关活动,有效开展互联网法律法规的学习宣传。编写网络法治普及读本,实施网络普法师资培养工程。创建网络普法优秀品牌培育机制,指导地方网信办因地制宜,创造性地开展网络普法工作,培育一批网络普法特色品牌,树立一批网络普法优秀典型,推荐一批网络普法先进个人。

(二)夯实网络媒体公益普法责任。中央新闻网站和重点理论网站、主要商业网站要充分发挥内容优势、资源优势、渠道优势、人才优势,开设网络普法专题专栏。宣传解读互联网法律法规规章和规范性文件,及时解读新出台的网络立法,介绍各部门各地各单位各行业系统网络法治宣传教育工作的经验做法。地方新闻网站、商业网站平台应结合自身优势,分众化、创造性地开展网络普法活动。鼓励搜索引擎、网址推荐等工具类网站在首页热词热图、新闻排行等环节,重点推介网络普法相关信息。重点论坛、贴吧等可通过讨论专区置顶、开设主题讨论帖等方式,引导网民积极回应,正面互动。各网站平台要精心制作符合网络传播特点、网民喜闻乐见的网络普法产品,不断提升网络普法学习宣传的吸引力和覆盖面。

(三)壮大社会网络普法力量。鼓励、引导司法和行政执法人员、法律服务人员、大专院校法律专业师生、网络文明志愿者等力量加入网络普法工作。实施网络普法志愿者队伍建设工程。遴选网络普法优秀团队，设立网络普法专项课题，研究解决网络普法工作中的理论实践问题。组织专家学者通过网络法治大讲堂、专家论坛、网络法治讲座微视频等多种形式，加强互联网法律政策宣传解读。进一步完善法律顾问参与网络普法的工作机制，充分发挥法律实务工作者、网络法学专家学者的积极作用。健全网络违法违规和网络不文明现象投诉举报机制，动员广大网民积极参与监督，推动网络空间共享共治。

专栏5　网络普法志愿者队伍建设工程

1. 畅通和规范志愿者参与网络普法活动的机制渠道，发展和规范公益性网络普法组织，推动网络普法志愿服务常态化、制度化发展。

2. 建立健全网络普法志愿者激励机制。

（四）加强对外法治传播。以习近平法治思想和构建网络空间命运共同体的理念主张为指引，以讲好中国法治故事为着力点，加大中国互联网治理实践和治网主张的对外宣传力度。创新对外话语体系，运用新技术新手段，打造一批内容鲜活、形式新颖的外宣网络普法产品。让更多国外受众听得懂、听得进，全方位、多维度向世界展示中国特色治网之道，进一步宣传互联网治理的中国理念、中国方案，进一步提升传播力、增强引导力、涵养亲和力、提高影响力。建立对外法治传播素材库，采取委托制作、社会征集等多种形式，丰富对外宣传产品。

七、扎实做好网络普法工作组织实施

（一）提高政治站位，加强组织领导。各地各单位要提高政治站位、践行使命担当，高度重视和大力推进网络普法工作。将网络普法工作纳入网络意识形态工作责任制和网络安全工作责任制，纳入本地区网络安全和信息化建设、网络法治建设中予以落实。结合自身实际，按照规划要求制定具体工作方案，细化工作目标，明确责任落实、确定时间表、任务书。制定本地区网络普法责任清单，将责任清单转化为具体项目。注重清单化管理、项目化推进、责任化落实，确保网络普法工作有声有色、有力有效开展。

（二）加强统筹协调，形成工作合力。各地各单位要强化把关定向，督导落实。加强对本地区网络普法工作的统筹协调，推动构建网信部门主导、部门各负其责、社会广泛参与、人民群众为主体的网络法治宣传教育工作机制，形成上下联动、广泛参与、共同行动的网络普法工作合力。进一步强化“谁执法谁普法”普法责任制，加大对管理服务对象的网络普法力度。推进“谁管理谁普法”“谁服务谁普法”，促进互联网社会团体、互联网企业、网络媒体平台、网信系统干部学法用法，参与支持网络法治宣传教育。

（三）强化保障机制，推动网络普法高质量发展。强化各级财政对规划实施的保障作用，把网络普法宣传教育工作经费纳入本级财政预算，加大网络普法财政投入，加强对欠发达地区网络普法经费的支持保障力度。鼓励引导社会资金参与支持网络普法工作,加强规范和管理。加强人员保障,激发基层网络普法活力,从人员数量、待遇、经费、装备等方面,切实向普法基层一线倾斜。提升理论研究,加强对网络传播规律和网络法治建设规律的基础性研究。完善网络法治宣传教育专家咨询制度,充实完善网信系统法律顾问和公职律师队伍。为规划实施提供坚实的经费、人员保障和理论支撑。

(四)注重示范引领,做好指导检查。各地网信办、中央新闻网站和重点理论网站、地方新闻网站、商业网站平台要及时总结网络普法的创新方法、典型做法和工作经验。鼓励各地各单位聚焦重点问题、结合自身特色、集中优势资源、开拓传播渠道,针对不同地区、不同对象的法律需求,开展差异化普法探索。中央网信办将对各地网信办、各单位网络普法情况开展中期评估和总结验收,加强规划实施中的动态指导检查,并根据检查和总结情况,对部署有力、工作突出的先进单位、先进个人进行通报表扬,在全国网信系统进行宣传推广。对重视不够、措施不力、履行普法责任不到位的,发出提示函和建议书,必要时提出整改要求,进行通报批评。